Jörn Wilhelm

Wildenten sah ich fliegen

Erinnerungen eines Landpfarrers

Band I

Kindheit und Jugend in der Nachkriegszeit

Bibliografische Information der Deutschen Bibliothek:
Die Deutsche Bibliothek verzeichnet diese Publikation in der
Deutschen Nationalbibliografie; detaillierte bibliografische
Daten sind im Internet unter http://dnb.ddb.de/ abrufbar.

Satz, Gestaltung, Umschlag: Gerhard P. Peringer, Hamburg
Herstellung und Verlag: BoD – Books on Demand, Norderstedt
Gedruckt auf chlor- und säurefreiem Papier.
Printed in Germany.

ISBN: 978-3-7392-3780-0
© 2016 beim Autor.

INHALTSVERZEICHNIS

KAPITEL V: KRISIS UND ERWACHEN: DIE LETZTE ZEIT IN HAMBURG

»*Der Anblick des Sky löst manchmal eine gewaltige Sehnsucht nach Heaven aus.*

Ja, ich glaube sogar, dass ohne Heaven der Sky nicht viel wert wäre, nichts als ein blaues oder schwarzes Loch, das den Betrachter in Angst und Panik versetzen würde, in einen Horror Vacui. Vielleicht gibt es jenen zweiten, ersten Himmel nicht. Aber es ist eine Tatsache, dass der Mensch Sehnsucht hat nach einem solchen Himmel.«

Arnold Stadler, *Träumen vom Fliegen*

KAPITEL I

FRÜHE KINDHEIT

Prolog

Als ich noch Märchen las, reiste ich in Sachen Politik zum ersten Mal in die Öffentlichkeit. Fest war die Gewissheit, das Heil dürfe niemals im Verborgenen bleiben. Drum befestigte ich in unserer Straße »Königskinderweg« vier bemalte Pappkartons mit Bindfaden an Bäumen und Telegraphenpfählen. Darauf stand in großen ungelenken Druckbuchstaben: »Wählt CDU«. Mit wenig Talent, aber viel angestrengter Liebe, waren dahinter die Umrisse der Hamburger Hauptkirchen St. Michaelis und St. Petri gezeichnet und mit Wachsmalstiften schütter koloriert worden. So sehr liebte ich als fast Neunjähriger die CDU, dass ich sie mit den mir am höchsten erscheinenden Werten verbinden wollte: Mit »Heimat« und mit »Kirche«. Als im November 1953 die CDU im tiefroten Hamburg tatsächlich mit den verbündeten »Hamburg-Block«-Parteien die Wahlen gewann, zählte ich mich zu den Siegern. Glaubte, solche Reisen führten auch künftig immer zum Ziel. Las darum den politischen Teil unserer Tageszeitung, des stramm-konservativen »Hamburger Anzeiger«, eifrig, aber hin und wieder auch ein Märchen.

Wer bestimmt schon selbst – wende ich ein –, wohin du reist?! Kaum einer gibt sich Rechenschaft, aus welcher Konformität seine Reiseziele stammen; wie gleichgültig viele Menschen und Mächte seine Entscheidungen vorherbestimmt und geprägt haben. Das gilt besonders für alle Reisen meiner frühen Kindheit.

Von meinen ersten Reisen weiß ich nichts. Umso mehr wurde mir von ihnen erzählt. Immer wieder berichtete meine Mutter von der »Flucht«, als sie noch im April 1945 sich mit ihrem Vater, mit ihrem Bruder Ernst, mit meinem Bruder Wolfgang und mit mir, der ich noch kein halbes Jahr am Leben war, auf die Flucht vor der herannahenden Roten Armee begab. Sie führte vom mecklenburgischen Müritzsee über Wismar und endete schließlich in einem Hamburger Flüchtlingslager. Sie wurde für meine Mutter, die ich später im Leben liebevoll »Hannchen« nennen durfte, zur traumatischen Grunderfahrung ihres Daseins, die ihre ständig wieder hervorbrechende Lebensangst bestimmte. Sie tat es selten, aber dann konnte sie mit einer atemberaubenden Eindringlichkeit von den schrecklichen Erfahrungen berichten: Man hörte direkt das entsetzliche »Hurräää«-Geschrei der Russen und sah vor sich den mit Menschen überladenen LKW, mit deren wenigen Habseligkeiten. Im hohen Alter hat Hannchen – wie ich sie von nun an nenne – es noch fertiggebracht, von dieser Flucht zu schreiben. Sie nannte ihren Erlebnisbericht:

Orpheus im Kinderwagen

In der Nacht zum 30. April 1945 war mein Haus in Waren am Müritzsee überfüllt von verwundeten Soldaten, die aus dem Lazarett in Neubrandenburg geflüchtet waren und nun nach langer Wanderung und vergeblichem Klopfen an den Türen der Katen unser geöffnetes Haus erreicht hatten. Ich half ihnen so gut ich konnte mit Matratzen, Decken und Verpflegung und zog mich dann mit dem alten Vater und den Kindern in das einzige noch frei gebliebene Zimmer zurück. Wir überließen uns übermüdet und erschöpft einem kurzen Schlummer, als kurz nach Mitternacht ein Soldat mit dem Rad von der Kommandantur an die Tür klopfte und mitteilte, dass in zehn Minuten ein LKW vor unserem Haus halten würde und man bereit wäre, uns mitzunehmen. Aufgeschreckt und doch erlöst über diese unerwartete Nachricht und Entscheidung sprangen wir auf; ich lief in die Nebenzimmer und benachrichtigte die schlafenden Soldaten.

Dann kam der letzte Augenblick des »Zu-Hause-Seins«
– und plötzlich die Frage: Was nehme ich noch mit? Schon
rissen meine Hände gewaltsam, als hätten sie sich selbständig
gemacht, die herrlich braunen Vorhänge am Fenster ab, die
wir uns jungverheiratet so mühsam erspart hatten. Dann grif-
fen sie in das Schreibtischfach nach dem kleinen Kästchen,
das den schlichten Schmuck meiner Mutter und eine zart-
rosa Korallenkette meiner jung verstorbenen Freundin Hilde
barg. Meine Blicke umfassten suchend die Bücherreihen
und fielen auf einen schmalen graumelierten Band – mein
liebstes und kostbarstes Buch: »Die Sonette an Orpheus« mit
einer ganz besonderen Widmung, die der Dichter schon im
Sommer 1923 hineingeschrieben hatte. Behutsam löste ich
es aus der vertrauten Bücherreihe und in diesem Augenblick
spürte ich mitten im Leid ein unsagbares Glücksgefühl, so als
bliebe das Wesentliche bei mir und gäbe mir Mut und Kraft.
Ich legte den Band und die roten Korallen, umhüllt vom
braunen Vorhangstoff zuunterst in den Kinderwagen. So lag
»Orpheus« nun tief geborgen in der »Unterwelt«, umgeben
von Papierwindeln, Kissen und weiterem Notbedarf. Obenauf bettete ich – warm von Decken umhüllt – meinen kleinen viereinhalb Monate alten Jörn, verließ das Haus und
fuhr mit dem Kinderwagen in die von feurigen Bränden
erhellte kalte Nacht. Mein alter Vater hielt den dreijährigen
Wolfgang an der Hand und mein Bruder trug das Gepäck.

Die Chaussee durch den finsteren Priemer Wald war
überfüllt von flüchtenden Menschen, Karren, Hundefahr-
zeugen, mühsam dahinhumpelnden, verwundeten Soldaten
mit Verbänden um Bein, Leib oder Kopf, die dem Massaker
in Neubrandenburg im letzten Augenblick entkamen. Wir
sahen hinter den Blaubeerbüschen am Wegrand den Tannen-
wald, durchzogen von niedrigen Erdhügeln, die – wie man
sagte – Munition aller Art in sich bargen. Dann lichtete sich

der Wald hinter Klueß, und wir erblickten von der Höhe die Stadt Güstrow. Sie lag vor uns in scheinbar tiefem Frieden. Wir fuhren langsam durch die mir vertraute Stadt. Dann gab es eine längere Ruhepause, und wir stiegen ab. Bald saßen wir auf einer Bank in einem kleinen Park, und ich hob den vom Schlaf erwachten kleinen Jörn aus dem Wagen, um ihn zu stillen. Er war unruhig und schaute mich mit großen Augen an, ohne wie sonst zu lächeln, als ahne er den Ernst der Stunde. Mein Bruder brachte mir vom nahen Stand einen Becher Kaffee und kümmerte sich wieder um den alten Vater und Wolfgang. Während ich Windeln aus dem Kinderwagen holte, streiften meine Hände über das braune Paket darunter. Ich dachte: Rilke ist gerettet!

Wir fahren an weiten Feldern mit junger Saat, an Wiesen mit goldgelben Sumpfdotterblumen vorbei. Tannen- und Laubwälder wechseln, und zuweilen liegt, eingebettet in eine schilfumrandete Mulde, ein tiefblauer See. Wir fahren – fahren – schleppend oder schneller – dann wieder durch den Strom der Flüchtenden zum Anhalten gezwungen – fahren in den dämmernden, dann dunklen Abend hinein.

Plötzlich ein Schrei des Fahrers: »Alle sofort runter! Die Achse hat sich heiß gelaufen!« So angstvoll gebieterisch klingt die Stimme, dass wir alle begreifen: Es droht wohl höchste Gefahr. Ich reiße Jörn aus dem Wagen, mein Bruder hilft meinem Vater, Wolfgang und mir, mit dem kleinen Kind von der Ladefläche in die Tiefe zu springen und greift hastig nach Kinderwagen und Gepäck. Und schon laufen wir als Letzte durch Kraut und Gestrüpp weit in den Wald hinein. Gleich darauf hören wir ein schauerliches Getöse; das Explodieren der Munitionskörper, die als Todesladung von Ostpreußen bis zu dieser Waldstelle in Mecklenburg gebracht wurden, vollzog sich nun stückweise mit erschreckender Gewalt und hallte wider im Waldinneren. Dann endlich trat Stille ein, *tiefe Stille. Wir atmeten auf und riefen noch etwas benommen nach dem Fahrer und nach den Gefährten. Aber keine Stimme antwortete. Da begriffen wir, dass sich die anderen – nicht mit so vieler Last wie wir – schon zu Fuß auf den Weg gemacht hatten, fort von dieser Stätte des Schreckens und der kommenden Gefahr. Mühsam stolperten wir durch das Unterholz, stießen an Trümmerstücke und standen nun verlassen auf der einsamen Chaussee, gerettet im letzten Augenblick. Auch der Kinderwagen, zwar merkwürdig zerdrückt, aber noch zu gebrauchen! Und als meine Hände angstvoll in das Durcheinander des Inneren tasteten, fanden sie – noch halb umhüllt – die Sonette an Orpheus. Wie gut.*

So ziehen wir wortlos die dunkle Chaussee entlang. Mondlicht scheint zuweilen, gespenstisch zwischen den hohen Bäumen hindurchbrechend, auf uns armselige müde Menschen. Da! Als wir den uns unendlich dünkenden Wald verlassen, leuchtet in der Ferne ein Lichtschein auf, und mit leiser Hoffnung gehen wir darauf zu: Ein Bauernhaus mit Stallungen. Auf unser Klopfen öffnet sich eine Tür, wir fragen bescheiden um Obdach. »Nee, dat Hus is full.« Dürfen wir vielleicht im Kuhstall schlafen? Auf diese bange Frage kommt des Bauern abwehrende Antwort: »Nee. Denn werden de Käuh wild.« Die Tür schlägt zu, und wir wandern weiter mit apathischen Schritten – dann sinken wir todmüde am Straßengraben nieder. Nur einmal kommt eine Stimme; es ist die meines alten Vaters: »Nun ist es genug: Ich will nach Hause – in mein Zimmer oben.« Und ich antworte – ich weiß noch heute um die Schwere dieses Augenblicks: »Vater, wir haben ja kein Zuhause mehr.«

Viel mehr hat Hannchen nicht zu Papier gebracht und der Widerhall ihrer Erzählungen ist zu undeutlich, um Gesichertes herauszuhören. Eine Fotokopie fand ich noch in ihrem Nachlass: »2. Mai

1945 – Der Fluchtweg«. Eine Karte, die zeigt, wie die Flucht von Güstrow aus weiterging: über Neukloster, Wismar, Klütz und Dassow. Dort – das steht wohl fest – hat ihr Bruder Ernst, ein glühender Nationalsozialist und unbelehrbar bis zum Lebensende, einen totalen Nervenzusammenbruch erlitten. Schlagartig war ihm erst jetzt klar geworden, dass das »Dritte Reich« aufgehört hatte zu existieren.

Dann finde ich in ihrem Nachlass doch noch eine Notiz, die die Erlebnisse in Dassow und den Endpunkt dieser Reise im Hamburger Flüchtlingslager beschreibt:

Die kommenden Tage bis zum Kriegsende am 8. Mai sind mir wie ein wirrer Traum in Erinnerung. Wir überlebten einen todbringenden Tieffliegerangriff, hungerten, hatten verdurstende Lippen und dahinjagende LKWs brachten uns an den Rand aller Kräfte. Das Schicksal, das wir wie Hunderttausende erlebten, führte uns schließlich in den kleinen mecklenburgischen Ort Dassow. Dort wurde von farbigen Amerikanern ein Seil um eine riesige Menschenmenge gezogen, mit der strengen Anordnung, diese Grenze nicht zu berühren. Sieben Panzer waren auf uns gerichtet. Das Gefangenenlager erstreckte sich über eine riesige Wiese. Mehr als hunderttausend Menschen waren hier eingeschlossen. Mir gelang es, an der Sperre den Durchgang in den Ort zu erwirken. Ich wies einfach auf den Bruder meines Vaters hin, der schon lange amerikanischer Staatsbürger war und – so behauptete ich – zum Bekanntenkreis des früheren Präsidenten Edgar Hoover gehöre. Als wir ins Dorf gingen brach mein junger Bruder seelisch zusammen. Die weiteren Ereignisse und Stationen: Zeitweilige Unterbringung im Hause eines Lehrerkollegen, schwerer Paratyphus der Kinder, Gefangennahme meines Bruders, wochenlang auf feuchten Wiesen an der englisch besetzten Ostsee, schließlich Einquartierung in ein überbelegtes Flüchtlingslager in Hamburg-Bahrenfeld.

Das Barackenlager Hamburg-Bahrenfeld im Juli 1945: 42 Menschen in einen Raum zusammengepfercht, papierverklebte Fensterscheiben, verstörte, verzweifelte Menschen überall, der kleine halbjährige Jörn im zerbrochenen Kinderwagen. Dann: Das Antreten mit der Blechschüssel zum Essen fassen, das Liegen in dem dreistöckigen Holzgestell, die Füße abends auf dem Asphaltboden, das Waschen der Windeln im schmierigen Wasser der Elbe, da es nur zwei Liter warmes Wasser für uns gemeinsam in der Woche gab, das Weinen des kleinen Jörn, weil er wundgelegen war, die Forderung: »Bitte beruhigen sie das Kind«. – Aber einige Zeit danach gewann der kleine Jörn die Herzen der Mitbewohner, als er draußen vor der Tür in seinem Kinderwagen lag. Bald hieß es: »Unser Kleiner« und bald gab es durch anteilnehmende Gespräche unter uns Menschen eine Welle der Sympathie.

Eine zeitgleiche Flucht

Meine spätere Schulleiterin Erna Stahl, von der noch ausführlich die Rede sein wird, gab 1948 ein Büchlein heraus mit dem Titel »Jugend im Schatten von gestern – Aufsätze Jugendlicher zur Zeit«. Aus der Erlebnisperspektive von Kindern und Jugendlichen werden die »Desastres de la Guerra« z.T. eindrucksvoll beschrieben. So wird in einer 6. Klasse als Klassenaufsatzthema gegeben: »Eine schwere oder eine glückliche Stunde in meinem Leben«. Fast alle Kinder wählen die »schwere Stunde« und alle – wie Erna Stahl schreibt – »fühlen sich sofort an ein ganz bestimmtes Ereignis der Kriegsjahre erinnert«. Es ist erschütternd dies alles nachzulesen und das Büchlein verdient gewiss eine Neuauflage.

Überrascht war ich, darin die Beschreibung einer genau zeitgleichen Fluchtnacht zu finden, auf derselben Straße, die auch wir gezogen, bzw. gefahren waren. Das Mädchen schrieb dieses Fluchterlebnis mit zwölf Jahren, als die beschriebenen Ereignisse gerade einmal zwei Jahre zurücklagen. Hannchen schrieb »Orpheus im Kinderwagen« mit 90 Jahren, als über dem Geschehenen schon fast 55 Jahre vergangen waren. Trotzdem ist dieselbe Wirklichkeit darin beschrieben und deutlich erkennbar:

Im Jahre 1945 flohen wir vor den Russen aus Mecklenburg. Es war, wie ich mich erinnere, die Nacht vom 30. April zum 1. Mai. Es war wohl die grausamste Nacht in meinem Leben. Immer die Angst, dass die Tiefflieger uns sehen. Wegen der Tieffliegergefahr mussten wir nachts fahren, denn dann war es nicht so schlimm.

Am späten Abend sind wir schon durch Güstrow gekommen und steuerten jetzt auf Brül zu. Es war schrecklich, immer ging es zwischen brennenden Autos durch, links und rechts standen Dörfer und Wiesen in hellem Brand, und in der Mitte fuhren wir mit unserem Wagen. Es sind gewiss viele Menschen dabei umgekommen. Selbst in der Nacht war es schrecklich, wie muss es dann erst am Tag gewesen sein! Wir sahen – es war dicht bei einem brennenden Gut – über uns die Tiefflieger. Das Schlimmste war, die ganze Chaussee war verstopft, dass kein Auto im letzten Augenblick abbiegen konnte und entkommen. Einmal traf eine Bombe auch wieder ein Auto. Sofort sprangen alle Leute ab und versuchten noch, so gut es ging, sich in Sicherheit zu bringen, da das Auto gleich lichterloh brannte. Es glückte ihnen auch, nur einer Frau nicht. Ihr kleiner Sohn war vorher schon abgesprungen. Sie wollte ihm auch nachkommen. Ein Bein hatte sie schon heraus, aber als sie das zweite nachziehen wollte, bekam das Auto den zweiten Volltreffer. Dieser Augenblick war noch schrecklicher als alle brennenden Autos zusammen, denn das Bein der Frau war abgerissen. Schrecklich war dieser Anblick! Die Flüchtlinge hatten das Unglück gleich vernommen, und alles war natürlich in heller Aufregung.

Es hatten sich auch schon Soldaten gefunden, die der armen Frau halfen. Das war nur ein Erlebnis aus dieser grausamen Nacht. So hatte ich noch viele andere.

Der Hut im Fäkaliengraben

In diesen Tagen unternahm meine Mutter den Versuch, dem Barackenlager zu entkommen. Sie suchte Rudolf auf, den Bruder ihrer Mutter, der in Barmbek zusammen mit einer Lebensgefährtin in einer geräumigen Wohnung lebte, um unsere Aufnahme zu erwirken. Der Besuch nahm ein demütigendes Ende: Hannchen wurde in aller Form rausgeschmissen – etwas, was sie ihm nie vergaß.

Fast zwanzig Jahre später läutete es an der Haustür in Hamburg-Schnelsen, Königskinderweg 23a. Vor der Tür stand ein kleines Männchen mit Spazierstock und grauem Homburg auf dem Haupt. Es war Rudolf, der gekommen war, um Abbitte zu leisten. Er durfte eintreten, aber Hannchen machte es ihm nicht leicht. Als er es schließlich fertigbrachte, um Entschuldigung zu bitten, wurde es noch ein schöner Abend mit Schnittchen und Wein. Leicht angeheitert machte er sich auf den Heimweg. Aber nach fünf Minuten stand er schon wieder vor der Haustür: Sein schöner Homburg sei in den Fäkaliengraben an der Straße gefallen. Ich flitzte dorthin und sah ihn tatsächlich in der stinkenden Brühe schwimmen: Den grauen Homburg, der das kleine Männchen sonst so viel größer erscheinen ließ. Ich fischte ihn heraus und zeigte ihm seine dreckverschmierte Corona.

»Mien Hoot, mien Hoot!«, rief er mehrmals kläglich aus und schließlich: »Nu kann ich nich mehr nach Hus fohrn«. »Na, dann wollen wir mal überlegen, ob wir dir Obdach gewähren«, erwiderte meine Mutter – und er wusste genau, was sie damit sagen wollte.

Wo war mein Vater?

Von meinem Vater Erich Wilhelm ist im Zusammenhang des Jahres 1945 nichts zu erwähnen. Er war wohl als Ordonnanzoffizier beim »Endkampf um Berlin« dabei gewesen. Irgendwie ist ihm die Flucht vor der Gefangenschaft gelungen. Er erzählte später, er sei dabei durch die Werra geschwommen. Das war offensichtlich geschwindelt, denn er war totaler Nichtschwimmer, was er vor uns immer – erfolglos – verbergen wollte. Erst ein halbes Jahr nach »Ladenschluss« – so wurde in der Nachkriegszeit das Kriegsende euphemistisch benannt – stieß er in Hamburg wieder zur Familie. Was hatte er in diesem halben Jahr gemacht?

Zwei Brüder im Elend

Wann das Folgende geschah, weiß ich nicht und kann nun niemand mehr danach fragen. Es wird wohl Ende 1946 gewesen sein, als ich gerade zwei Jahre alt geworden war. Feststeht, dass es meine erste Lebenserinnerung ist: Mein Bruder Wolfgang und ich sind zusammen in einem Krankenhaus in Malente-Gremsmühlen, in der Holsteinischen Schweiz.

Es ist ein großer weißgestrichener Raum, in dem plötzlich die Tür aufgeht und ich im Türrahmen Vater und Mutter erblicke. Sie lächeln und winken uns zu. »Warum kommen sie nicht zu uns?« denke ich voller Enttäuschung, ehe sich die Tür wieder schließt. – Später erfuhr ich, dass wir wegen einer Diphterie-Erkrankung eingeliefert worden waren, die wir uns im Hamburger Flüchtlingslager durch Ansteckung geholt hatten.

Im Krankenhaus waren wir in Quarantäne. Ursache waren die Spätfolgen der Flucht, mit ihren Strapazen und Entbehrungen, die unseren Gesundheitszustand bedenklich gemacht hatten: Wolfgang litt unter offener Tuberkulose, die ihn jahrelang noch niederwarf und durch Herzschädigung letztlich die Ursache für seinen frühen Tod im Jahre 1993 war; ich hatte minder gefährliche »Hilus-Tbc«.

In der Klinik hat mein Bruder mir wahrscheinlich das Leben gerettet: Er erzählte mir später, dass in unserem Krankensaal ein neben
uns liegender Mann ständig mir mein Essen weggenommen habe.
Als Fünfjähriger habe er sich erfolgreich bei den Krankenschwestern
beschwert. Daraufhin sei der Mann verlegt worden. Vielleicht wäre
ich ohne Wolfgang gestorben.

Abbildung 1: Wolfgang und Jörn 1947

Auf den Hund gekommen

Die zweite Lebenserinnerung zeigt mich ca. ein Jahr später und sie handelt auch von einer lebensbedrohlichen Situation. Das Fahrrad, mit dem mein Vater »Fuggern« fuhr, sehe ich noch vor mir: Vor allem den kleinen Kindersattel auf der Querstange, der für mich reserviert war. Mich brauchte der Vater, um bei Bauersfrauen Mitleid zu schinden, damit er beim Tauschhandel erfolgreich sein konnte. Einmal – so erzählte er später – sei er mit mir sogar nach Ostfriesland geradelt, um dort ein Lamm zu erwerben.

Die Erinnerung zeigt mir eine große dämmrige Halle, vor der Treppe zu einem Gebäude, das, wie ich später erfuhr, ein Gasthaus in Niedersachsen war. Ich sehe, wie mein Vater die Treppe hochgeht und im Gebäude verschwindet. Ganz hinten in der Halle sehe ich einen großen schwarzen Hund, an einer Kette angeleint. Ich gehe auf ihn zu, weil ich ihn streicheln will. Dann wird alles schwarz und nicht einmal der Schmerz ist in der Erinnerung aufgehoben. Narben an der rechten Wange und am rechten Ohr sind bis heute zu sehen. »Nicht einmal eine Wurst habe ich dafür gekriegt«, sollte mein Vater später sagen.

Nazi-Vergangenheit der Eltern

Mein Vater Erich Wilhelm war – obwohl völlig unpolitisch – als Lehrer in die NSDAP eingetreten und aus der Kirche ausgetreten. »Gottgläubig« hieß für Letzteres die euphemistische Benennung. Hervorgetreten ist er nur einmal durch einen ziemlich jämmerlichen Artikel in der Lehrerzeitung: Über Wehrerziehung. Meine Mutter Johanna Wilhelm (genannt »Hannchen«) war schon 1938 aus dem Schuldienst ausgeschieden, um mit Dirndl, Dobermann, Selbstversorgung aus dem Garten und Hausfrauendienst dem Nazi-Frauenideal nahe zu kommen.

Abbildung 2: Hannchen und Erich: Ein Nazipaar

Auch sie war in der Partei, aber nicht aus der Kirche ausgetreten. Sie schrieb in dieser Zeit unsägliche Propagandaartikel im »Rostocker Anzeiger« und in der »Nationalsozialistischen Beamtenzeitung«. Sie war wirklich von der Nazi-Ideologie durchdrungen, was sich in allen ihren Artikeln zeigt: Von »Erntedank in einer Landschule«, über »Spielzeug aus deutschen Gauen«, »Wohnkultur im Landarbeiterhaus«, »Helferin im Landdienst«, »Kärnten wählte Deutsch«, bis hin zu »Neue deutsche Geschichtsauffassung«, Jubel-Würdigungen von Bismarck, Walter Flex und den »neuen« »Blut und Boden«-Dichtern; ein Nachruf auf den präfaschistischen Kulturhistoriker Arthur Moeller van den Bruck – den Namensgeber für das »Dritte Reich« – und ein in seiner gefühlstriefenden Verklärung nicht mehr zu überbietender Nachruf auf den Gauleiter Hans Schemm, der auch Leiter des »Nationalsozialistischen Lehrerbundes« war, dem meine beiden Eltern selbstverständlich angehörten. Aus all dem geistigen Unrat möchte ich nur aus ihrem Artikel »Die Dichter der jungen Generation« zitieren und das mag für alles andere stehen:

> *Mit den »Errungenschaften« des 19. Jahrhunderts, dem Subjektivismus, dem Liberalismus, wusste die Jugend wenig anzufangen. Nicht Freiheit sondern Bindung, nicht Sicherheit sondern Gefahr, nicht Ich sondern Wir, nicht Genuss sondern Befehl waren ihre Sehnsucht.*
>
> *Immer größer, immer drängender wurde der Zug der Jungen vor den verrammelten Toren der Zukunft. Da sprang einer vor, riss die Fahne hoch in gewaltigem Ansturm. Das Tor zerbrach. Und vor ihnen breitete sich dunkel und wartend, Geschenk und Aufgabe zugleich, weites Land: Deutschland. Der Führer aber wies mit der Hand hinaus in die Weite; da leuchteten über dem Unwegsamen Zeichen auf, und plötzlich erkannten die Jungen den Befehl: Die Straßen zu bauen, auf denen zukünftige Generationen marschieren würden. Und sie gehorchten.*

Dies wurde 1937 in der »Nationalsozialistischen Beamtenzeitung« veröffentlicht. In der Tat: Bald marschierten und gehorchten sie.

Entnazifizierung

Nun aber war die Stunde der Entnazifizierung gekommen. Einen Auszug des ausgefüllten Fragebogens habe ich gefunden:

Fragebogen Johanna Wilhelm, geb. Knothe
1,68 m groß   110 Pfund Gewicht
Haarfarbe dunkelblond   Augen grau-blau
NSDAP: Sammelaufnahme aller Junglehrer

durch Rektor Voß in Malchow, im Sommer 1937.
Parteianwärterin seit Herbst 1937
Mitgliedskarte verloren   Mitgliedsbuch nie besessen
Parteinummer und Vereidigung: unbekannt
Keine Mitgliedschaft in Gliederungen
Mitglied der NSV ohne Amt
Mitglied im NSLB ohne Amt
Passives Verhalten
Sprachkenntnisse: Englisch, Französisch, Esperanto

Was ihre Sprach-*Kenntnisse* anging, sei eingewendet: Englisch miserabel, Französisch fast gar nicht und Esperanto überhaupt nicht. Diese Angabe hatte zweifellos den Zweck der Entlastung: Weltläufigkeit statt engstirnigen Nationalismus vorzutäuschen. Das verlorene Mitgliedsbuch sollte wohl auch die Wahrheit verschleiern: Dass sie eine glühende Nationalsozialistin war, der Rassenideologie huldigte und in den Juden das Unglück sah. Passiv war sie ganz und gar nicht. Ob sie wirklich ihre Mitgliedskarte verloren hat? Oder hat sie die einfach weggeschmissen oder verbrannt? Man war ja schließlich wie so viele Deutsche gar nicht dabei gewesen. Erich – wie ich auch ihn von nun an nur noch nenne – war als »Mitläufer« eingestuft worden. Nicht gerade eine schmeichelhafte Bezeichnung. Wir werden noch sehen, dass er für sein Mitlaufen wenige politische oder gar der Karriere geschuldete Motive besaß, sondern sehr handfeste Gründe vorweisen konnte, um so zu überleben.

Fremd in Halvesbostel

Nicht Hannchen sondern er bekam 1947 eine Lehrerstelle im niedersächsischen Dorf Halvesbostel zugewiesen, südwestlich von Hamburg am Nordrand der Lüneburger Heide. Die Familie zog in die Lehrerwohnung ein. Es wurde eine unglückliche Zeit. Die überwiegende Mehrheit der Dorfbevölkerung sah in uns die verhassten Flüchtlinge, die sich hier einnisten und den Einheimischen ihre herkömmliche Stellung wegnehmen wollten. Dieser Hass wurde auch auf uns Kinder übertragen. Eingeprägt hat sich mir das Bild vom Dorfschmied, der mir Winzling immer mit dem großen Hammer drohte, wenn ich vorbeikam. Die Erinnerung zeigt auch schöne Bilder: Etwa wie wir zusammen mit dem Leiterwagen ins Moor zogen, wo Erich Torf stach, damit wir es im Winter warm hatten. Für mich war das Moor ein richtiges Märchenland.

Dann zog sich Erich ein Disziplinarverfahren zu. Es stand sogar in der Zeitung:»Lehrer setzt seine Frau aufs Katheder.« Er war – wahrscheinlich mit mir auf der Querstange – mal wieder »Fuggern« gefahren, um Kartoffeln und Fleisch einzutauschen. Hannchen brauchte sich nicht aufs Katheder setzen zu lassen. Sie liebte es zu unterrichten und als Geschichtenerzählerin die Kinder in ihren Bann zu ziehen. Sie wurden angezeigt. Erich wurde zeitweilig suspendiert. Lehrer aber waren Mangelware und so durfte er, nachdem er einen Verweis erhalten hatte, bald wieder vor dem Katheder Platz nehmen. Jedoch die Atmosphäre im Dorf war nun völlig vergiftet.

Astrographia

Hannchen gründete hier ein 1-Frau-Unternehmen, das sie »Astrographia« nannte. Die Grundidee beruhte auf der Tatsache, dass die meisten Menschen in dieser Zeit vor einer ungewissen Zukunft standen und gerne wissen wollten, wie es weiterging. Dafür war man bereit, auch einen größeren Betrag zu zahlen. Während ihrer Studienzeit hatte sie sich intensiv mit Graphologie beschäftigt und konnte aus der Handschrift vieles über das Wesen und die Fähigkeiten eines Schreibenden herauslesen. Von ihrem Bruder Ernst, der gläubig darin die Bestätigung für seinen Fatalismus fand, erlernte sie die Grundzüge der Astrologie. Für ihre »Gutachten« benötigte sie nur das Geburtsdatum und die Geburtsminute, sowie eine Schriftprobe. Sie gab sich dafür richtige Mühe und arbeitete an ihrer »Expertise«, die bis zu vierzig Seiten umfassen konnte, manchmal weit in die Nacht hinein. Ihr Unternehmen florierte bald und wurde durch Mund-zu-Mund-Propaganda sogar richtig lukrativ. Sie zeigte mir einmal die überschwänglichen Dankesbriefe, die leider verschollen sind.

Familientrennung

Die eigene Zukunft konnte in Halvesbostel nun nicht mehr stattfinden. Erich bewarb sich erfolgreich um eine Lehrerstelle in Hamburg-Eimsbüttel. Eine Lehrerwohnung gab es dort nicht und im ausgebombten Hamburg war es fast unmöglich, eine Wohnung für uns alle anzumieten. Hannchen hatte im roten Hamburg keine Chance für eine Anstellung und musste sich anderswo umsehen. Ob ihre NS-Propaganda-Artikel doch ruchbar geworden waren?

Wo aber sollte die Restfamilie hin? Irgendwie und irgendwo lernten Hanna und Erich einen englischen Besatzungsoffizier kennen. Er war verheiratet, konnte aber keine Kinder zeugen. Er sah sich darum im verelendeten Deutschland jener Tage um und hielt Ausschau nach Kindern, die durch Hunger und Krankheit besonders pflegebedürftig waren. Er wollte ein Kind nach England mitnehmen für eine Weile, es wieder zu Kräften bringen, um es dann eventuell später zu adoptieren. In Wolfgang fand er genau, was er gesucht hatte: Ein von Hunger und Krankheit entkräftetes Kind, hohlwangig und doch voller Sprachkraft und offensichtlicher Begabung. Hanna und Erich gaben ihr Einverständnis für seine Mitnahme und so verschwand Wolfgang für längere Zeit aus unserem Gesichtskreis.

Hier muss gefragt sein: Sind das nicht Rabeneltern, die ihr Kind so einfach weggeben auf eine Reise vielleicht ohne Wiederkehr? Um Antworten zu können, muss eine andere Frage aufgeworfen werden: Wie eigentlich standen Hanna und Erich zueinander in dieser Elendszeit? Es gibt ein Foto aus diesen Tagen, das Hannchen mit ihren 38 Jahren mit einem fast greisenhaften Gesicht zeigt, von den Entbehrungen gezeichnet.

Abbildung 3: Hannchen nach der Flucht

Ein anderes Foto aus dieser Zeit zeigt den gleichaltrigen Erich: Ein wenig mager, aber ansonsten so, als sei nicht viel geschehen in den Jahren zuvor. Von Hannchen hörte ich viel später: Im Frühjahr 1944 habe sie mich Erich »abgerungen«, als er auf Heimatbesuch war; danach habe er sie nie wieder angerührt. Die Entscheidung, den eigenen Sohn abzugeben, fiel ihm nicht schwer, der er sich sein Leben lang »ausschalten« konnte, wenn es ihm gefiel. Hannchen dagegen fiel es unsagbar schwer. Sie sagte mir später: Sie habe keinen Lebensmut mehr gehabt und habe gezweifelt, ob sie so ganz allein uns überhaupt durchbringen könnte.

Die Reise in die Pfalz

Ihre Antennen waren dennoch weit ausgefahren. Nun kam ihr zugute, dass sie nicht aus der Kirche ausgetreten war. Sie hatte wohl gehört, dass in der Rheinpfalz dringend Lehrer gesucht wurden, wandte sich aber nicht zuerst an die zuständige Provinzialregierung in Neustadt an der Weinstraße, sondern an die nach dem Krieg besonders einflussreiche Protestantische Landeskirche in Speyer. In dem geistlichen Oberkirchenrat Theo Schaller (Kirchenpräsident von 1964–1969) – wir werden noch von ihm hören – gewann sie einen prominenten Fürsprecher. Er schrieb ihr im Januar 1949:

...in einer erneuten Unterredung bei der Regierung hoffe ich erreicht zu haben, dass Ihre Anstellung hier in Aussicht genommen wird. ... ich bitte Sie die beiliegenden Fragebogen und den Antrag auf Zuzugsgenehmigung auszufüllen und hierher zu schicken. Sollten Sie schon einen Entnazifizierungsbescheid haben, legen Sie ihn bitte, in Abschrift bei.

Nach einiger Zeit – der französische Capitaine Heibel als Vertreter der französischen Besatzungsmacht hatte noch zuzustimmen – kam Ende September 1949 der erlösende Bescheid der Provinzialregierung:

Ihrem Antrag auf Einstellung in den pfälzischen Volksschuldienst wird stattgegeben. Sie werden mit Wirkung vom 1. Oktober 1949 in den Volksschuldienst als Lehrerin im Angestelltenverhältnis eingestellt und mit der Führung einer Klasse an der Volksschule in Bennhausen, Landkreis Kirchheimbolanden, beauftragt.

Und wir machten uns nun auf die Reise.

Ein Bauer und Presbyter aus der Nordpfalz sagte mir viel später, er sei weit gereist: Frankreich, Polen und Russland habe er gesehen. Es sei schön gewesen und der Krieg erweitere die Horizonte sehr. Drum brauche er heute nicht mehr zu verreisen... – Nicht nur seine Erinnerung irrt sich, die herrlich malt und das Schreckliche vergisst. Es irrt sich auch seine Hoffnung, die sich viel zu früh zufrieden gab und die unansehnlichen Scherben vager Erinnerung für eine gültige Botschaft hielt. Auf Befehl zu marschieren, mag wohl dem Beschränkten wie ein Reisen vorkommen. Der Fliehende, der keinen Hof besitzt, auf den er zurückkehren kann, würde seinen Wechsel des Ortes nie so benennen.

Ich sitze mit Mutter und Großvater im Zug, der so laut sein rhythmisches Rattern von sich gibt, dass du im selben Takt mitsprechen oder mitsingen kannst. Draußen fliegen die Landschaften vorbei an einem hellen Sommertag. Auf der Reise in Deutschlands Süden nehme ich die wechselnden Bilder, die das Zugfenster preisgibt, tief in mir auf. Könnte nicht überall hier unser neues Zuhause sein? Dort an dem Flusslauf, an einer Waldwiese, in einem einsamen Haus am Gebirgsbach, in einem Dorf, das sich an eine Hügelkette schmiegt. Warum bleibt der Zug nicht stehen und zwingt uns dazu, in so vielen Paradiesen nicht leben zu dürfen?

Nach einigem Umsteigen hielt der Zug dann am Bahnhof Göllheim-Dreisen. Kurz vor der Abreise hatte Hannchen die Nachricht erhalten, sie habe ihren Dienst vorläufig an der Volksschule in Standenbühl anzutreten, weil der Ehemann der – wahrscheinlich verstorbenen – bisherigen Lehrerin in Bennhausen sich weigerte, die Lehrerwohnung zu verlassen und mit der Tochter alle Räume besetzt hielt. So machten wir uns zu Fuß mit Sack und Pack auf den Weg in das drei Kilometer entfernte Dorf Standenbühl. Es war ein schöner Herbstnachmittag. Die Chaussee war – später erfuhr ich, dass dies Napoleons »Kaiserstraße« war – auf beiden Seiten umsäumt von Obstbäumen: Zwetschgen-, Birnen- und Apfelbäume. Das Fallobst lag auf der kaum befahrenen Straße. Ich bückte mich, um eine Zwetschge aufzulesen – schaute aber gleichzeitig um mich, ob mich auch niemand dabei beobachtete. Da dies nicht der Fall war, aß ich so viel bis ich satt war. Was für ein Paradies! dachte ich – wo herrlich süße Früchte einfach auf der Straße liegen und dir niemand den Verzehr verbietet.

Standenbühl

Die Schule war das höchste Gebäude in diesem kleinen pfälzischen Straßendorf. Im Erdgeschoss waren die Schulräume, darüber die Lehrerwohnung, in der wir nun zu dritt kampierten. – Die Landschaft hier war ausgesprochen schön: Markant erhob sich das Massiv des Donnersbergs über den sanften Hügeln, den Wiesen und Äckern. – Im Gegensatz zu Halvesbostel wurden wir hier gut aufgenommen. Hannchen war ohne jeden Abstrich »Frau Lehrer« und gefragte Respektsperson. Mit einem Ehepaar von der anderen Straßenseite waren wir bald befreundet. Die Thielmanns unterstützten uns in jeder Weise. Ihr einziger Sohn Ludwig war in der Sowjetunion vermisst. Sie baten mich, für seine Heimkehr zu beten. »Lieber Gott«, betete ich noch viele Jahre danach, »bitte mach, dass Ludwig wieder nach Hause kommt.«

Obwohl wir nur einige Wochen in Standenbühl wohnten, habe ich noch dichte Erinnerungen an diese Zeit, in der ich noch keine fünf Jahre alt war. Von drei Geschehnissen will ich berichten:

Hannchen kaufte in der Vorweihnachtszeit einen Lebkuchen-Weihnachtsmann, in Stanniol verpackt. So etwas hatte ich noch nie gesehen. Wie wohl ein Weihnachtsmann schmecken würde? Hannchen hatte meinen Heißhunger auf Süßes bemerkt und sagte: »Den darfst du erst heute Abend, nach unserer Besinnung auf den Advent, essen.« Mit »Besinnung« meinte sie das, was uns noch lange Jahre begleiten sollte: Eine der Jahreszeit angepasste wöchentliche »Dichterstunde«, in der Geschichten und Gedichte von ihr vorgetragen wurden – die wir in späterem Alter nur noch ironisch ertrugen. Als sie danach für eine Weile fortging, nahm ich den Weihnachtsmann in die Hände und konnte den Blick nicht von ihm wenden. Dann siegte die Gier: Ich riss das Stanniolpapier ab und aß den Weihnachtsmann genüsslich auf. – Als Hannchen wiederkehrte, kam sie meiner Unbeherrschtheit sofort auf die Spur und strafte mich einfach nur mit Verachtung. Das tat weh und die Dichterstunde fiel an diesem Tage aus.

Wir sitzen am Esstisch und eine grün-bläuliche Fliege stört uns beim Mittagessen. Mir gelingt es, sie lebendig einzufangen. Ich will sie bestrafen und reiße ihr beide Flügel aus. Da hat mich Hannchen geschlagen, was ich bei ihr sonst fast nie erleben musste. Danach hielt sie mir eine Predigt: Wie wichtig doch im Leben die Flügel sind; dass auch Fliegen sie beanspruchen dürfen.

Was »verheerend« ist, erlebte ich bald und es gehört zu meinen Urerlebnissen: Rhythmisch mit den Stiefeln auf den Asphalt der Kaiserstraße trampelnd, näherte sich in Reih und Glied ein Trupp französischer Soldaten, fast alle dunkelhäutige Marokkaner. Sie rasteten auf dem kleinen Standenbühler Schulhof, aßen, tranken und machten einen Höllenlärm. Sie nutzten nacheinander auch die wenigen Bretterhütten im Hof mit den Plumpsklos. Als sie endlich wieder stampfend losmarschierten, entdeckten wir die stinkende Bescherung: Da sie – wie ich später im Rückblick erkannte – nur »Türkische Klosetts« kannten, hatten sie sich auf das Brett mit dem ausgeschnittenen Loch gestellt und von oben herabscheißend das Ziel sehr oft verfehlt… Es brauchte Tage, um das alles wieder zu reinigen und in den vorherigen Zustand zu bringen. Wie Angst Hass produzieren kann, habe ich damals elementar erlebt. Meine Abneigung gegen alles Uniformierte hat hier ihre Wurzel.

Bennhausen

Wieder liefen wir mit Sack und Pack. Diesmal nach Bennhausen. Es war ein wunderschöner Tag: Feld und Flur noch in spätherbstlicher Pracht. Wir kamen an einer Holzhütte vorbei, in der ich gerne geblieben wäre. Dann tauchte hinter einem Hügel, auf dem ein kleines Fußballfeld mit zwei Toren angelegt war, das Dorf auf, mit dem Schulhaus, das einen kleinen Glockenturm besaß. Hier war die Lehrerwohnung, in der Herr Röder die Hälfte freigemacht hatte, damit wir drei nun doch hier wohnen konnten.

Herr Röder war nur zusammen mit seiner Tochter Christel, die wenig älter war als ich. Da ich in Bennhausen darüber nichts mehr in Erfahrung bringen konnte, vermute ich, dass Frau Röder schon gestorben war und die Wohnungsnot im ausgebombten Frankenthal so groß gewesen ist, dass ihnen nichts anderes übrigblieb, als zunächst hier zu bleiben. – Herr Röder besaß ein großes Motorrad, mit dem er immer wieder brausend davonfuhr, zu meiner großen Bewunderung.

War das Verhältnis von Hannchen zu Herrn Röder aus begreiflichen Gründen eher reserviert, waren Christel und ich ein Herz und eine Seele. Einmal beschlossen wir, da wir eine Nagelschere fanden, »Friseur« zu spielen. Wir schnippelten juchzend so lange an uns herum, bis wir nicht wieder zu erkennen waren. Als die Erwachsenen uns so antrafen, wurde ich von Hannchen nur gescholten, während Christel von Herrn Röder geschlagen wurde, wie ihr qualvolles Schreien, das durch die Wände drang, bezeugte.

Herr Röder muss trotz allem ein relativ gutes Herz besessen haben: Da Christel eine ganze Reihe von Stofftieren besaß und ich kein einziges, machte er mir das Angebot, ich dürfe mir eines ihrer Lieblinge aussuchen. Wahrscheinlich – so denke ich im Nachhinein – sollte sie aus pädagogischen Gründen das Teilen lernen. Ich betrachtete alle ihre Tiere genau. Nahe hätte es gelegen eines der neueren, noch nicht verschlissenen Stofftiere zu nehmen. Ich wusste aber, dass ihr Herz an einem völlig abgewrackten Teddybären namens »Bärli« hing, der fast keine Haare und keine Augen mehr besaß und dem aus einem Loch die Sägespäne herausfielen, so dass er ausgesprochen mager war. D e n musste ich haben und ich höre noch heute das bitterliche Weinen der kleinen Christel, als ich meine grausame Entscheidung kundgab. Falls sie unwahrscheinlicher Weise diese Zeilen lesen sollte, darf ich sie ein wenig trösten: Bärli hat es gut bei mir gehabt! Nachdem das Loch gestopft war, magerte er nicht weiter ab und jemand schenkte ihm durch zwei Kreuzstiche mit blauer Wolle zwei wunderschöne Augen. Mit Bauchstimme verlieh ihm Hannchen, wenn sie guter Laune war, sogar ein Stimmorgan und er hat bis in die späte Kindheit hinein meine Lebenswege kommentiert.

Die Menschen in Bennhausen waren von einer ganz besonders herzlichen Freundlichkeit, die wir Flüchtlinge so noch nicht erlebt hatten. Wenn im Dorf eine »Wutz« geschlachtet wurde, bekam die »Frau Lehrer« immer ein Päckchen mit Blut- und Leberwurst, die nur in der Pfalz so gut schmeckt. Auch gab es einen Topf mit »Metzelsupp«, deren archaisch-schönen Geruch ich noch heute zu schnuppern meine. – Die Kinder in der Zwergschule liebten Hannchen und gingen mit Freuden auf ihre Ideen ein: Wenn sie zu Weihnachten und zu Fasching eigene kleine Theaterstücke schrieb und sie zur Freude der Dorfgemeinschaft mit den Kindern zur Aufführung brachte. Wir waren glücklich in Bennhausen.

Mein verwirrter Großvater

Wenn ich von »wir« rede, habe ich bisher noch meinen Großvater ausgespart. Er war ein düster wirkender Mann, der zu jenem Zeitpunkt mit seinen fast 70 Jahren so alt war wie jetzt ich. Der Lokomotivführer im Ruhestand »tickte« offensichtlich nicht ganz richtig und schien nicht orientiert zu sein in Raum und Zeit. Kein Mülleimer war vor ihm sicher, in dem er nicht gewühlt hätte, um irgendetwas Essbares oder Nützliches zu ergattern. In diesem Zustand war er die ganze Nazizeit über gewesen und hatte – gnädiger Weise, wie man denken könnte – nichts davon mitbekommen. In Waren am Müritzsee musste Hannchen ihn von den Schienen am Bahnhof herunterholen, wo er meinte, die Weichen schmieren zu müssen. – Umso schlimmer war es für Hannchen, dass er nun im Dorf überall mit »Heil Hitler« grüßte, ausgerechnet jetzt, da die Hitlerei vorüber war. Ich höre noch, wie sie ihn anflehte, dies doch bitte zu unterlassen, damit die Franzosen und die Amerikaner, die auf dem Donnersberg residierten, dies nicht mitbekämen.

Stationen seines Lebens

Ein Blick auf sein voraufgegangenes Leben will diese temporäre Umnachtung nicht zweifelsfrei klären. 1876 wurde er in Berlin

34

als Sohn eines Nachtwächters geboren. Mit sieben Geschwistern wuchs er in einem Mietshaus in der Schönhauser Allee (Prenzlauer Berg) auf. Es war tatsächlich »Zille sein Miljö« (Herrlich, wenn er rezitierte: »Ick und meene Schwiejermutter haben alle beede jesehen, wie der Ernst ist alleene die Treppe runterjefallen«). Zu viert schliefen die Buben in einem Bett. Der Hinterhof war ihr Spielplatz. Der Nachtwächter wollte, dass zumindest die Buben etwas lernen sollten. Aber, was? Ernst Knothe besuchte den Vergnügungspark »Berliner Prater«, sah und hörte die »Gebrüder Coradini« und beschloss Komiker zu werden. Da das kein Lehrberuf war, lernte er schließlich Schlosser und trat nach der Gesellenprüfung seinen dreijährigen Wehrdienst bei der kaiserlichen Marine an. Auf einem Kanonenboot wurde er als Heizer eingesetzt und ging mit ihm auf große Fahrt nach Ostasien: Nach Japan und China. In der deutschen Kolonie Tsingtau half er beim Brückenbau.

Nach Ende der Dienstzeit ließ er sich von seinem älteren Bruder Eduard überreden in die USA auszuwandern. 1898 traten sie mit dem Überseedampfer »St. Paul« in Bremerhaven die Reise an. Bei ihrer Ankunft in New York herrschte gerade schwerste Depression und auch beim besten Willen war keine Arbeit zu bekommen. Später erzählte er: »Da hausten wir zusammen in einem verwanzten Loch«. Schon nach acht Wochen beschloss Ernst, nach Deutschland zurückzukehren – sehr zum Entsetzen seines Bruders, der ihm zum Abschied obszön zurief: »Na, dann geh man zurück an dem Kaiser sein Titt«. Die Kosten für die Rückfahrt nach Bremerhaven verdiente er sich als Kohlentrimmer.

Als Serienmörder verhaftet

Mit Wonne erzählte er später, als er wieder »aufgewacht« war, die folgende Geschichte über seine Ankunft in Bremerhaven:

Ich ging gerade den Ausstiegssteg hinunter, als mir zwei Männer mit Ledermänteln entgegentraten und mich fragten: »Sind sie Hoppe?« Das klang so ähnlich wie »Knothe« und ich antwortete: »Ja.« Sie nahmen mich sofort fest und ich wurde ins Untersuchungsgefängnis überführt. Dort wurde ich so lange verhört, bis sich das Missverständnis aufgeklärt hatte. Am nächsten Morgen war ich frei. Der wirkliche Hoppe aber war ein schon lange gesuchter Serienmörder...

Deutsch-Südwestafrika und Mecklenburg

Bald danach folgte Ernst im Jahre 1902 einem Aufruf der deutschen Kolonialverwaltung in Deutsch-Südwestafrika, dem heutigen Namibia. Er trat eine Stellung als Heizer an auf der gerade fertiggestellten Schmalspurstrecke Windhoek – Swakopmund. Ob er 1904 noch dort gewesen ist, als der Aufstand der Herero und Nama (schimpflich als »Hottentotten« benannt) begann, der in einem Völkermord endete, entzieht sich meiner Kenntnis. Als Heizer war er einem Lokomotivführer zugeteilt und durfte dort auch schon selbständig die Lokomotive fahren. Dies war das Sprungbrett für seine Bewerbung bei der *Großherzoglich Mecklenburgischen Friedrich-Franz-Eisenbahn* in Schwerin. Er kehrte nach Deutschland zurück und begann seine Laufbahn bei der M.F.F.E. zunächst wieder als Heizer bei dem Lokomotivführer Schmedtke, bis er dann – nachdem er die Prüfung bestanden hatte – als Lokomotivführer ins Beamtenverhältnis übernommen wurde. Nun war er so etwas wie »eine gute Partie« geworden.

Die beiden Metas

In diese Zeit fällt seine Begegnung mit den beiden Metas, wovon er genüsslich erzählen konnte:

Die Erzählung begann immer so: *Dann har ick 'n Mädchen kennenjelernt. Meta Buse hat se jeheißen…*
Das Weitere überliefere ich hochdeutsch, weil mir das Berliner Platt nicht wirklich geläufig ist.

Sie war blond und hatte herrliche blaue Augen. Mit ihr bin ich öfter zum Tanzen ausgegangen. Aber arm ist sie gewesen, aus armen Verhältnissen ist sie gekommen. Bald danach habe ich mich mit Meta Schmedtke angefreundet, die Tochter von Lokführer Schmedtke. Der hätte es wohl gern gehabt, wenn ich die geheiratet hätte. Ich war auch gar nicht abgeneigt, obwohl sie auf ihrer Oberlippe einen Schnurrbart gehabt hat. Da haben wir uns dann verlobt. Meta Buse habe ich einen Abschiedsbrief geschrieben, mit den Worten: »…es wär so schön gewesen, es hatt nicht sollen sein.« Dann bin ich mit der Schmedtke im Zug auf eine Verlobungsreise nach Berlin gefahren. Gleich am Anfang hat sie mir mitgeteilt: »Ernst, ich bin für was Höheres geboren.« Da bin ich still gewesen. Dann hat sie mich aufgefordert, ich soll sie küssen. Da hab ich gesagt: »Ick küsse nich so jern!« Dann haben wir fast nur noch geschwiegen. Und danach hab ich dann die Meta Buse, deine Großmutter, geheiratet.

Das war 1907 in Schwerin. 1909 wurde dort meine Mutter Johanna geboren. 1916 folgte mein Onkel Ernst, der wie ich in Waren (Müritz) geboren wurde.

Untreue auf Norderney

Im Juli 1929 starb Meta Knothe, geb. Buse, im Alter von 43 Jahren. An Anämie sei sie gestorben – so wurde uns immer wieder erzählt. Zum Zeitpunkt ihres Todes machte mein Großvater Urlaub auf der Insel Norderney. Nicht alleine, sondern mit einer Geliebten, deren Namen ich nie erfahren habe. Hat meine Großmutter sich das Leben genommen? Ich neige zu dieser Ansicht, weil so das Folgende eine Erklärung finden kann: Gleich nach Metas Tod begann die depressive Verfinsterung Ernst Knothes, begleitet von wahnhaften Handlungen wie dem Einfetten von Bahngleisen. Er wurde in den einstweiligen und bald danach in den endgültigen Ruhestand versetzt. In diesem Zustand lernte ich ihn kennen. Auf wundersame Weise ist er Ende der 50er Jahre wieder aufgewacht und hat die letzten zehn Jahre seines Lebens heiter und voller Lebenszuversicht zugebracht.

Die Baracke in Hamburg-Schnelsen

An Weihnachten 1949 und in der Faschingszeit war mein Vater Erich zu Besuch nach Bennhausen gekommen. Er brachte die Nachricht vom Ankauf einer kleinen Baracke mit, die nun auf einem Pachtgrundstück im Hamburger Vorort Schnelsen stand. Er hatte bisher auf einer Couch seiner Schule in Eimsbüttel übernachtet und schlief in letzter Zeit in einem Schuppen auf dem Nachbargrundstück, um an der Baracke arbeiten zu können, die noch nicht bezugsfertig war. – Ich erinnere mich an schöne Waldspaziergänge mit ihm. Das war damals nicht ungefährlich, weil es in den Wäldern um den Donnersberg eine Wildschweinplage gab, da den Deutschen der Gebrauch von Schusswaffen, also auch die Jagd, verboten war. – Schon im April 1950 zogen wir, obwohl Hannchen lieber in der Pfalz geblieben wäre, in die Baracke in Hamburg ein. Mir ist das Bennhausener Intermezzo immer unvergesslich geblieben. Als ich 10 war, inserierte ich in der Jugendzeitschrift »Rasselbande«: »Brieffreund aus der Pfalz gesucht«. Es hat einer geantwortet, aber über drei gewechselte Briefe ist der Kontakt nicht hinausgegangen.

Es war wahrhaftig ein »Behelfsheim« in das wir da gerieten – wie so viele andere in jener Zeit. Es gab kein Leitungswasser und keinen Strom. Wasser gab es durch eine Handschwengelpumpe, die im Garten installiert war. Dort haben wir uns auch gewaschen. Lange noch besaßen wir für die Beleuchtung nur Petroleumlampen, an deren warmes Licht ich mich gerne erinnere. Als Toilette diente ein auswärtiges Plumpsklo, von einem alten Wehrmachtsschrank umschlossen. Das Klopapier schnitt mein Großvater aus Zeitungen in handliche Portionen. – Das Innere der Baracke bestand aus einer Wohnküche, einem größeren Zimmer als Schlafraum für Eltern und Kinder und einem kleinen Zimmer für den Großvater. Das Grundstück, auf dem die Baracke stand, wurde vom Bauern, dem es gehörte, noch einige Zeit als Kartoffelacker verwendet.

In dieser Zeit brachte mir Hannchen, indem sie die Buchstaben in den Sandkasten zeichnete, die Anfangsgründe des Lesens und Schreibens bei.

Abbildung 4: Der Sandkasten bei der Baracke

Vierzehn Monate in England

Dann kam Wolfgang aus England zurück: Erholt, aber immer noch von seiner Krankheit gezeichnet. Warum auch ich nun dorthin geschickt wurde, weiß ich nicht. War ich auch ein Adoptionskandidat? Hatte Wolfgang zu großes Heimweh verspürt? Wie auch immer: Am 26. September 1950 fuhren Hannchen und Erich mit mir nach Rotterdam, um in Hoek van Holland die Fähre nach Harwich zu nehmen. An die Bahnfahrt erinnere ich mich noch genau: Um Fahrtkosten zu sparen, haben sie mich ins Gepäcknetz verfrachtet, damit ich als kostenlos fahrendes Kleinkind »durchgehen« konnte. Die Beklommenheit meiner Eltern beim Erscheinen des Kondukteurs spüre ich noch wie heute. Auf der Überfahrt nach Harwich wütete ein Orkan. Meine Eltern wurden beide seekrank. Ich dagegen schlief in der Koje wie frisch geschaukelt.

Die Eltern lieferten mich in dem kleinen Dorf Hargrave, in der Grafschaft Suffolk, bei meinen neuen Pflegeeltern Ian und Patricia Carlisle ab. Schon bald traten sie die Rückreise an. Nun war ich ganz allein mit zwei wildfremden Menschen, die kein Deutsch sprachen, so wenig ich ihre englische Sprache verstand.

Es sind nur Erinnerungsfetzen, die mir von diesen 14 Monaten meines Lebens geblieben sind. Hinzukommt, was man mir darüber erzählt hat. Erzählt wurde mir, ich hätte 6 Wochen lang keinen Ton gesagt. Dann aber hätte ich fließend Englisch gesprochen. Eigene Erinnerung zeigt mir Bilder von Ian und Patricia, wie sie sich ständig in der Küche küssten, was mich – ich weiß nicht warum – immer peinlich berührte. Einen Baum vor der Haustür sehe ich, den ich hochkletterte, um ein Taubennest zu finden. Die Eier nahm ich ehrfurchtsvoll in die Hand und freute mich ihrer, obwohl mir Ian gesagt hatte, so etwas dürfe man unter keinen Umständen tun. – Vor dreißig Jahren habe ich einmal ironisch diese englische Episode beschrieben:

Dann lernte ich Gott kennen. Er hatte die Gestalt eines englischen Besatzungsoffiziers, der für die Umerziehung der Deutschen zuständig war. Er zeigte sich zunächst als Engel: Nahm mich mit zum ersten Mal auf dieses Archipel, um meinen augenfällig vom Mangel her aufgedunsenen Körper mit englischer Gesundheit anzustecken. Vierzehn Monate lebte ich bei Gott in England und bei seiner Frau. Wie im Paradies gab es da nur pflanzliche Kost, weil das heilige Paar nicht nur sich selbst, sondern auch den eigenen Cocker-Spaniel vom Nutzen vegetarischer Kost überzeugt hatte. Anpassungsfähiger Flüchtling, der ich war, erlernte ich binnen 6 Wochen seine Sprache. Und siehe, auch sein Essen war sehr gut

Besonders gern aß ich seine »Cashew-Butter«, die er in der Speisekammer üppig gehortet hatte. Meine ständigen Besuche dort ließen den Vorrat allerdings bald dahinschmelzen, was Gott dem HErrn gar nicht verborgen bleiben konnte. Da kam zu mir, gerade unzulässig an einem Johannisbeerstrauch naschend die Stimme des HErrn: WHAT HAVE YOU DONE! Da ich hartnäckig leugnete, von der Butter der Erkenntnis gestohlen zu haben, folgte ein langer erbaulicher Vortrag über den absoluten Vorrang der Wahrheit und darüber, dass der HErr ins Verborgene und in die Herzen sieht. Die kalte Analyse meiner Verstocktheit, am Rande eines Johannisbeerstrauchs, mag wohl zwei Stunden gedauert haben. Da ward aus Abend und Morgen, Gott zum Lobe, bald der letzte Tag und ich durfte wieder heim zu meiner weniger heiligen Familie.

Zwei »Briefe« von mir sind aus dieser Zeit erhalten.

Der erste an Hannchen:

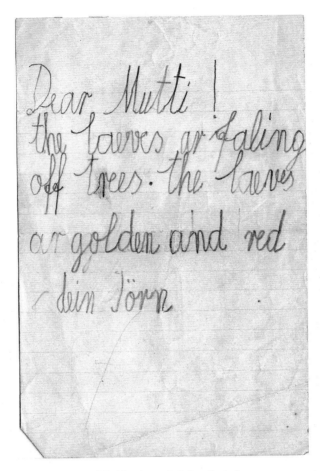

Abbildung 5: Originalbrief

Dear Mutti!
The leaves are falling off trees. The leaves are golden and red.
Dein Jörn

Der Herbst war gekommen.

Der zweite an Erich:

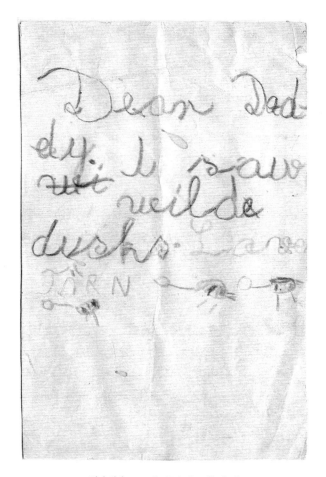

Abbildung 6: Originalbrief

Dear Daddy.
I saw wild ducks.
Love Jörn

Wildenten sah ich fliegen.

Zurück fuhr ich am 7. Dezember 1951 mit Lore, einem zwölfjährigen Mädchen aus der Bekanntschaft, die mich bis Hannover unter ihre Obhut nahm.

Abbildung 7: Mit Lore, ihrem Bruder und dem Weihnachtsmann

Ab da trug ich ein Schild um den Hals: »Dies ist Jörn Wilhelm. Er will nach Hamburg-Schnelsen, Königskinderweg 23a.« – Als ich in Hamburg ankam, fragte mich Erich, wo ich meine Fahrkarte hätte. Mit diesem Wort konnte ich absolut nichts anfangen und sah nun ihn fragend an. Plötzlich aber fiel mir ein, was er meinen konnte und ich fragte erleichtert: »Meinst du vielleicht mein Ticket?«

Kapitel II

Kindheit am Königskinderweg

Heimkehr nach Schnelsen

Als ich wiederkam, hatte sich am Königskinderweg viel verändert. Das Wichtigste zuerst: Es gab fließendes Wasser! Es war nur ein müdes Rinnsal, das da aus der Leitung tropfte, abgezweigt vom Leitungsnetz des Nachbarn. Bis der Zahnputzbecher gefüllt war, brauchte es seine Zeit. Doch der Fortschritt war unverkennbar. Der Nachbar war auch Volksschullehrer. Er stammte aus einer alteingesessenen Bauernfamilie in Holstein und bezeichnete sich immer noch im Nazi-Jargon als »Neuadel von Blut und Boden«. Weniger Hochwohlgeborene wie uns glaubte er schikanieren zu dürfen: Darum der schüttere Wasserstrahl, der uns – ohne dass Erich, der diese »Lösung« ausgehandelt hatte, den Mut zum Protest gehabt hätte – noch über ein Jahrzehnt erhalten blieb.

Mein Onkel

An die Baracke hatte Erich mit Hilfe von Schwarzarbeitern ein Zimmer für den Großvater und ein enges Badezimmer mit WC angebaut. Das war auch nötig, denn Hannchens Bruder Ernst war, nach Ableistung des von den Engländern erzwungenen Minenräumdienstes, zu uns gestoßen und bewohnte das frei gewordene Hinterzimmer.

Damals, nach dem Tod der Mutter – Onkel Ernst war damals gerade einmal 13 Jahre alt – fühlte sich Hannchen, die 7 Jahre älter war, für ihn verantwortlich. Nach Abbruch des Gymnasiums in Waren steckte sie ihn in eine Lehre als Molkereifacharbeiter. Danach ging er als Freiwilliger zur Kriegsmarine. Nach Kriegsende und dem Minenräumen studierte er an der von den Gewerkschaften initiierten »Akademie für Gemeinwirtschaft«, aus der prominente

Gewerkschaftsfunktionäre wie Walter Arendt, Heinz Kluncker und Hubertus Schmoldt hervorgingen. Dieses damals noch »sozialistisch« gemeinte Projekt für den zweiten Bildungsweg war dem unverbesserlichen Nazi zutiefst zuwider. Eine so gut wie vollendete Abschlussarbeit gab er aus ideologischen Gründen nicht ab: Ein unglückseliger Mensch mit der »Begabung«, stets das Unrichtige zu tun. Als er mit Hannchen in der Küche des Behelfsheims darüber mit ihr stritt, goss sie ihm, die gerade auf dem Herd köchelnde Himbeersoße über seinen gescheitelten roten Schopf... – Mit Erich stritt er sich oft so handgreiflich, dass er das Haus zu Hannchens großem Kummer verlassen musste. Er siedelte sich in Frankfurt am Main an. Wir werden noch von ihm hören.

Lumpenwirtschaft

Zu meiner Freude gab es jetzt viele Tiere auf dem Areal: Ein Milchschaf, Hühner, Gänse und Enten. Das Federvieh hauste großenteils in den alten Wehrmachtsschränken, die Hannchen und Erich auf Auktionen im Hamburger Hafen erstanden hatten. Von dort stammten auch ausrangierte Tische und Bänke aus Schulbestand die wir im Freien gerne nutzten, um »Schule« zu spielen. Was dem Außenbetrachter wie Chaos und »Lumpenwirtschaft« erscheinen mochte, war für uns das Paradies.

Abbildung 8: Behelfsheim 1950

Verspätet in die Schule

Beim Spiel blieb es nicht, denn nun musste auch ich der Schul-
pflicht genügen und trat ein in die Klasse 1b der Grundschule in
der Schnelsener Frohmestraße. Ich hatte bereits den größeren Teil
des Schuljahres versäumt, als ich unter die Fittiche der gewichtigen
Lehrerin Elfriede Bornemann kam, die den Glucken auf unserem
Grundstück irgendwie sehr ähnlich war. Trotz des Versäumten war
mein Einstand gut, wie mein erstes Schulzeugnis bezeugen kann:

Jörn, der wegen seines Aufenthaltes in England erst ¼ Jahr
eine öffentliche Schule besucht, hat sich in dieser kurzen
Zeit erstaunlich gut eingelebt. Sein rascher Geist folgt dem
Unterricht aufmerksam und interessiert. Bei den Unter-
richtsgesprächen hat Jörn führenden Anteil. Er arbeitet
selbständig, wenn auch nicht immer sorgfältig und sauber
genug. Im Schreiben von Buchstaben und Zahlen fehlt es
ihm an Übung. Jörns sprachliche Leistungen sind erstaun-
lich: Er lernte innerhalb eines Jahres das Lesen in englischer
und deutscher Sprache.

Abbildung 9: Es geht zur Schule

Für kurze Zeit war ich an dieser Schule sogar der »Star«, dessen Nimbus als »Engländer« weithin erstrahlte. Ich wurde in den Englischunterricht der 9. Klasse geschickt und durfte dort als Winzling mit meinen Sprachkenntnissen glänzen.

Diesem Status verdankte ich eines Tages auch die Befreiung meines 3 ½ Jahre älteren Bruders. Als ich von der Schule kommend mich dem Eingangsgatter unseres Grundstücks näherte, sah ich etwas Erschütterndes: Schulkameraden hatten den armen Wolfgang an einen Laternenpfahl gebunden und tanzten um ihn als Indianer wie um einen Marterpfahl herum. Ich raste heran und schrie, sie sollten sofort verschwinden. Das taten sie auch und riefen furchtsam: »Der Engländer! Der Engländer!« Verdutzt über diesen Erfolg befreite ich ihn von seinen Fesseln.

Der Stärkste in unserer Klasse war Bernd Kollerbohm. Wie im Wolfsrudel bedeutete das, dass er allenthalben das Sagen hatte und wir alle ihm untergeordnet waren. Ganz selbstverständlich beanspruchte er auch die Liebe von Fölke Lassen, dem hübschesten Mädchen in der Klasse. Sie aber hatte zu meiner Freude ein Auge auf mich geworfen. Vor den Augen Bernd Kollerbohms schenkte mir Fölke einen ganzen Stapel englischer Comics. Sie habe sie von ihrem Vater bekommen, der sie irgendwo aufgestöbert hatte, sie aber wegen mangelnder englischer Sprachkenntnisse nicht lesen konnte. Ganz liebreizend lächelte sie, als sie mir die Hefte übergab. Das ließ Bernd keine Ruhe. Er provozierte mich so lange, bis ich endlich mit gleicher Münze heimzahlte. Das war der Moment, auf den er lange gewartet hatte: »Sooo!« sagte er und jeder wusste, dass es nun eine Prügelei geben würde.

Wir trafen uns, unter Ausschluss der »Öffentlichkeit«, an einer Kiesgrube. Er war etwas kleiner als ich und ich merkte während des Ringkampfes bald, dass er mir keineswegs überlegen war. Aber irgendetwas in mir hatte Achtung vor ihm und ich hatte das, was die Verhaltensforschung eine »Beißhemmung« nennt. Das nutzte er aus und nahm mich in den Schwitzkasten, so dass ich mich ergeben musste. Die Hierarchie im Rudel blieb unangetastet. Wir wurden nie Freunde. Aber wir hatten Achtung voreinander und ließen uns gegenseitig in Ruhe. Ich las zu Hause u.a. den von Fölke mitgebrachten Comic »Howdy Doody«, dessen sommersprossiger und rothaariger Kinderheld damals in den USA und England angesagt war und mich viel später irgendwie an Tony Blair erinnerte… Zwischen Fölke und mir funkte es weiterhin, aber näher kamen wir uns nicht: Es blieb beim Träumen.

Prügelstrafe

Mein englischer Nimbus schwand bald dahin und damit meine Privilegien. Schon bald lernte ich den Rohrstock kennen, der im Schrank des Klassenzimmers aufbewahrt war. Beim besten Willen kann ich mich nicht mehr erinnern, was ich angestellt hatte. Es muss schon heftig gewesen sein, denn Frau Bornemann verwandelte sich aus der bisher so gutmütigen Glucke in eine wütende Furie. Vor der ganzen Klasse musste ich die Hose herunterlassen und schon klatschten die Rohrstock-Hiebe auf meinen nackten Po. Es schmerzte entsetzlich und ich schrie wie am Spieß. Diese Demütigung vergaß ich ihr nie. Meine Eltern waren empört, als sie hörten, was mir widerfahren war. Sie sorgten dafür, dass dies die letzte körperliche Züchtigung dieser Art wurde, die je an dieser Schule geschah.

Wären sie nur auch zu Hause gegen diese Art der Bestrafung eingetreten! Ich kenne niemand, der wie ich so oft vom eigenen Vater verprügelt wurde, ohne dass die Mutter mich davor beschützte. Erich war ein sehr fähiger Lehrer, der seine Schüler – von der Reformpädagogik herkommend – schon auf antiautoritäre Weise erzog und trotzdem zu guten Leistungen verhalf. Bei Unterrichtsbesuchen erlebte ich mehrfach, wie fortschrittlich seine Lehrmethode war: Es herrschte in der Klasse immer ein gewisser Lärmpegel, der bewusst von ihm zugelassen wurde und überhaupt nicht störend war. Es gab schon Gruppenarbeit statt Frontalunterricht – für jene Zeit ganz ungewöhnlich.

Aber dann kam er nach Hause und verwandelte sich von einem Dr. Jekyll in einen Mr. Hyde. Wolfgang hatte nichts zu erleiden, aber ich wurde zu seinem Prügelknaben. Wenn er nachmittags Bohnenkaffee getrunken hatte, war mein Schicksal besiegelt: Er suchte regelrecht nach Vorwänden, um mich schlagen zu können. Und davon gab es genug: Nicht aufgegessenes Pausenbrot, Eselsohren im Schreibheft, unaufgeräumtes Zimmer, nicht geholter Koks für den Ofen, schmutzige Fingernägel oder vergessene Aufträge. Wenn er mich dann schlug, verlor er völlig die Fassung und drosch mit solcher Wut auf mich ein, dass ich zunichte ward und mich danach wie ausgelöscht fühlte. – Hannchens einzige Reaktion darauf bestand darin, dass sie versuchte, das nachmittägliche Kaffeetrinken einzuschränken…

Sehr spät kam ich auf die Idee, wie der Schmerz beim Bezug der Prügel einzudämmen war: Ich polsterte einfach die Hose mit einem Kissen aus. Zu meiner Genugtuung hat er diesen Stoßdämpfer nie bemerkt. – Eine Tracht Prügel ist mir in besonderer Erinnerung: Als ich nach Hause kam, fing mich Wolfgang vor der Haustür ab. Irgendetwas hatte ich wieder »verbrochen«. Wolfgang sagte mir: »Er tobt. Aber ich habe mit ihm gesprochen und erreicht, dass du heute nur fünf Schläge auf den Hintern bekommst.« Nicht sehr amüsiert ging ich ins Haus. Da stand auch Hannchen und redete milde auf mich ein. Dann kam es zur »Hinrichtung« im Wohnzimmer: Fünf Schläge landeten wohlgezielt, aber leider nicht durch Polsterung gebremst auf meinem Hintern. Es war in der Tat »humaner« und nicht so wutentbrannt wie sonst. Aber das familiäre Einvernehmen bei dieser Strafaktion war demütigender als alle sonstigen Exzesse. So etwas auch noch als Wohltat zu verkaufen, statt das ganze Unternehmen in Frage zu stellen! Meine innere Erbitterung wuchs.

Die Flucht in die Wüste

Einmal verprügelte er mich wegen eines »Delikts«, das nicht ich, sondern Wolfgang »begangen« hatte. Da beschloss ich in die Tat umzusetzen, worüber ich schon lange nachgedacht hatte: Für immer fortzugehen. Aus der Manteltasche Hannchens entwendete ich ein paar Münzen und nahm etwas Handproviant mit. Da war ich wohl noch keine neun Jahre alt. Es war ein kalter Herbsttag und ich fror nicht nur innerlich. Weit bin ich nicht gekommen: Als ich die Haltestelle der AKN (Altona-Kaltenkirchen-Neumünster-Bahn) erreichte, ging gerade nun, als es schon dunkel wurde, die Schranke herunter. Ich nahm das als Zeichen und kehrte um, obwohl ich zu Hause mit weiteren Schlägen zu rechnen hatte. Aber diesmal wurde ich verschont: Da sich inzwischen meine »Unschuld« herausgestellt hatte, wurde ich empfangen wie der Verlorene Sohn.

Woher kam diese Wut und warum ließ er sie an mir aus? Fast jeden Sonntagnachmittag kam »Onkel Peter« – der mit Hannchen und Erich das Lehrerseminar besucht hatte – zum Kaffee und zum Abendessen.

Abbildung 10: Onkel Peter mit »Wölfing«

Wenn er klingelte, leuchteten Erichs wasserblaue Augen auf und er verwandelte sich augenblicklich wieder in Dr. Jekyll. Die eventuell für mich vorgesehenen Prügel wurden abgeblasen, so dass ich diesen »Onkel« als meinen Retter ansehen durfte. Viel später erst erkannte ich die Wahrheit: Peter war sein »Mann« in dieser schwulen Partnerschaft – zu einer Zeit, als der §175 des Strafgesetzbuches noch solche Verbindungen voll sanktionierte und mit Gefängnisstrafe bedrohte. Seine Schuldgefühle deswegen hat er einfach auf mich projiziert: Ich war für ihn der Sündenbock, den man in die Wüste treibt. Im Gegensatz zu Wolfgang galt ich für beide Eltern als »robust« und belastbar. Die Sonne in meinem Gesicht würde schon wieder aufgehen. Und so kam ich tatsächlich immer wieder aus der Wüste zurück.

Gemeinsame Wege mit dem Großvater

Mein Großvater, der diesem Treiben zusehen musste, war nicht in der Lage mir zu helfen, obwohl er es gerne getan hätte. Denn trotz seiner Verdüsterung hing er an seinem Enkel »Jörni« sehr. Jeden Tag rief er nach dem Mittagessen nach mir und wir gingen für mindestens eine Stunde spazieren. Wir redeten dabei nicht viel. Ich musste dafür immer ein Fläschchen Kölnisch Wasser dabei haben, denn nicht selten kippte er durch einen Anfall – ich nehme an, dass es eine Form der Epilepsie war – plötzlich um und lag schnaufend auf dem Boden. Sofort öffnete ich dann das Flakon mit Kölnisch Wasser und hielt es unter seinen ziemlich ausgeprägten Riechkolben. Merkwürdig: Nie hat er sich durch das Fallen verletzt. Nach einigen Minuten konnten wir weitergehen, als ob nichts geschehen wäre.

Zu Tieren und zur ganzen Natur hatte er ein fast schon »franziskanisch« zu nennendes Verhältnis. Wenn er die Zwerghühner fütterte, flogen immer zwei auf seine Schulter. Unsere Katze »Muschi« war seine große Liebe. Sie schlief nachts an seinem Fußende und tagsüber den ganzen Nachmittag auf seinem Schoß, wenn er auf der Bank, später im Strandkorb saß. »Hannchen«, rief er, wenn es Abend wurde, »nimm mir bitte die Muschi vom Schoß.« Er wollte bei der Katze nicht in Ungnade fallen...

Abbildung 11: Der Großvater mit Muschi

Den Garten hielt er ganz alleine in Schuss. Noch mit 85 Jahren kniete er auf einem Sack, um zwischen den Himbeeren zu jäten. Er war stark: Einmal sah ich, wie er einen Baum mit bloßen Händen aus dem Boden riss. Als die Hühner abgeschafft wurden, trat ich in seine Fußstapfen und legte auf dem gut gedüngten Boden des umzäunten Hühnerhofs einen Garten an, aus dem ich die ganze Familie mit Gemüse, Kräutern und Pfefferminztee(!) versorgte. – Wenn der Großvater sich abends in sein kleines Zimmer zurückzog, verabschiedete er sich stets erst von uns und dann von Hannchen, der er jedes Mal sagte: »...und wenn was sein sollte: Du weißt ja Bescheid.« Er wollte unser Hüter sein.

Kaspertheater

Für teures Geld – wie ich im Rückblick erkenne – kauften die Eltern »Hohensteiner« Kasperpuppen. Sie waren von dem weltberühmten Puppenspieler Max Jacob, zusammen mit dem Holzschnitzer Theo Eggink und der Kostümbildnerin Elisabeth Grünwaldt, für ihr »Hohnsteiner Kaspertheater« auf der Burg Hohnstein in der Sächsischen Schweiz entwickelt worden. Mit ihnen gelang es Max Jacob, das Kaspertheater als pädagogisches Medium und als Theaterform zu etablieren. Als wir die Puppen bekamen, lebte er noch hochgeehrt in Hamburg. – Die Puppen sind einzigartig »menschlich« und verführen zum sofortigen Spiel. Besonders der strahlende Kasper mit seiner langen Zipfelmütze hat es allen Kindern angetan.

Mit einem kleinen, von Erich gebastelten Theater machten Wolfgang und ich uns mit Begeisterung und Freude ans Werk. Der schon 12 Jahre alte Wolfgang war im Vortrag und im Erdenken des Gespielten der Führende, ich – mit gerade einmal 8 Jahren – nur der Statist und Wortgeber. Bei unseren Vorführungen innerhalb der Familie gab es viel Anerkennung und Applaus. Das verführte Wolfgang dazu, uns beim NWDR (Nordwestdeutscher Rundfunk), Studio Hamburg-Lokstedt, für eine Höraufnahme zu bewerben.

Wir wurden auch tatsächlich zu einer Probeaufnahme eingeladen. Wolfgang spielte den Kasper, ich seinen Freund Seppl. Der Kasper Wolfgangs, mit dem es begann, beeindruckte den Redakteur sehr. Meine Performance des Seppl allerdings ging kläglich in die Hose. Die fremde Atmosphäre des Aufnahmestudios hatte mich so eingeschüchtert, dass ich auf der ganzen Linie versagte. Wir waren freundlich, aber für immer entlassen...

Das Kasperlespielen habe ich nie verlernt. An einer Sonderschule für geistig Behinderte hatte ich Jahrzehnte später Religionsunterricht zu geben und war ziemlich ratlos, wie ich auch nur die einfachsten Inhalte »rüberbringen« sollte. Da erinnerte ich mich an den Kasper und ließ ihn und seine Gespielen für mich reden. Fasziniert folgten die Kinder fortan den vorgespielten Themen und gingen – verführt vom Kasper – so aus sich heraus, dass es eine einzige Freude war.

Automobiles Intermezzo

Mit Mitte vierzig machte Erich den Führerschein. Als er die Prüfung tatsächlich bestanden hatte, kam er strahlend nach Hause und verkündete als einer, der nie sein Licht unter den Scheffel stellte: »Der Prüfer hat gesagt: Sie fahren wie ´ne eins.«

Es wurde ein gebrauchter Opel Kadett gekauft, der vor dem Krieg schon bessere Tage gesehen hatte. Ob es am Auto oder an Erich lag: Es war fast unmöglich oder nur mit großem Kraftaufwand zu bewerkstelligen, die Gangschaltung zu betätigen. So fuhr Erich, wenn er denn fuhr, meist gleichbleibend im zweiten Gang und hinter ihm wurde die Autoschlange immer länger. Einmal fuhren wir auf die gleiche Weise in die Innenstadt. An jeder Ampel würgte er den Motor ab. Ich höre noch das nicht enden wollende Hupkonzert, als er das bei den Ampeln am Jungfernstieg wiederholte. Nach dieser Fahrt hat Erich das Autofahren zum Glück zunächst eingestellt.

Erich als Dr. Jekyll

Über Erich ist auch viel Gutes zu berichten. Nicht weit von uns, hinter dem Uphoffweg, standen die Wagen der Roma, die wir damals noch »Zigeuner« nannten. Die Kinder gingen in die Volksschule am Anna-Susanna-Stieg. Einige waren in Erichs Klasse, u.a. auch der Sohn des Zigeunerkönigs. Erich behandelte sie gut und trat allen Diskriminierungen energisch entgegen. Deswegen besuchte ihn einmal der Zigeunerkönig und beschenkte ihn fürstlich. Der Sohn schrieb ihm lange noch dankbare Briefe.

Wenn er mit uns in Ferien fuhr, war er immer nur Dr. Jekyll: Von heiterer Unternehmungslust und so großzügig, dass es schon an Verschwendung grenzte; uns zugetan wie sonst nie zu erleben. Heute vermute ich: Da fehlten die missgünstigen Einflüsterungen seines »Mannes« Onkel Peter und er konnte endlich einmal sein, was er in Wirklichkeit war. – Herrlich war es, wenn er mit uns auf den »Hamburger Dom« ging und wir am U-Bahnhof Feldstraße ausstiegen: Da wurde alles verfügbare Geld auf den Kopf gehauen und wir durften einfach alles nur Mögliche machen: Jede Gespensterbahn, jedes Würfeln um Aale, jeder Losverkauf um riesige Teddybären, alle Autoscooter, jegliches Schmalzgebäck und süßer geleeartiger Hamburger Speck: Alles war erlaubt und wurde in vollen Zügen genossen. Dafür kann ich ihn heute noch lieben.

Die kleine Nachtmusik

Seit Erich zu Weihnachten 1954 einen teuren Philips-Plattenspieler gekauft hatte, verliefen die Sonntagabende mit Onkel Peter ausgesprochen gefühlig. Die erste Schallplatte, die er uns schenkte war Mozarts »Kleine Nachtmusik«. Die Folge des steten abendlichen Ausklangs: Erich »rallögte« (mecklenburgischer Ausdruck für »Abwesenheit signalisierende Glubschaugen«), Peter kniff die Augen wie ein verliebter Kater zusammen und Hannchen heulte vor Rührung. Wolfgang und ich beobachteten diese Events damals schon mit satirischer Freude und versuchten, die Gesichter grimassierend zu imitieren.

Weniger rührselig war die Wirkung einer Schellack-Platte von den »Drei Travellers« mit ihrer »Travellers-Illustrierte«: Eine kabarettistische Abrechnung mit den Bestrebungen zur Wiederbewaffnung in Westdeutschland. Hier einige Auszüge: »Die alten zack´gen Unt´roffiziere schreiben jetzt nach Bonn,/ und bitten um ´ne Stellung für die kommende Saison…./ Denn wir sind davon nicht sehr beglückt,/ weil so´n Hut aus Kruppstahl nach ´ner Weile drückt/ Ja mit Blank, ja mit Blank (erster Verteidigungsminister der BRD), ja mit blankgeputzten Schuhn,/ stehste da, kurzes Haar, wie ein abgerupftes Huhn./Und der Arzt brüllt dich an: Junger Freund mal nicht so flau,/ superdeutsche Eichen sind von Hause aus KV, klar!?«

Solche Töne in unserem Haus waren nur erklärbar, weil Hannchen schon bald nach dem Krieg – teilweise wohl auch aus opportunistischen Gründen – in die »War Resisters International«, die »Internationale der Kriegsdienstgegner« (später DFG/VK) eingetreten war, der ich heute noch angehöre. Sie hatte sich zum Pazifismus bekehrt.

Die erste Irlandreise

Eine andere Friedensorganisation, der Hannchen beitrat, war SER-VAS. 1949 gegründet, war es ihr Ziel, nach den Verheerungen des Weltkrieges »Frieden zu bauen« (Peace Building) durch Begegnungen und offene Türen: »Open doors for peace and friendship«. Alle Mitglieder verpflichteten sich, Reisenden aus anderen Ländern jederzeit Gastfreundschaft zu gewähren. Umgekehrt durften sie diese auch für sich beanspruchen. Was lag näher, als das gleich einmal auszuprobieren?!

So fuhren Erich und Hannchen 1953 in den Sommerferien mit Wolfgang und mir nach Irland. Es wurde eine abenteuerliche Reise, die mir aus dem Abstand der Zeit immer noch unglaublich vorkommen will. Es war zwei Jahre bevor Heinrich Böll mit Familie Irland und Achill Island entdecken sollte. Spiritus Rector dieser Reise war natürlich Hannchen, für die die grüne Insel ein Sehnsuchtsland war. Der deutsch-irische Schriftsteller Hugo Hamilton vermutet bei diesen frühen Irlandreisenden, dass man eine »Idee von Heimat entwickeln« wollte. Man habe sich nach einer Zusammengehörigkeit gesehnt, in der nichts Völkisches anklang, nach vom Nationalsozialismus unbelasteter Vergangenheitsbindung. Was Hannchen betrifft, wird er Recht haben und auf dieses Ziel hin war sicher unsere Reise auch geplant.

Wir fuhren mit der Fähre vom walisischen Fishguard nach Rosslare, in der Südostecke Irlands. Es war eine mondbeschienene Nacht und die Irische See war ruhig – was gar nicht ihrem Ruf entsprach. Wir schliefen nicht in Kajüten, sondern auf dem offenen Deck. Wir schienen die einzigen Nichtiren zu sein. Unsere Mitfahrer waren zum großen Teil so zerlumpt, dass selbst wir Nachkriegsdeutschen uns davon abhoben. Sie waren aber so freundlich und fröhlich, wie wir es so noch nicht erlebt hatten. Lassen wir es Heinrich Böll sagen, der eine ähnliche Fährenfahrt in seinem irischen Tagebuch beschrieb:

> *Hier roch es schon nach Torf, klang kehliges Keltisch aus Zwischendeck und Bar, hier schon nahm Europas soziale Ordnung andere Formen an: Armut war nicht nur »keine Schande« mehr, sondern weder Ehre noch Schande: sie war – als Moment gesellschaftlichen Selbstbewusstseins – so belanglos wie Reichtum; die Bügelfalten hatten ihre schneidende Schärfe verloren…und die Sicherheitsnadel … trat wieder in ihr Recht.*

Die Reise durch Irland ist in meiner Erinnerung nur noch ein verworrener Traum, ein Nebelmeer, aus dem nur wenige Bergspitzen hervorragen. Wir reisten per Anhalter – sonst hätten wir uns die Reise gar nicht leisten können. Zu viert war das recht mühsam und auch nicht aussichtsreich. Darum trampte Hannchen mit Wolfgang und Erich mit mir. Wir fanden uns trotzdem immer wieder. Wir übernachteten meist im Zelt: Ein grünes Armeezelt, das sie im Hamburger Hafen aus Armeebeständen ersteigert hatten. Es hatte keinen Boden, so dass Regenwasser eindrang, nur schwer mit kleinen gegrabenen Abzugsrinnen zu verhindern. Erich kochte mit dem faltbaren minimalistischen Kocher und Spiritustabletten von »Esbit« (Abk. von »Erich Schumms Brennstoff in Tablettenform«).

Abbildung 12: Erich als Koch

Wir zelteten »wild« auf den Grundstücken von anglikanischen Pfarrern, was durch Vermittlung eines Nordiren, dem Reverend Hughes aus Moira möglich wurde. Er war aktiv in der Friedensbewegung und wahrscheinlich auch ein Mitglied von SERVAS. Mit ihm hatte Hannchen schon vor der Reise korrespondiert. Wir besuchten ihn in der schönen Kleinstadt nahe des großen Lough Neagh: Ein gütiger weißhaariger Mann, der uns in allem behilflich war und mit dem Hannchen bis zu seinem Tode verbunden blieb.

Zu den Bergspitzen im Nebelmeer gehört Avoca, mit seinem berühmten »Meeting of the waters«, wo zwei Bäche in idyllischer Natur zusammenfließen. Ein urtümlicher Pub war hier, in dem gesungen und gesoffen wurde und aus dem Hannchen und Erich erst nach einiger Zeit glücklich und angesäuselt wieder herauskamen... – Glendalough in den Wicklow Mountains taucht auf mit seinen alten Rundtürmen.

Abbildung 13: Wolfgang und Jörn in Glendalough

Spielleidenschaft

Am deutlichsten sehe ich vor mir noch das Strandbad Bray, südlich von Dublin. Die Eltern waren auf einen ganztägigen Besuch irgendwohin gegangen. Uns ließen sie in Bray zurück und hatten dem zwölfjährigen Wolfgang Geld gegeben, damit wir Fish and Chips essen und etwas trinken konnten. Für den schönen Strand hatte Wolfgang keine Augen. Er hatte an der Promenade einen Spielsalon mit »einarmigen Banditen« entdeckt. Kaum waren die Eltern verschwunden, betrat er mit mir das, was Hannchen später die »Spielhölle« nennen sollte.

Er begann Münzen in die Banditen einzuwerfen und hatte fast sofort Erfolg: Ich höre wie heute das scheinbar nicht enden wollende Rattern der herausfallenden Münzen. Großzügig gab er mir eine davon und ich konnte zu dem Gerät gehen, das mich in meinem kindlichen Gemüt am meisten faszinierte: Zum »Laughing Sailor«. Nach Einwurf der Münze begann eine lebensgroße Matrosenpuppe für eine Weile meckernd zu lachen. Wolfgang hatte inzwischen ganz schwarze Augen bekommen: Er war im Spielrausch! Wie in Trance warf er immer wieder Münzen ein. Um mich zufriedenzustellen gab er mir ab und zu eine Münze für das Lachen der Puppe. Manchmal ratterte es wieder, aber das wurde immer seltener.

Am frühen Nachmittag war das Spiel aus: Er hatte alles verloren und war untröstlich. Als Erich und Hannchen am Abend wieder eintrafen, fiel ich Wolfgang in den Rücken und heulte laut: Ich hätte ja so einen Hunger und so einen Durst, aber Wolfgang habe ja alles Geld verspielt! Mein gemeines Verpetzen hatte zur Folge, dass Wolfgang für einige Tage der Strafe völliger Verachtung preisgegeben wurde, während ich – wie geplant – Mitleid und Zuwendung erfahren durfte. Schändlich! Bray aber wurde in den folgenden Jahren bei Hannchen immer wieder zum Synonym für labile Verkommenheit, als höllischer Gefahr: »So wie damals auch in Bray.«

Die zweite Irlandreise

Nicht viele Jahre später waren wir wieder auf Reisen in Irland. Da entdeckte Hannchen am Rand einer Straße in Connemara, im Westteil des Landes, unfern des Atlantiks, das Schild: »For Sale«. Angeboten wurde der Landsitz eines pensionierten Oberst aus England: Ein riesiges Haupthaus im georgianischen Baustil, Nebengebäude im Park, ein großer Gemüsegarten mit Bienenkörben, acht Hektar Feld, hinter dem Anwesen ein dazugehöriger tiefblauer See mit Forellenbesatz. Ganz in der Nähe der pittoreske Fischereihafen in Cleggan, mit Anlegestelle für die Fähren zu den Inseln Inishbofin und Inishturk.

Wenn meine Erinnerung nicht trügt, sollte das alles zusammen etwa 30.000 Deutsche Mark kosten, ein für die Eltern damals unerschwinglicher Betrag. Den verkaufswilligen Oberst lernten wir persönlich kennen: Vom Äußeren her wirkte er wie der von Alec Guinness gespielte vertrottelte Landpfarrer in »Adel verpflichtet«. Sein militärisches Attribut war ein hochgezwirbelter Schnurrbart. Er gehörte ganz offensichtlich zur Kaste jener englischen Landlords, die ihre armen irischen Pächter bedrückt und in den Hunger gezwungen hatten. Ein besonderes Vergnügen bereitete es ihm, mir mit einem zugekniffenen Auge vorzuspielen, wie er im Krieg viele Deutsche totgeschossen hatte: »I shot a lot of Germans.«

Verzweifelt versuchten Erich und Hannchen den Kaufbetrag aufzubringen und versuchten, befreundete Lehrer wie »Onkel Peter« und »Tante Trude« (auch eine Absolventin des Lehrerseminars) ins Boot zu holen. Am Schluss stand der irrwitzige Plan, dort eine Schule für behinderte deutsche Handelsschüler aufzumachen… Ich höre noch, wie der beauftragte Notar in Galway, als er von dem Plan erfuhr, leise wie zu sich selbst sagte: »Rather a phantastic scheme…« (Ein ziemlich fantastischer Plan). Dabei ist es dann auch geblieben und heute heißt das Ganze »Crocnaraw Country House«, ein gepflegtes Landhotel mit zehn Zimmern.

Abbildung 14: Der Landsitz Crocnaraw

Meister Bertram

Ein späterer »Landpfarrer« darf wohl nach seinen religiösen Wurzeln fahnden. Das Vorgegebene ließ nicht unbedingt solche Entwicklung ahnen, wie ich es vor dreißig Jahren niederschrieb, als ich dieser Frage nachging:

> Noch hatte Jesus mit alledem nichts zu tun. Zwar war er, so viel wir ihn mittags zu Tische bitten mussten, ständig unser Gast. Das lässt auf fromme und gottesfürchtige Gesinnung in der Familie schließen. Es wurden aber Kirchen von innen kaum gesehen und bei näherer Untersuchung stellt sich heraus, dass ein antiklerikales Denken in vielen Schattierungen vorhanden war. Der ausgreifende Großvater, der Vater und der Nazi-Onkel – so wenig sie sonst gemeinsam hatten – waren sich einig in der Ablehnung der jüdisch-christlichen Tradition. Die Nahaufnahme zeigt den Großvater als toleranten Agnostiker, der nie so recht begreifen wird, wie er zu seinen Theologenenkeln gekommen ist; der Vater, der seine Überzeugung nur mühsam verbirgt, dass theologische Gedankengebäude und Höhenflüge eigentlich überflüssig sind; von ihnen der Gläubigste ist Hannchens Bruder Ernst, der im Fatalismus der Astrologie mythischen Ersatz für den verlorengegangenen Glauben findet. Nur die Mutter besitzt hierfür Flügel und breitet sie auch gelegentlich aus. Von ihrer früh verstorbenen Mutter hat sie gelernt, das Johannesevangelium zu lieben und »Die Nachfolge Christi« von Thomas von Kempen liegt auf ihrem Nachttisch.

Der Bibel begegnete ich zuerst in Bildern. Auch diese Begegnung habe ich auf meiner Suche nach religiösen Wurzeln vor dreißig Jahren festgehalten:

> Ich nahm teil am Pflichtbesuch der Schulklasse meines Vaters in der Hamburger Kunsthalle. Ich sah Bilder von

Meister Bertram vom Hochaltar der Hamburger Petrikirche. *Seit ich die Bilder des Innenflügels gesehen hatte, ließ mich die Angst vor diesen Ausgeburten mittelalterlicher Phantasie nicht mehr los. Verschreckt kam ich nach Hause und hatte Phasen, da ein Wechsel von einem Raum in den anderen mir panisches Entsetzen bereitete. Diese Angst hatte ein Grundmuster: Die Bedrohung kam nicht aus dem Sichtbaren, das handfest, greifbar und angreifbar gewesen wäre, sondern aus dem Unsichtbaren, das eine Tarnkappe trug. Selbst im hellen Tageslicht konnten dir Engel, Dämonen oder gar der Teufel auflauern, dir ihre Macht zeigen und zu jeder Zeit auftauchen oder verschwinden. Du wirst gesehen, obwohl du nicht siehst. Es droht der Absturz in Nichts oder ins Unverfügbare. Was anzieht und abstößt an dieser Angst, das hat mir Meister Bertram gezeigt.*

Gestern, als ich deine Bilder in der Kunsthalle aufs Neue betrachtete, Meister Bertram aus Minden, da hast du mich nicht mehr verletzen können. Aber hinter deinen Abbildungen habe ich die Angst wieder geahnt, die dich und mich umgetrieben hat. Nicht du selbst, so lernte ich inzwischen, bist verantwortlich allein für dieses Spiel mit der Angst: Der gebildete Patrizier Wilhelm Horborch und sein Bruder, der Bürgermeister von Hamburg, waren die Geldgeber und haben die theologische Konzeption deines Altars entworfen: Mit diesem wirklich auffälligen Übergewicht des Alten Testaments und seinem abgefeimten Wissen, wie stark das Böse über das Gute triumphieren kann und wie sehr das alles nach Erlösung schreit. Da taucht etwas Vergessenes wieder auf: Die Wahrheit der Bilder, was Origines noch wusste: Wie typologische Auslegung das Bestehende überschreiten kann und Zusammenhänge herstellt, von denen niemand zu träumen wagt. Das Gewaltsame aber auch solcher Auslegung hast du uns, Meister, nicht erspart. Du hast das Anstößige bewusst

*stehengelassen aus den theologischen Einflüsterungen deiner
Auftraggeber: Den Sturz der weißen und schwarzen Engel
auf die Erdscheibe und wie ein Kommentar dazu das Lei-
densbittergesicht des präexistenten Christus. Deine naiv wir-
kende bildliche Vergröberung deckt, wie eine Karikatur, das
Ungenügende theologischer Spekulation beängstigend auf.
Wie schon dein Paradies darum von vornherein verdorben
ist, von keinem beschwichtigenden »Siehe es war alles sehr
gut« umschlossen: Der Wolf beißt das Lamm und der Hai-
fisch hat wirklich Zähne – damit wir das Seufzen der Kreatur
auch ja nicht überhören. Du bevorzugst den jahwistischen
Schöpfungsbericht und lässt Adam aus dem Schlammloch
erwachsen. Nein, Fragen unterdrückst du wahrhaftig nicht.*

*Welche Trauer musst du empfunden haben, als du Adam
und Eva bei der Arbeit, nach der Vertreibung aus dem Paradies, beobachtet hast: Die weit ausgreifende Bewegung
Adams mit seiner Hacke und das mühsam aufgehackte Erd-
reich vor ihm; die zugeknöpfte Eva mit ihrem melancholi-
schen Blick auf die Spindel. Die Ungerechtigkeit des HErrn,
der Abels Arbeitsopfer in aufreizend gnädiger Herablassung
würdigt und Kains städtisch-selbstbewusste Devotion über-
sieht. Was für ein Einfall, Kain bei seinem Brudermord mit
dem Unterkieferknochen eines vorzeitlichen Untiers zu
bewaffnen, um die archaische Brutalität religiös motivier-
ten Bruderhaders anzuprangern – und wie über die Zeiten
hinweg aktuell! Wozu der HErr eigentlich das lammfromme
Opfer seines Sohnes benötigt, um die Welt zu retten, hast du
als Frage stehengelassen: Im Bild von Abraham, der seinen
gefesselten Sohn auf dem Altar noch nicht einmal ansieht,
sondern mit erhobenem Schwert nur den Weisungen des
Engels willfährig lauscht. Wie irdisch wirkt deine Freude
über die gelungene Intrige Rebekkas, die den schöngeisti-
gen Lockenkopf Jakob in den Stand des Segens versetzt statt*

66

den kentaurisch-wilden Esau – durch den Erzvater Isaak. Ob du deiner eigenen Resignation damit einen Schlupfwinkel der Hoffnung entgegensetzen wolltest: Dass die alltägliche Barbarei der Gewalttätigen vielleicht doch in der intelligent angewandten List ihren überlegenen Gegner haben kann? Denn dein Erschrecken über diese Gewalt ist groß! Der Bethlehemitische Kindermord kann in seinem Grauen kaum brutaler dargestellt sein: Der gesichtslose Söldner, an der einen Hand einen strampelnden und blutenden Säugling, in der anderen das erhobene Schwert, das im Begriff ist, das Menschenkind zu entleiben; die Mütter dabei voller Ohnmacht, nicht wissend, ob sie dem Behelmten in den Arm fallen, ob sie beten oder nur weinen sollen; der König und sein befehlender Zeigefinger, mit reglosem Gesicht, von Gottvater fast nicht zu unterscheiden: wie eben alle Befehlshaber und Herren über Leben und Tod im Grunde so reglose Gesichter besitzen. Dieses Bild vor allen anderen, Meister, habe ich wiedererkannt als Motiv meiner kindlichen Angstphantasien: Der Mann, der statt eines Gesichts nur einen Kriegshelm hat, ist wahrlich vieler Alpträume auch am helllichten Tage wert! Da wirkt das darauffolgende Bild von der »Ruhe auf der Flucht« zwar beschaulich und in tiefem Einklang mit sich selbst, in diesem Kontrast aber wie eine Beschwichtigung. Nein, Meister Bertram, so schnell kann Andacht nach diesem Morden nicht wieder gelingen. Nur für sich allein betrachtet, ist darin das Erbauliche zu spüren, der Friedensdreiklang zu hören, den du zuletzt für deine Auftraggeber ertönen lässt – obwohl ja nicht zu verschweigen ist, dass die Flucht danach weitergehen wird.

Nacktes Entsetzen mitten in der Geschichte des Heils – dieses Thema ist mit Meister Bertrams Hochaltar von Sankt Petri nicht abgehakt. Sein Vorläufertum für das grün-schwarze Entsetzen auf dem Karfreitagsbild des Isenheimer Altars von Mathias Grünewald, die Kraft, es so, ohne billige Vertröstung, zu beschreiben, mag bei ihm ein Beispiel gefunden haben. Aus der Ferne grüßt schon Goya mit seinen »Desastres de la Guerra« und Picasso mit »Guernica« und seinen Ausgeburten der Angst.

Kinderspiele in und um Schnelsen

Schnelsen wurde erst 1937 durch das »Groß-Hamburg-Gesetz« in die Hansestadt eingemeindet und bildet die nordwestliche Grenze zum Land Schleswig-Holstein. Sein bäuerlicher Charakter war zu meiner Zeit dort noch deutlich ausgeprägt: Es gab mehrere schöne Bauernhöfe, nordöstlich landwirtschaftlich genutzte Flächen und im Herzen des Dorfes einen Dorfteich –von dem noch die Rede sein wird.

Unser Haus am Königskinderweg grenzte an eine große von Pappeln umsäumte Wiese, die nur zwei Mal im Jahr gemäht wurde, ansonsten aber uns Kindern als großzügige Spielfläche zur Verfügung stand. Das haben wir auch weidlich ausgenutzt: Straßenfußballturniere, »Olympische Spiele«, »Versteck«, »Kriegen«, Geländespiele – es war ein Kinderparadies. Oft kletterte ich auf die Pappeln, um in schwindelnder Höhe Krähennester auszuplündern, was aber so gut wie nie gelang. Mit Pfeil und Bogen wanderte ich mit meinem Freund Holger Saust über den Bönningstedter Weg hinaus in die Knicklandschaft Holsteins, um Kiebitzeier oder Champignons auf den Wiesen an der Rugenwedelsau zu suchen. Von dort ging es weiter in den Hallohwald oder ins Ohemoor.

Oft brachte ich von solchen Expeditionen Schösslinge von Eichen, Buchen und Eschen mit, die ich um unser Haus herum einpflanzte. Jahrzehnte später war das ein richtiger kleiner Wald geworden, mitten in dichtbewohntem Stadtgebiet.

Heute ist der dörfliche Charakter Schnelsens völlig verschwunden. Es hat inzwischen fast 28.000 Einwohner und jeder Quadratmeter Bauland ist umkämpft. Von den einst so stattlichen Bauernhöfen gibt es nur noch zwei, die aus Gründen des Denkmalschutzes erhalten sind: Der Sassenhof und der an der zentralen Frohmestraße gelegene Bornkasthof. Wo einmal der Dorfteich und unsere schöne Wiese gewesen ist, verläuft heute vierspurig der Verkehr auf dem Schleswiger Damm. Die endlosen Staus früher auf der Holsteiner Chaussee in Richtung Norden sind den Staus auf der Autobahn A 7 gewichen. Der Hallohwald hat unter dem Autobahnbau gelitten und meinen kleinen Wald gibt es nun schon lange nicht mehr.

Not lehrt beten

Wie schon erwähnt, existierte viele Jahre lang am Königskinderweg keine Kanalisation. Stinkende Fäkaliengräben verliefen die Straße entlang. Meine Aufgabe war es, täglich mit der Kanne Milch bei der Meierei zu holen. Mein Weg dabei war nicht sehr geradlinig: Ich musste Umwege laufen, um zu vermeiden, einem »Feind« zu begegnen, der mir aus purer Aggressivität Prügel angedroht hatte.

Einmal besaß Hannchen nicht genügend Münzgeld und gab mir einen Zwanzigmarkschein mit – heute etwa einem 100 Euroschein vergleichbar. Ich trödelte gerne auf solchen Gängen und ging, die Kanne schlenkernd, meinen Gedanken und Träumen nach. Als ich in der Meierei die Milchkanne füllen ließ, bemerkte ich zu meinem Entsetzen, dass der Schein nicht mehr da war. Ich musste ihn irgendwo auf dem Hinweg verloren haben.

Langsam und ohne große Hoffnung ging ich den Weg zurück. Sicher hatte jemand den Schein gefunden und sich über sein unverhofftes Glück gefreut. Quadratmeter für Quadratmeter suchte ich ab – ohne Erfolg. Was mir zu Hause blühte, konnte ich mir denken. Damals sprach ich schon kein Nachtgebet mehr, nur gelegentlich ein Vaterunser. In dieser Not aber betete ich verzweifelt: »Lieber Gott, lass mich den Zwanzigmarkschein finden, damit ich nicht verprügelt werde! Amen.« Kaum war das Gebet gesagt, sah ich im Graben des Königskinderwegs den Geldschein schwimmen. Als ich heimkam, ließ ich nichts verlauten und ertrug das Schimpfen über mein spätes Kommen mühelos. Die Frage blieb: Zufall, oder hatte der HErr tatsächlich geholfen?

Hannchen als Lehrerin

Seit 1952 war nun auch Hannchen wieder in den Schuldienst übernommen worden. An der Handelsschule am Weidenstieg, an der Berufsschule und am später dort neu eingerichteten Wirtschaftsgymnasium war sie tätig. Ihre Hauptfächer waren Deutsch und Geschichte.

Zwei oder drei Mal durfte ich ihren Unterricht miterleben. Im Gegensatz zu Erich war bei ihr alles Frontalunterricht. Sie nahm die Zügel fest in die Hand und vermochte es, eine derartige Spannung zu erzeugen, dass es im Klassenzimmer mucksmäuschenstill war. Sie wurde von den Schülern nicht nur gemocht, sondern geliebt. Ende der 50er Jahre wurde sie wegen ihrer außerordentlichen Fähigkeiten zur Studienrätin ernannt, was selten sonst geschah.

Einmal fuhr sie mit einer Klasse des Wirtschaftsgymnasiums nach Worpswede, wo sie den Maler Fritz Mackensen und die Bildhauerin Clara Westhoff-Rilke besuchten. Eine Schülerin schrieb in einem Erlebnisbericht:

Den Höhepunkt unserer Fahrt bildete die Begegnung mit der greisen Bildhauerin Clara Westhoff-Rilke. Die Künstlerin, eine hohe, weißgekleidete Gestalt, begrüßte uns herzlich und führte uns ins Atelier. Wir ehrten das Andenken ihres Mannes, des berühmten Dichters Rainer Maria Rilke durch musikalische Vorträge, Vorlesen von Gedichten und Briefausschnitten seiner Werke. Mit innerer Bewegung folgte die Künstlerin unseren Worten, die für sie selbst so voller Inhalt und Erinnerung waren. ...Wir wünschen jedem jungen Menschen ein ähnliches Erlebnis.

Der Kulturphilosoph Max Picard (»Hitler in uns selbst«, »Die Welt des Schweigens«), mit dem sie in langjähriger Freundschaft und Korrespondenz verbunden war, kam auf Ihre Anregung hin aus der Schweiz nach Hamburg und hielt an der Schule einen Vortrag.

Abbildung 15: Max Picard in Caslano

Frau Hänjes

Da beide Eltern nun berufstätig waren, musste für die Haushaltung eine Lösung gefunden werden. Von nun an war Frau Hänjes vom Morgen bis zum Mittag bei uns tätig: Putzte, wusch und bereitete das Mittagessen. Wenn ich heute noch Uwe Seeler sprechen höre, dann fällt mir immer Karola Hänjes ein, mit fast demselben Hamburger Idiom.

Hannchen erzählte gerne mit ihr und wenn sie irgendeine Feststellung traf, dann sagte Frau Hänjes immer: »Ja, Frau Willäm, soissas.« Das von ihr gekochte Mittagessen fand, in Abstufungen, unsere mehr oder minder große Zustimmung. Die Speisefolge war, da noch immer von Sparsamkeit diktiert, weitgehend fleischlos.

Hier eine Auswahl: Makkaroni mit Tomatensoße, Reis mit Zimt und Zucker, Himmel und Erde (Kartoffel- und Apfelmus gemischt) mit Specksoße, Brot- und Kartoffelsuppe. Ihr absoluter, von uns immer wieder verlangter Schlager waren Béchamel-Kartoffeln mit einem kleinen Stück Kalbsleberwurst. – Sie wohnte wie wir in einem Schnelsener Behelfsheim und beklagte sich bei Hannchen oft über ihren Mann, der sie schlug und mit anderen Frauen betrog. Wir mochten sie sehr.

Hannchens braune Tasche

Erich war von der Eimsbütteler Volksschule an die neu gebaute Schnelsener Grundschule am Anna-Susanna-Stieg versetzt worden. Vom Königskinderweg musste er nur kurz um die Ecke gehen. Trotzdem machte Hannchen, deren Schulweg jeweils eine Stunde dauerte, alle Besorgungen. Sie hatte eine braune Aktentasche, die ein phänomenales Fassungsvermögen besaß. Es gelang ihr, darin ihr recht umfangreiches Unterrichtsmaterial, Schreibhefte, Bücher, Obst und Gemüse, Wurst und sonstige Extras, wie Süßigkeiten, zu verstauen. Oft waren in dieser Tasche auch die Klassenaufsätze, die sie dann bis in die späte Nacht hinein korrigierte. Am Wochenende kochte sie. Da wurde gelegentlich eines unserer Legehühner geschlachtet und köstliche Hühnersuppe von ihr gekocht. Tags darauf gab es Hühnerfrikassee. An anderen Sonntagen gab es dann ab und zu auch echtes oder falsches (Hackbraten) Beefsteak. Da sie auch viel eigenes Obst entsaftete und einkochte, hatte sie ein in der Nachschau wirklich beeindruckendes Arbeitspensum, neben allem, was ihr geistig abgefordert wurde.

Begegnung mit Albert Schweitzer

1953 machte Albert Schweitzer Station in Hamburg, wo er im Hotel Vier Jahreszeiten wohnte. Dort besuchte ihn Hannchen mit mir. Zu diesem Zeitpunkt war ihm bereits der Friedensnobelpreis zuerkannt worden, den er aber erst am 9. November 1954 in Oslo entgegennahm.

Bei unserer Begegnung war er von großer Herzlichkeit, gab mir mit seinem stachligen Schnurrbart einen Kuss und unterhielt sich lange und intensiv mit Hannchen. Er ist mir als ein ganz einfacher Mensch in Erinnerung, was wohl für viele wirklich bedeutende Menschen ebenfalls zutreffen mag. – Ganz sicher nicht ohne die helfende Anleitung von Hannchen schickte ich ihm den holzgeschnitzten »Engel am Flügel« und schrieb dazu den folgenden Brief:

Jörn Wilhelm, 9 Jahre alt　　　　　　　　*Hbg.-Schnelsen*
Königskinderweg 23a
28. Nov. 1954

Lieber Onkel Albert!

Ich schicke dir diesen Engel zum Advent. Vielleicht stellst du ihn in Günsbach neben den Adventskranz. Vielleicht fährst du auch bald wieder nach Lambarene. Dann nimm den Engel doch bitte mit. Mutti und mein großer Bruder Wolfgang schickten dir voriges Jahr eine Oberammergauer Krippe. Nun habe ich das ganze Jahr gespart, bis ich diesen Engel am Flügel kaufen konnte. Fünf Mark habe ich für mein gutes Zeugnis bekommen.

Ich habe den Engel am Flügel ausgesucht, weil du so gern Klavier spielst. Grüße auch Onkel Louis von mir. Ich wünsche eine fröhliche Adventsfeier.

Wie schade, dass ich Dich in Hamburg nicht gesehen habe! Ich wünsche Dir ein fröhliches Herz. Herzliche Grüße von meinen Eltern und Wolfgang. Ich bete jeden Abend für dich und habe dich lieb.

Dein Jörn Wilhelm

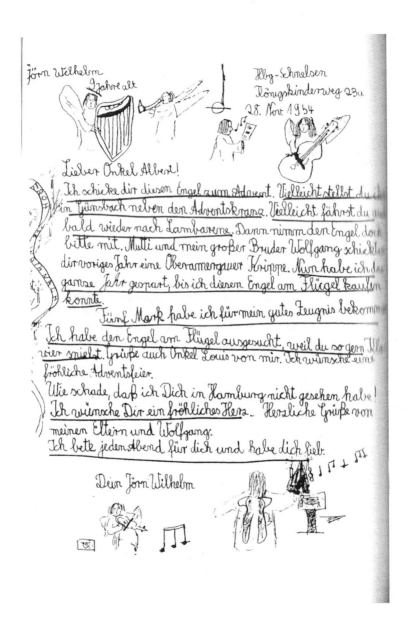

Abbildung 16: Brief an Albert Schweitzer

Obwohl hinter diesem Brief deutlich Hannchen als Strippenzieherin zu erkennen ist, will er mir doch auch als *mein* Brief erscheinen. Zwei Mal wird das Wort »fröhlich« verwendet: Das, was ich mir selbst so sehr ersehnte.

Abbildung 17: Albert Schweitzer mit Widmung

Die Eige-Welt

Fröhlich und lustig war die Gegenwelt, die Wolfgang und ich uns erdachten, um der Welt der Erwachsenen ein Schlupfloch zu geben und ihr so zu entrinnen. Wir nannten sie die »Eige-Welt«, die uns je zur Hälfte gehörte. Jeder hatte seine eigenen Länder, deren Bewohner jeweils eine eigene »Fratze« besaßen, was die Komik sehr befeuerte. Die Akteure waren z.T. der bestehenden Welt abgeguckt, wie z.B. »Ümbi Brandt«, der Bürgermeister von Ümbin. Die Ümb-Fratze machte man, indem die Zunge unter die Unterlippe gerollt wurde.

Ein bedeutender Vertreter des Landes Ümb war – ohne direktes Vorbild in der Realität... – das Finanzgenie »Vetter Großümb«. Ein mächtiger Politiker war der etwas primitive »Gevatter Hein« aus Heinkau. Die Hein-Fratze war ein offener, herabhängender Mund, wie wir es so auf einem Zeitungsfoto des Boxers Hein ten Hoff gesehen hatten, kurz bevor er k.o. geschlagen wurde. Ümb und Hein gehörten Wolfgang. Mir gehörten u.a. »Schäm« mit »Vetter Schäm« und »Seem« mit dem Präsidenten »Schorsch Seemeier«(nach dem Autorennfahrer). »Wusch« gehörte uns beiden. Geschürzte, trotzig aufgeworfene Lippen bildeten die Fratze. Es war das einzige Land mit einer Frau als Regierungschefin: Witwe Wusch. Legendärer Paradiesvogel dieser Nation war der unvermeidliche »Gast Wusch«: Einer, der penetrant die Gastfreundschaft gutwilliger Menschen missbrauchte und sich mit den Worten »Ich wasch auch mal ab« für mindestens ein viertel Jahr einquartiert, bis er endlich rausgeworfen wird.

Die Eige-Welt hatte auch eine eigene Sprache: Natürlich die »Eige-Sprache«. Sie war nichts anderes als eine Verballhornung des Deutschen, aber für den Nichteingeweihten schwer zu verstehen. Z.B. hieß »Egon« nichts anderes als »Er kommt« und war ein Warnruf zunächst nur vor den Eltern, später für alle, die sich in »erzieherischer Absicht« näherten. Vor Tante Paula auch, der Schwester des Großvaters, die zeitweise bei uns einhütete und insbesondere mir wie eine Furie mit dem Teppichklopfer nachstellte. Sie hasste Unordnung, vor allem, wenn die Schuhe nicht akkurat nebeneinander standen. Die Berlinerin kam in ihr durch, wenn sie dann schimpfte: »Der eene in Rixdorf, der andre in Pankow«. Dank »Egon« bin ich ihr oft entkommen; einmal, indem ich zu ihrer Überraschung aus dem Fenster sprang.

Onkel Körling

»Gast Wusch« hatte eine reale Entsprechung in »Onkel Körling« (mecklenburgisch für »Karl«). Er stammte ebenfalls aus jenem

Lehrerseminar, wo er gemeinsam mit Hanna, Erich, Trude und Peter ausgebildet wurde. Er war ein richtiger, leicht vertrottelter Dorfschulmeister geworden, an der Volksschule Ortshausen, in der Nähe von Seesen im Vorharz.

Einmal im Jahr traf er zum Besuch am Königskinderweg ein und ich freute mich immer sehr: Denn der ehemalige niedersächsische Schachmeister spielte bis weit in die Nacht hinein mit mir Schach, das er mir beigebracht hatte. Mitten in der Nacht konnte er plötzlich singend seinen Wunsch vortragen: »Wer holt mir mal ein paar Zigaretten?«.

Seine Abreise verlief fast immer nach dem gleichen Schema: Mit Verspätung startete er und sah folgerichtig am Dammtorbahnhof nur noch die Schlusslichter des Zuges. Und schon stand er wieder vor unserer Haustür und blieb eine weitere Woche...

Er war nicht verheiratet, besaß aber eine für ihn kochende und waschende Lebensgefährtin, die vergebens hoffte, dass er sie heiraten würde. Mit seinem Moped, einer NSU Quickly, fuhr er durch ganz Europa und war am Nordkap und auch in Gibraltar gewesen. Seine bebilderten schriftlichen Reiseberichte waren lesenswert, denn er hatte viel erlebt.

In einem Witz über die Schlafmützigkeit der Mecklenburger hätte er die Hauptrolle spielen können: Ein Mecklenburger sitzt mit seinem Freund schweigend im Eisenbahnabteil. Der Zug hält. Ein älterer weißhaariger Herr steigt ein und betritt das Abteil. Er spricht den Mecklenburger an: »Guten Tag Herr M. Wie ist das Befinden?« Der antwortet: »Ganz god, Herr Pastor.« »Und wie geht es der werten Gattin und den Kindern?« Der wieder: »Ganz god, Herr Pastor.« Mehr wird nicht geredet. Dann hält der Zug wieder und der Pastor steigt aus. Als der Zug wieder anfährt sagt der Freund vorwurfsvoll: »Aber du hest doch gor keen Fru und keen Kinners.« Da antwortet der Mecklenburger: »Dat stimmt, aber wat sall ick mi mit em striden!?«

Hannchens Bücherregale und Lisa Tetzner

Die Bücherregale Hannchens waren reich gefüllt. Als Deutschlehrerin war sie immer auf dem Laufenden und kaufte in jener Restaurationsphase die damals angesagten Bücher von Werner Bergengruen, Gertrud von Le Fort, Franz Werfel, Manfred Hausmann und Bernt von Heiseler. Sie kaufte auch auf Auktionen, so dass Naziliteratur und längst vergessene oder zu vergessende Autoren wie Friedrich Griese, Paul Heyse, Hermann Stehr, Otto Ludwig und Peter Rosegger zum Bestand gehörten. An »Räuber und Recken« erinnere ich mich: Ein Nazi-Kinderbuch, das die germanische Mythologie verherrlichte – ich las es mit Vergnügen sogar mehrmals. Ich verschlang Nazi-Biographien über die Fliegerhelden Manfred von Richthofen und Oswald Boelcke und steigerte mich in eigene Helden-Phantasien hinein.

Mit 11 Jahren las ich mit kindlicher Empörung über die soziale Ungerechtigkeit »Früchte des Zorns« von John Steinbeck. Meine Lieblingsautorin aber war Lisa Tetzner, auf die ich eher zufällig stieß: Erich hatte ihr Buch »Mirjam in Amerika« billig antiquarisch gekauft. Es war völlig zerfleddert, wurde aber über lange Zeit mein Lieblingsbuch, das ich immer und immer wieder las. Dann erfuhr ich, dass dies bereits der 6. Band einer Serie von 9 Büchern war: »Erlebnisse und Abenteuer der Kinder aus Nr. 67. « Es gelang mir, durch Sparen, durch Bitten und durch Betteln fast alle Bücher zu bekommen. Diese Geschichte über Kinder in einem Mietshaus in Berlin und ihr Schicksal während des Nationalsozialismus und des Zweiten Weltkriegs, hat mich stark beschäftigt. Es war eine klar antifaschistische Geschichte, die im Kleinen das Schlimme festhielt, das im Großen geschah. Sie endet im letzten Band mit einer Vision des völkerübergreifenden Friedens: »Der neue Bund«.

Lisa Tetzner war mit dem Kommunisten und Arbeiterschriftsteller Kurt Kläber verheiratet, der unter dem erzwungenen Pseudonym Kurt Held während der Nazizeit das mitreißende Jugendbuch »Die rote Zora« veröffentlichte, das zum Welterfolg wurde. Mit Lisa Tetzner zusammen schrieb er das für mich wichtige Buch: »Die schwarzen Brüder« – über das traurige Schicksal der armen Kinder aus dem Tessin, die – von ihren hungernden Familien verkauft – als Gehilfen der Schornsteinfeger Mailands in die Kamine klettern mussten und schändlich ausgebeutet wurden.

Hans Franck

Die für Hannchen wichtigsten Bücher waren die Werke des mecklenburgischen Dichters Hans Franck. Ihn hatte sie schon als junges Mädchen kennengelernt und wurde auf gewisse Art seine Muse. Ganze Regale nahmen seine Bücher ein, sämtlich von ihm mit seiner steilen, selbstverliebt stilisierten Schrift signiert. Sie korrespondierten ständig miteinander: In Hannchens Nachlass fand ich mehr als 110 seiner Briefe, es müssen aber noch viel mehr gewesen sein. Er schickte ihr immer die Durchschriften seiner Gedichte zur »Begutachtung«, obwohl er keine Kritik ertragen konnte. Werner Stockfisch, der 2006 eine Auswahl der Briefe Hans Francks (»Leben ist Liebe«) herausgab, schreibt in seinem Vorwort: »Gern versandte er frühe Zustände seiner Texte an Freunde und Fachleute und bat sie um Kritik. Was er aber erwartete, war Zustimmung. Kamen Einwände, reagierte er gereizt.« Als Hannchen ein einziges Mal vorsichtige Kritik äußerte, herrschte danach monatelange Funkstille…

Immerhin vermag Stockfisch zu resümieren: *Von der Intensität seines Wollens und der großen Zahl seiner Schreibpartner her gesehen, ist Hans Franck einer der großen Briefschreiber des 20. Jahrhunderts – wie Rainer Maria Rilke, Thomas Mann, Hermann Hesse, Stefan Zweig, Ernst Barlach, Gottfried Benn, Ehm Welk.* Den Dichter der Novelle »Johann Sebastian Bachs Pilgerfahrt nach Lübeck« – mit der »Südseeinsel« sein bestverkauftes Buch – vermag ich auch im Rückblick – aus Befangenheit – nicht einzuordnen. Als ich Hannchen, als sie schon im hohen Alter war, mit der Ansicht konfrontierte, er sei ja wohl nur ein zweitklassiger Schriftsteller gewesen, stimmte sie mir völlig überraschend zu.

Fakt ist, dass er überzeugter Nationalsozialist war: Im Oktober 1933 unterschrieb er zusammen mit 87 weiteren Schriftstellern das Gelöbnis treuester Gefolgschaft für Adolf Hitler. Er war aktives Mitglied der NS-»Reichsschrifttumkammer« und schrieb »Hitler. Ein Volks- und Jugendbuch« – das übrigens auf antiquarischem Wege nirgends mehr zu finden ist... – Bereits 1921 konnte er es sich als freier Schriftsteller leisten, ein Gut am Ziegelsee bei Schwerin zu kaufen, das er nach sich selbst »Frankenhorst« nannte. Nach 1945, unter der SBZ und der DDR, durfte er das idyllisch gelegene Anwesen behalten und auch munter weiter publizieren – für mich nach wie vor ein ungelöstes Rätsel. Dorthin fuhren Wolfgang und ich mit Hannchen, wohl in den Osterferien des Jahres 1954.

Die Reise zum Frankenhorst

Dabei besuchten wir auch meinen Geburtsort Waren, dessen Lage am großen Müritzsee mich entzückte –wie überhaupt die sanft gewellte Moränenlandschaft Mecklenburgs, mit seinen vielen blauen Seen, einen ganz eigenen Zauber besitzt. – Das Reisen in der DDR war damals schwierig: Das Streckennetz der »Deutschen Reichsbahn« litt immer noch unter der Demontage durch die Sowjetunion. Teilstrecken mussten wir deshalb mit dem Taxi bewältigen. So erreichten wir auch den Frankenhorst. Hans Franck war ein freundlicher und generöser Gastgeber. Seine wahrscheinlich wohl platonische Beziehung zu Hannchen hatte dennoch etwas Knisterndes, das uns Brüdern nicht verborgen blieb.

Abbildung 18: Hannchen und Hans Franck
auf dem Frankenhorst 1954

Sein ganzes großes Gutshaus war bis unters Dach mit vollbestande-
nen Bücherregalen versehen: Eine so umfangreiche Privatbibliothek
habe ich nie wieder gesehen. Sie war penibel alphabetisch geordnet
und enthielt fast nur Erstausgaben, vielfach mit Widmung der Autoren. Überall an den Wänden des Hauses hingen gerahmte Fotos von
Hans Franck in allen Variationen. Auch eine solche Selbstverehrung
habe ich nie wieder angetroffen...

Wenn man aus dem Haus trat, öffnete sich ein herrlicher Blick
durch eine Allee hindurch zum Landesteg am Ziegelsee. Vor dem
Haus ein Rundbeet mit einer Stele, auf der die Urne mit der Asche
seiner Frau stand. Ein solches Privileg im DDR-Staat, die sterb-
lichen Überreste gleichsam privatisieren zu dürfen, gibt schon zu
denken. In einem autobiographischen Abriss aus diesem Besuchs-
jahr 1954 schilderte HF seinen Tagesablauf: »Der Morgen gehört
der Arbeit am Schreibtisch, der Nachmittag verbleibt der Arbeit in
Garten und Feld, den Gästen, dem See. Abend für Abend erklingt

Musik, vor aller andern die Johann Sebastian Bachs, Abend für Abend lauschen wir den Worten deutscher Dichter, alter und neuer, klassisch gesprochener und zeitlich gepriesener, vollendeter und ringender.« Aha: Hier also war das Modell für Hannchens mehr oder weniger geliebte »Dichterstunde«.

Wolfgang und ich empfanden zwar große Achtung vor diesem imposanten »echten Dichter« – der sich betont ähnlich dichterfürstlich stilisierte wie Gerhart Hauptmann –, aber größeres Interesse fanden wir doch an seinem Schweinestall, wo wir lange verweilten, um das Leben dieser Tiere zu beobachten und uns die wichtige Frage zu stellen, ob man vielleicht auf einem von ihnen reiten könne... – Heute ist der Frankenhorst ein Hotel der »Best Western«-Kette. Nach Hans Francks Tod war er zunächst ein Gästehaus des Bezirkes Schwerin. In ihm wohnten hochrangige Gäste des Bezirks, aber auch Parteiveteranen. Erich Honecker wusste, wo es am schönsten ist und übernachtete hier 1987, während des Bauernkongresses.

Kitschhefte

Der Absturz aus so hohen literarischen Gefilden war absehbar. Bei Hannchen durften wir alles lesen, nur keine »Kitschhefte«: Das war strengstens verboten! Mit seinem Freund und Klassenkameraden Justus B. entdeckte Wolfgang in der Nähe der OLO (Oberschule Lokstedt) einen Kiosk, der wie so viele jener Zeit auf Kitschhefte spezialisiert war. Hier konnte man auch Hefte leihen und der etwas schmuddelige Besitzer kaufte gebrauchte Hefte wieder an. Damit begann es: Wolfgang brachte heimlich immer mehr dieser frühen Comics mit nach Hause und versteckte sie hinter einem der beiden Wehrmachtsschränke in unserem gemeinsamen Zimmer.

Zu meiner Verwunderung stapelten sich immer mehr von ihnen hinter dem Schrank, so dass ich Verdacht schöpfte – denn wir bekamen ja kaum Taschengeld. So weihte Wolfgang mich notgedrungen ein: Sie hatten im Kiosk die Hefte geklaut und verkauften sie dem

Besitzer allmählich wieder zurück: Ein einträgliches Geschäft. Viele Schwüre musste ich leisten, um nichts zu verraten und war nun zum Mitwisser geworden. Nachts las ich beim Schein der Taschenlampe Mickey Mouse, Donald Duck, Fix und Foxi, Fulgor, Prinz Eisenherz, Der kleine Häuptling, Tarzan, Akim, Sigurd und Cisco. Die schulischen Leistungen stürzten ab. Aber das »Fortsetzung folgt«-Prinzip hielt uns in stetiger Spannung und der Hefte wurden mehr und mehr. Hätten wir sie heute noch, wären wir jetzt reiche Leute.

Nicht mehr lange und die Blase platzte: Der Besitzer des Kiosk erstattete Anzeige. Wolfgang und Justus zitterten vor möglicher Entdeckung. Wolfgang offenbarte sich schließlich reumütig unseren Eltern, die zutiefst erschüttert waren über die tiefen Abgründe, die sich hier auftaten. Um Schlimmeres abzuwenden, gingen sie mit Wolfgang zum Kioskbesitzer. Mein Bruder musste sich entschuldigen, was er unter Tränen tat. Die Eltern regulierten den finanziellen Schaden, was ihnen bestimmt nicht leicht fiel. Der Kioskbesitzer zog die Anzeige zurück. »Du Lump!«, sagte Hannchen danach zu Wolfgang. »Du bist keinen Schuss Pulver wert!«

Das Zeitalter der Kitschhefte schien damit beendet zu sein. Aber es wirkte noch nach: Wolfgang, der im Gegensatz zu mir über eine gute zeichnerische Begabung verfügte, begann nun eigene Hefte zu verfertigen, mit Helden aus der Eige-Welt. Wunderschöne und gekonnte Hefte, auf die ich ungeduldig wartete – von denen heute leider keine mehr zu finden sind. Auch hier hieß es zum Schluss jeweils: »Fortsetzung folgt«. Als aber diese Krise überwunden war, folgte gar nichts mehr. Fortan bewegte sich Wolfgang im Fahrwasser Hannchens nur noch in höheren literarischen Sphären.

Liebe auf Amrum

Und – so wende ich wieder ein – wo, bitte schön, bleibt die Liebe? O ja, sie hat mich, am Rande nun schon meiner Kindheit, voll und ganz erwischt! Sie ist untrennbar verbunden mit dem Ort des

Geschehens: Mit der Insel Amrum. Hier verbrachte unsere Familie eine Zeit lang jedes Jahr die Sommerferien, in dem Dorf Nebel, im reetgedeckten Friesenhaus von »Oma Arpe«. So nannten wir Kinder die alte Frau, die noch in der wunderschönen schwarzen, mit Silberschmuck versehenen Friesentracht gewandet war. In ihrem Haus lernte ich auch Marion mit ihrer Familie kennen.

Zuvor noch eine Begebenheit: Wolfgang und ich konnten, ebenso wie unsere Eltern, nicht schwimmen. Hannchen war das gar nicht recht, denn wir sollten bessere Voraussetzungen haben, als es ihr vergönnt gewesen war. So kaufte sie für uns einen sehr teuren Schwimmkurs, der am Ufer des Meeres, am Amrumer Kniepsand stattfand. Sie gab Wolfgang das Geld für den Kurs. Der Kniepsand ist 1 ½ km breit und während man ihn bis zum Meeresstrand wandert, können einem viele Gedanken durch den Kopf gehen. Unser gemeinsamer Gedanke war: Da gehen wir nicht hin! Wasser- oder Menschenscheu – den genauen Grund weiß ich nicht mehr zu nennen. Als der Kurs schon begonnen hatte, schauten wir uns von außen den Schwimmlehrer und sein Unterrichtsprogramm genau an und beschlossen noch einmal: Da gehen wir nicht hin! Stattdessen verjuxten wir das Geld für die vielen Möglichkeiten, die es da gab: Einen Tretroller mieten, Eis essen oder Waffeln mit Schlagsahne und andere »Labilitäten«. Bald schon wollte sich Hannchen von unseren Fortschritten überzeugen und konnte uns nicht entdecken, als sie am Ort des Schwimmkurses erschien. So flog alles auf. »Du Lump!«, sagte Hannchen zu Wolfgang. »Du bist keinen Schuss Pulver wert!«

Ihren Nachnamen habe ich vergessen. Nur undeutlich und verschwommen sehe ich vor mir Marions Gesicht. Meine Erinnerung sagt nur noch: Schön war sie, wunderschön! Wir verstanden uns auf Anhieb, ja wir liebten uns von Anfang an. Hand in Hand streiften wir durch die Insel. An der Vogelkoje fragte ich sie: Wollen wir später heiraten? Sie sagte sofort: »Ja!« Ich entdeckte dort den seltenen fleischfressenden Sonnentau und zeigte ihn ihr, wie ein Zeichen, dass es ihn ab jetzt nur noch für uns gab.

Wir hatten ein Zelt dabei. Wir wollten darin im Garten von Oma Arpe übernachten. Hannchen hatte nichts dagegen. Nur Marions Vater hatte starke Bedenken. Schließlich gab er nach. Wir waren beide beklommen, als wir nebeneinander auf der Luftmatratze lagen. In mir war ein Zittern, weil ich sie gerne küssen wollte. Und sie hat wohl auch darauf gewartet. Ehe ich meine Schüchternheit überwinden konnte, sahen wir plötzlich einen Schatten, der langsam über die Zeltleinwand kroch. Das Herz klopfte uns bis zum Halse und das Grauen nahm von uns Besitz, als dieser Schatten immer wieder auftauchte. Wir umarmten uns gar nicht, sondern krallten uns vor Entsetzen in die Schlafdecke. Schließlich hielten wir es nicht mehr aus und stürmten schreiend in Haus. Die Erwachsenen empfingen uns spöttisch. »Das war ja man nun 'ne kurze Nacht« sagte Marions Vater. »Aber, dass man sich vom herumwandernden Licht des Süddorfer Leuchtturms so ins Bockshorn jagen lässt, ist ja man 'n sstarkes Sstück.« (Sie waren aus der Gegend von Hannover, wo man gerne an den sspitzen Sstein sstößt).

Dann kam das Ende der Sommerferien und es hieß Abschied nehmen. Wir wanderten, wieder an der Vogelkoje vorbei, von Nebel nach Norddorf und von dort an die Nordspitze der Insel, zum Vogelschutzgebiet. Dort nahm ich sie im Sturmwind in die Arme und kramte dann aus meinem Anorak eine kleine Schachtel hervor. Darin waren zwei kleine rote Marienkäferfiguren mit Ansteckgewinde, die ich im Andenkenladen gekauft hatte. Wir trugen sie beide bis die Fähre in Wittdün uns trennte. – Im nächsten Jahr sahen wir uns wieder. Die beginnende Pubertät ließ es nicht zu, dass wir noch ein Wort miteinander wechselten. Und dabei ist es geblieben.

Gerne würde ich die Vogelkoje noch einmal wiedersehen. Diese Fanganlage für ziehende Wildenten wurde auf Amrum von 1866 bis 1935 betrieben. Mit Hilfe von gezähmten Lockenten wurden die Wildenten während des Vogelzuges angelockt und dann in die Reusen getrieben. Dort wartete der »Kojenmann«, um sie zu »kringeln«, also ihnen den Hals umzudrehen. In der Betriebszeit wurden insgesamt 417.569 Enten gekringelt, meist Spieß-, Pfeif- und Krickenten. 1896 entstand in Nebel eine Konservenfabrik, in der die gefangenen Wildenten verarbeitet, eingemacht und versandt wurden. Die Vogelkoje umgibt darum auch eine Aura der Traurigkeit: Wie viele Wildenten konnten von hier aus ihre Flügel nicht mehr erheben!

Am Rande sei noch bemerkt, dass auf Amrum 1948 ein Vogelwart mit dem eigenartigen Namen Hans Kummerlöwe tätig war. In Ernst Klees »Personenlexikon zum Dritten Reich« wird u.a. vermerkt, dass in seiner »Gauakte« zu lesen war: »Fanatischer Nationalsozialist«. Er leitete ein Wehrmachtsprojekt mit dem verdächtigen Titel *Anthropologische Erhebungen an polnischen Kriegsgefangenen*. Es gibt nicht nur »furchtbare Juristen«, wie den Marinerichter Hans-Georg Filbinger; es gibt offenbar – man betrachte nur die Vita des Nobelpreisträgers Konrad Lorenz – auch »entsetzliche Ornithologen«...

Onkel Ernst der Spökenkieker

Wenn Onkel Ernst aus Frankfurt zu Besuch kam, freuten wir Brüder uns – im Gegensatz zu Erich – immer sehr. Seine maskuline Ausstrahlung, auch wenn das vielleicht nur eine Fassade war, imponierte uns mächtig: Er rauchte Roth-Händle und kam jeden Abend angesäuselt aus der Kneipe zurück. Sein rotes Haar behandelte er jeden Morgen mit Birkenhaarwasser und es bekam durch sein Striegeln die Konsistenz eines Brettes. Er besaß ausgesprochen gute Geschichtskenntnisse und konnte anekdotisch über geschichtliche Ereignisse erzählen, als sei er selbst dabei gewesen.

Für alles Okkulte war er aufgeschlossen: Neben seinem »Hauptfach« Astrologie interessierte er sich für Spiritismus, Chiromantie und natürlich die Weissagungen des Nostradamus. Carl Heinrich Huters Zeitschrift »Neues Zeitalter« führte er immer genauso mit sich wie die rechtsextreme »Deutsche Soldatenzeitung«, später von

Gerhard Frey in »Nationalzeitung« umbenannt. Sein mecklenburgisches Erbe war die »Spökenkiekerei«. Seine Mutter hatte einen Tag nach seinem 13. Geburtstag ihr Leben gelassen. In ihrer Todesstunde – so erzählte er – sei sie ihm wunderschön in hellem Lichte erschienen, als er einen Waldspaziergang machte. Dann erzählte er von einem Pastor, der in einem mecklenburgischen Dorf jeden Sonntag auf der hintersten Bank der Dorfkirche Platz genommen habe, obwohl er schon vor 300 Jahren gestorben war. Die Gemeinde, so »berichtete« Ernst, habe sich längst an diesen Wiedergänger gewöhnt gehabt.

Diese Vorstellung machte mir aber in einer Nacht derart Angst, dass ich im Türrahmen halluzinativ die Erscheinung dieses Pastors erkannte. Schreiend rannte ich ins benachbarte Zimmer Hannchens – gewissermaßen durch den Pastor hindurch – und durfte – schmählich genug – als Zwölfjähriger noch einmal in ihrem Bett schlafen.

Da Wolfgang und ich ansonsten seinen Gespenstergeschichten gegenüber unsere rationalen Zweifel äußerten, drohte er uns an, er werde uns nach seinem Tode erscheinen und dann würden wir wissen, dass er Recht gehabt hätte. Darauf wird noch zurückzukommen sein…

Mit Erich vor Gericht

Das Folgende war eine Farce. Es begann damit, dass Erich ein Zwölffingerdarmgeschwür operativ entfernt wurde. Schon damals wusste man, dass diese Magenerkrankung eine psychosomatische Ursache haben kann, die oft zur Übersäuerung führt, was wiederum die Schleimhaut des Zwölffingerdarms attackiert. Der Psychosomatiker Franz Alexander zählte bereits 1950 den *ulcus duodeni* zu den »Holy Seven« psychosomatischer Erkrankungen. Schon erinnern wir uns, dass das Kaffeetrinken bei Erich zu seinen Prügelattacken führte. Sicher spielte auch sein ja tatsächlich bigamistisches Leben eine Rolle und die ständige Spannung, die dies erzeugte.

Erich wurde nach der Operation zur Kur nach Schlangenbad im Taunus überwiesen. Als er wiederkam, war sein Ehering verschwunden, den er – aus naheliegenden Gründen – sonst wie seinen Augapfel hütete. Er behauptete gegenüber Hannchen, er sei beim Spaziergang im Taunus von einem jungen Mann überfallen worden und der habe ihm gewaltsam den Ring entwunden. Er habe bei der Polizei Anzeige erstattet.

Der von Erich Verdächtigte wurde bald darauf gefasst und ins Frankfurter Untersuchungsgefängnis verbracht. Nach einiger Zeit wurde der Gerichtsprozess anberaumt und Erich als Hauptzeuge dazu geladen. Bevor er losfuhr, schien er sehr aufgeregt zu sein und meinte, er müsse mich mitnehmen, denn ich wäre sein guter Engel. Wie er ausgerechnet auf mich kam, war mir schon damals ein Rätsel. War ich denn nicht mehr der Prügelknabe? Als Hannchen zustimmte, konnte ich mitfahren.

In Frankfurt übernachteten wir in einer Pension, in der Erich die Pensionsmutter gut zu kennen schien. Diese in meinen Augen ältere Frau umsorgte ihn sehr und wusste genau, worum es ging. – Das Gerichtsgebäude hatte für mich etwas zutiefst Einschüchterndes. Als wir durch die langen Flure endlich das Verhandlungszimmer erreicht hatten, wies mich Erich an, auf einer Bank Platz zu nehmen und zu warten, bis ich aufgerufen würde. Die Wartezeit war lang und furchtbar: Ich wähnte mich hier schutzlos irgendwelchen Verbrechern oder gar Mördern ausgesetzt, die jederzeit im Flur auftauchen könnten, um dem Verbrecher dort im Verhandlungsraum zu Hilfe zu kommen.

Nach etwa drei Stunden öffnete sich die Tür und Erich kam mit versteinerter Miene heraus: Der »Verbrecher« war freigesprochen worden. Meine Anwesenheit war nicht für nötig befunden worden. In der Pension räsonierte Erich mit der Inhaberin noch lange über die Ungerechtigkeit der Justiz. Ist diese Pension das Liebesnest gewesen?

Heute ist klar, dass der »Verbrecher« nichts anderes als ein Strichjunge war, der vielleicht tatsächlich Erichs abgelegten Ehering mitgehen ließ. Hat er ihn erpresst? Um nicht der Homosexualität geziehen zu werden, sollte ich das Demonstrationsobjekt von Erichs Zeugungsfähigkeit sein. So verzweifelter Konstruktionen bedurfte es damals, als der § 175 StGB noch uneingeschränkt in Kraft war.

Die Oberschule Lokstedt

Die Schulzeit in der Grundschule ging zu Ende und damit auch der glücklichere Teil meiner Kindheit. Nun war ich Gymnasiast an der OLO, wie die Oberschule Lokstedt nur genannt wurde. Das 1929 im Bauhaus-Stil errichtete Schulgebäude hieß im Volksmund »Glaskasten«, wegen seiner vielen großen Fensterfronten. Die Architekten Ernst und Wilhelm Langloh waren Schüler von Gropius und orientierten sich an Le Corbusier.

Seit die Landebahn des Fuhlsbütteler Flughafens verlängert worden war, litten Schüler und Lehrer unter dem grässlichen Lärm der abhebenden Maschinen. Bald nach meinem Abgang wurde die Schule ins Niendorfer Gehege verlagert und heißt seitdem »Gymnasium am Bondenwald«. – Schulleiter war zu meiner Zeit Dr. Rudolf Maack, ein bekannter Kritiker und Tanztheaterexperte, der die OLO zur »musischen Schule« formte.

Aus diesem Grunde waren viele Kinder von bekannten Schauspielern und Künstlern hier eingeschult. In meiner Klasse war N., der Sohn des damals recht bekannten Schauspielers Joseph Dahmen, der in der Gründgens-Inszenierung von Lessings »Nathan der Weise« im Hamburger Schauspielhaus den Nathan gab. Später reüssierte er in kleineren Rollen bei den Edgar Wallace-Verfilmungen. Sein Sohn N. aber war absolut kein helles Licht: Anmaßend zwar, aber ohne die künstlerische Begabung seiner Eltern, beladen mit dem Fluch aller Epigonen. Wie beim Kaiser und seinen Kleidern schienen die Lehrer das überhaupt nicht zu bemerken: Ein klarer Fall von Prominenten-Bonus... Seine Mutter war die Schauspielerin Gisela von Collande, deren Bruder Volker von Collande in einem der rührseligen *Immenhof*-Filme Regie führte (»Hochzeit auf dem Immenhof«). Es war eine Schauspieler-Dynastie, die ihr Netzwerk gut zu nutzen wusste.

Eine ausgesprochen hübsche und anmutige Mitschülerin war Christiane Meyer-Rogge: Tochter von Lola Rogge, der in Hamburg und darüber hinaus legendären Leiterin der nach ihr selbst benannten »Berufsfachschule für Tanz und tänzerische Gymnastik«. In ihre Fußstapfen ist Christiane getreten und hat als Leiterin dieser Schule doch ganz andere Akzente gesetzt. In der Chronik dieser Schule ist z.B. für das Jahr 1972 zu lesen: »Christiane Meyer-Rogge bricht mit der Tradition des Kinderfestes im Curio-Haus und tanzt mit den Kindern der Lola Rogge-Schule in der Altonaer ›Fabrik‹ und bezieht die dort betreuten Kinder mit ein«. Das klingt klar nach der 68er-Bewegung und ihrer Suche nach einer neuen Welt. Trotzdem wird sie in den Medien immer »die Tochter Lola Rogges« bleiben, was sie wohl auch verinnerlicht hat, wenn sie 2014 in einem Interview mit dem NDR sagt: »Ich zitiere meine Mutter, die hat gesagt: ›Tänzerin als Beruf ist ein Schicksal.‹« Ob sie mit diesem Schicksal gelegentlich auch gehadert hat?

Nein, zu einer Dynastie gehörte ich beileibe nicht. Mein Herkommen aus dem Schnelsener Behelfsheim, in dem das Wasser nur aus dem Hahn tröpfelte, war unübersehbar. Meist erschien ich ungekämmt und meine Haare wurden nur am Sonnabend gewaschen. Die unmöglichen hygienischen Verhältnisse führten dazu, dass die ganze Familie unter Spulwürmern litt, die mit ihrem Jucken für schlaflose Nächte sorgten. Es gab ein Medikament dagegen, dessen Name mir entfallen ist. Aber das einzig Wirksame war ein Einlauf, den Erich uns Brüdern verabreichte: Eine irgendwie auch demütigende Tortur.

Der Niedergang

Meine schulischen Leistungen gingen in den Keller. Selbst in Fächern wie Deutsch und Geschichte kam ich nicht mehr über ein »befriedigend« hinaus. Das aber lag nicht allein am Behelfsheim, sondern auch an unserer jungen Klassenlehrerin »Fräulein« H. Unsere Abneigung beruhte auf Gegenseitigkeit. Sie entstammte einer Hamburger Pfarrersdynastie. Ihr Bruder war später Ordinarius für Neues Testament an der Universität Hamburg. Wenn ich auf den Zeugnisbögen heute noch ihre beflissene Kleinmädchen-Handschrift sehe, kommt in mir die alte Erbitterung wieder hoch. Im Herbstzeugnis 1957 hieß es:

Jörn lässt es an Fleiß und Interesse fehlen. Seine Mitarbeit ist sehr wechselnd, teils stört er sogar den Unterricht. Jörns Versetzung zu Ostern ist schwer gefährdet.

Dem drohenden Abstieg entging ich stets durch eine bewusste Leistungssteigerung im 2. Halbjahr, so dass ich nie sitzengeblieben bin. Selbst als ich mir in den Harburger Bergen beim Skilaufen das Schienbein brach, mit einer erneuten Fraktur nach einem weiteren Sturz, und ich mehr als ein halbes Jahr der Schule fernbleiben musste, holte ich fast alles wieder auf.

Als Sohn einer wirklich fähigen Deutschlehrerin vermochte ich die uninspirierte »Drögheit« von Fräulein H.´s Deutschunterrichts sehr wohl zu bemerken. Dagegen war ihr Religionsunterricht lebendig und fesselnd. Hier besaß sie eine ausgesprochen narrative Begabung in der Vermittlung biblischer Geschichten. Im Zeugnis aber zahlte sich gute Mitarbeit in diesem Fach nicht aus: An Religion hatte man in Hamburg immer nur »teilgenommen« …

Dschüwillem

Auch der Schulleiter Dr. Rudolf Maack mochte mich nicht. Auf der Suche nach guten Sängern im Schulchor ließ er uns antreten, intonierte ein Lied und ging mit Zeigefinger hinterm rechten Ohr an jedem von uns Sängern vorbei. Die seiner Ansicht nach für den Chor Geeigneten durften einen Schritt vortreten; die Mittelmäßigen blieben stehen; die völlig Ungeeigneten schubste er einen Schritt zurück. Das war seine Methode der musikalischen Auslese. Ich gehörte zu den Zurückgeschubsten, was er in seinem Lehrerkalender auch vermerkte. Danach kam man, selbst bei guten schriftlichen Noten in der Musiktheorie, nie mehr über ein »ausreichend« hinaus. Die Folge war, dass ich auch für seine musiktheoretischen Bemühungen keine Motivation mehr besaß und in diesem Fach überhaupt nichts mehr lernte.

Zwei Mal im Jahr ließ Maack eine Musikarbeit schreiben. Wenn er sie zurückgab, sortierte er sie fallend: D.h. die schlechtesten Arbeiten kamen zuletzt. Am Berichtstag war meine Arbeit die Letzte und bekam als einzige die Note 6. Voller Empörung schmiss er sie mir aufs Pult. Dann nahm er sie wieder hoch und brüllte: »Der Verfasser dieser Arbeit heißt Dschüwillem! Wirklich das Allerletzte: Dschüwillem! Kann noch nicht einmal einen Punkt zwischen Vor und Zunamen machen, dieser Dschüwillem!« Vor Erniedrigung pinkelte ich fast in die Hose. Dabei hatte ich oben an den Rand nur geschrieben: J Wilhelm statt J. Wilhelm. Den Namen »Dschüwillem« benutze ich heute immer noch gelegentlich, wenn ich spaßeshalber von mir selber spreche…

Für ausgleichende Gerechtigkeit sorgte die Musiklehrerin Friedel Hollern, gleichzeitig eine bekannte Komponistin. In einer Vertretungsstunde »entdeckte« sie mich für die Schulaufführung von Paul Hindemiths »Wir bauen eine neue Stadt«. Ich hatte nur drei oder vier rezitativartig vorzutragende Sätze zu singen. Den Beginn weiß ich noch: »Und jetzt kommt der Zahnarzt…«. Ich war noch nicht im Stimmbruch und sie war vom Wohlklang meiner Stimme überzeugt. Die Aufführung wurde ein großer Erfolg. – Weitere Gerechtigkeit widerfuhr mir durch die ausgesprochen fähige Sprecherzieherin Marie Vagt, die mir in kleinen Theaterspielen Hauptrollen gab und mich in jeder Weise förderte. Das Fach »Sprecherziehung« gab es damals nur an dieser Schule.

Wolfgang und sein Freund Thomas Lüttge

Wolfgang war inzwischen aus dem Schatten herausgetreten, den die schwere Krankheit auf ihn geworfen hatte. Sowohl in körperlicher wie in geistiger Hinsicht blühte er auf. Er war befreundet mit seinem Klassenkameraden Thomas Lüttge, im weiteren Leben ein prominenter Fotograf. Thomas war der Sohn des Landschaftsarchitekten Gustav Lüttge, der den Alsterpark in Hamburg konzipiert hatte. Sein Bruder Martin Lüttge wurde ein bekannter Schauspieler, der in vielen Filmen sein großes Talent zur Geltung brachte.

Thomas war oft am Königskinderweg und sogar einmal mit mir allein auf Amrum. Dort lief er immer mit seinem Fotoapparat herum und redete nicht viel – mit mir kleinem Pimpf schon gar nicht. Seine Introvertiertheit war anstrengend. Im Rückblick erkenne ich, dass sie für sein Künstlertum lebensnotwendig war. Einmal gingen wir am Watt entlang, als ich bemerkte, wie er zurückbleibend das Fotoobjektiv auf eine Formation von Muscheln im Sand gerichtet hatte. Ich lief zurück, nahm eine Muschel weg und warf sie ins Meer. Ich höre noch, wie er dumpf und anklagend sagte: »Jetzt hast du alles zerstört!« Er sprach nicht viel, aber er sah, wo andere nichts sehen.

Der Höhepunkt ihres gemeinsamen Wirkens war die Aufführung von Goethes erster Version des Faust-Stoffes, dem »Urfaust«. Thomas war Faust und Wolfgang war Mephisto. Die ganze Schulgemeinde war von ihrer schauspielerischen Gestaltung so ergriffen, dass der Applaus nach den Aufführungen nicht enden wollte. Ein wenig vom Ruhm meines großen Bruders fiel auch für mich ab und ich war mächtig stolz auf ihn. Das »Mephistophelische« hatte er aber auch so überzeugend rübergebracht, dass er den Faust noch überstrahlte. Ich erinnere mich besonders an eine Szene: Wie

Mephisto seine Qual beschreibt, das Satanische verkörpern zu müssen und sich seine Hände dabei fast suchend verkrampfen. Bertolt Brechts »Die Maske des Bösen« ließ grüßen:

An meiner Wand hängt ein japanisches Holzwerk – Maske eines bösen Dämons, bemalt mit Goldlack. – Mitfühlend sehe ich – Die geschwollenen Stirnadern, andeutend – Wie anstrengend es ist, böse zu sein.

Welche Erleichterung, wenn das Böse so seines Schreckens beraubt wird und der Böse eigentlich der Leidende ist!

Diebische Zeiten

Ob das auch für meinen nun zunehmend einsetzenden moralischen Verfall gelten darf, soll als Frage im Raum stehenbleiben. Ich begann zu stehlen. Auf meinem Schulweg zur Straßenbahnhaltestelle der Linie 2 (Schnelsen-Horner Rennbahn) an der Wählingsallee kam ich an meiner alten Schule in der Frohmestraße vorbei. Nicht zufällig stand auf der anderen Straßenseite ein Kiosk, in dem alles verkauft wurde, was ein Kinderherz begehrte. Es wurde auch reichlich Kaugummi angeboten, dessen Kauen von Haus aus als »amerikanische Unsitte« verschrien war. Ich verlangte das billige »Ahoj«-Brausepulver von »Frigeo«, mit Waldmeistergeschmack, wohl wissend, dass der Kioskinhaber sich nun umdrehen musste. In diesem Moment griff ich zu und steckte einen Pack »Wrigleys Spearmint« in die Jackentasche.

Allerdings tat ich das nur zwei Mal. Mir war entgangen dass im hinteren Bereich des Kiosks ein Spiegel aufgestellt war. Darin sah mich der Inhaber, als ich meinen »Erfolg« wiederholen wollte. Er stellte mich ganz ernsthaft zur Rede und hielt mir eine richtig aufrüttelnde Moralpredigt, die zunächst auch ihre Wirkung nicht verfehlte.

Zusammen mit einem Schulkameraden wandte ich mich auf dem Schulweg nun harmloseren Schandtaten zu. In den Bäckereien gab es für 10 Pfennig »Rumkugeln«: Aus Teigresten geformte und mit Schokoladenstreuseln bedeckte Kalorienbomben, mit Rum-Aroma. Wir gingen in die Bäckerei hinein und fragten, ob Rumkugeln zu haben wären. In der Regel wurde die Frage bejaht und dann sagte einer von uns: »Na, dann sehen sie mal zu, wie sie die loswerden.«

Das Löcken wider den Stachel machte gewaltigen Spaß! Im Königskinderweg postierten wir uns hinter einer hohen Hecke. Auf dem Gehweg lag ein Portemonnaie, das wir an einer Schnur befestigt hatten, an der wir, hinter der Hecke lauernd, ziehen konnten. Fast jeder Passant bückte sich, um den Geldbeutel aufzuheben. In diesem Moment zogen wir das Portemonnaie weg. Die verdutzten und danach wütend werdenden Gesichter waren sehenswert. Mit höllischem Gelächter gaben wir dann Fersengeld.

Aber so harmlos blieb es nicht. Als die Wirkung der Moralpredigt endgültig verpufft war, lernte ich Steffi kennen, einen schon etwas älteren Schüler, der mit allen Wassern gewaschen war. Vor dem Umgang mit ihm hatten die Eltern ausdrücklich gewarnt, nach dem Motto Franz Josef Degenhardts: »Spiel nicht mit den Schmuddelkindern...«. Er hatte eine Fahrradwerkstatt, die in einem nahe gelegenen Schuppen untergebracht war, ausbaldowert, in der alles mögliche Zubehör gelagert war: Reifen, Schläuche, Ketten, Ventile, Lenker, Dynamos etc., lauter erstrebenswerte Dinge. Er wollte mit mir einen »Bruch« machen. Wir verabredeten uns für die Nacht. Ich entwich nach Mitternacht aus dem Hinterzimmer und traf mich mit Steffi, der Werkzeug für den Einbruch mitgebracht hatte. Mir klopfte das Herz bis zum Halse und ich verfluchte innerlich meine eigene Verführbarkeit. Die Frage tauchte bohrend auf: Was willst du eigentlich hier? Der Türriegel war bald aufgebrochen und nun standen wir im Inneren des Schuppens und leuchteten mit der Taschenlampe auf die darin versammelten Habseligkeiten. In diesem Moment war das Unrechtsbewusstsein in mir schon quälend und am liebsten wäre ich sofort heimgelaufen. Da kam mir ein plötzlich von außen kommendes Geräusch zu Hilfe, vielleicht nur das Rascheln einer streunenden Katze. Wie besessen rannten wir davon. Gleichsam von außen bestaunte ich danach meinen eigenen Niedergang: Nun noch nicht einmal vor einem regelrechten Einbruch zurückgeschreckt zu sein…

Der Kaugummiautomat

Es kam aber noch schlimmer. Auf dem Heimweg von der Schule ging ich in der Frohmestraße an einem Kaugummiautomaten vorbei: Einer von denen, die bei entsprechendem Glück außer der Kaugummikugel auch einen Spielzeugring oder ähnlichen Talmi auswarfen.

Ich probierte mein Glück und rüttelte nach dem Münzeinwurf am Gehäuse, um die Ringe in die Nähe des Auswurfes zu befördern. Dabei fiel mir auf, dass die Halterung des Automaten ziemlich wackelig war. Die Straße war um diese Stunde menschenleer. In einem plötzlichen Entschluss riss ich den Automaten ab und versteckte ihn unter dem Mantel. Irgendwo im Verborgenen wollte ich das Gehäuse zertrümmern, um an das Münzgeld zu kommen.

Im Gebüsch um den Dorfteich versuchte ich mein Vorhaben umzusetzen und benutzte dafür einen schweren Stein. Es wollte mir aber partout nicht gelingen, das Gehäuse zu zerstören. Der Krach, den ich dabei machte, musste ja eigentlich bald jemand auf den Plan rufen. So brach ich das Unternehmen ab und warf den Automaten kurzerhand in den Teich.

Wenige Tage danach war an der Stelle, wo der Automat gehangen hatte ein Aushang angebracht, der jedem 100 DM versprach, der sachdienliche Hinweise für die Ergreifung des Täters geben konnte. Viele Wochen hing es da. Aber das Verbrechen wurde nie aufgeklärt.

Viele Jahre später, während eines heißen Sommers, ging ich am Dorfteich vorbei, der völlig ausgetrocknet war. Es gab ein unverhofftes Wiedersehen: Da lag er wieder im Schlamm, der unverwüstliche Kaugummiautomat, und die Scham kroch endlich in mir hoch.

Das helfende Kleeblatt

Ich war nicht nur böse. Mit meinen Straßenfreunden Uwe und Holger Saust gründete ich »Das helfende Kleeblatt«. Es war der pure Altruismus: Ohne Lohn zu erwarten, armen alten Menschen dabei zu helfen, es in ihrem entbehrungsreichen Leben ein bisschen leichter zu haben.

Wir gingen zur Endhaltestelle der Straßenbahn Linie 2 an der Wählingsallee und warteten z.B., bis eine alte Frau mit schwerbepackten Taschen ausstieg, der wir anboten, ihre Last bis zu ihrem Zuhause zu tragen. Um unser Licht nicht unter den Scheffel zu stellen, machten wir uns auch als Institution bekannt: Wir seien das berühmte »Helfende Kleeblatt«, das für die Gerechtigkeit angetreten sei. Wir ernteten teilweise merkwürdige Blicke. Aber einige bissen an und stimmten das Lied von einer Gott sei Dank noch nicht ganz verdorbenen Jugend an, manchmal mit einem 50-Pfennigstück dazu. Die soziale Begeisterung verebbte aber leider schon bald, weil die »Hilfsbedürftigen« sich eher belästigt fühlten…

Weihnachtsfreuden

Das Weihnachtsfest 1956 nahte. Die Hamburger Mönckebergstraße prangte im vorweihnachtlichen Lichterglanz. Ich war im Kaufhaus Karstadt an der »Grabbelkiste« und stahl für Wolfgang ein paar Strümpfe. Danach woanders für Erich einen Lederschlips. Gerade wollte ich in der Geschirrabteilung für Hannchen eine Rosenthal-Kaffeekanne unter dem Mantel verstauen, als ich den Kaufhausdetektiv entdeckte, der mich genau beobachtete. Ich ließ es deshalb bei diesen »Erwerbungen« bewenden. Strümpfe und

Lederschlips fanden am Heiligen Abend erstaunte, aber dankbare Abnehmer: »…und das hast du von deinem wenigen Taschengeld gekauft?!«

Nachgetragene Scham

Irgendwann musste dieses auf Sand gebaute Gebäude einstürzen. Der Mathematiklehrer der OLO sollte dafür sorgen und die Schamesröte, die mir damals nicht im Gesicht stand, will ich hier wenigstens noch einmal aufrufen: Nachgetragene Scham.

Lehrer S. tickte nicht mehr richtig. Es hieß, er sei im Krieg verschüttet gewesen. Wir lachten heimlich über sein absonderliches Wesen. Wenn er wütend wurde über unsere Häme oder unseren Spott konnte er jähzornig werden und dann bewarf er uns mit Kreide oder sogar mit dem Zeichendreieck.

Einmal – es war vor dem Volkstrauertag – betrat er das Klassenzimmer, setzte sich vor das Pult, stützte den Kopf in beide Hände und sagte voll großer Traurigkeit: »Die Toten… die Toten…« und wiederholte das beschwörend drei Mal. Unser Kichern konnten wir nur mit Mühe unterdrücken.

Er trug immer einen weißen Kittel über seiner Kleidung. In ihm pflegte er reihenweise, vom hinteren Klassenzimmer nach vorne kommend, die Hausaufgaben nachzusehen. Als er mit der Reihe hinter mir beschäftigt war und mir den Rücken zuwandte, schrieb ich mit Kugelschreiber auf den Kittel: »Ich bin doof«. Er merkte das nicht und wunderte sich nur über die plötzlich im Klassenzimmer ausgebrochene Heiterkeit. Als er danach in das Lehrerzimmer ging, flog alles auf und der Täter war bald festgestellt.

Ich »flog« von der Oberschule Lokstedt. Wohl nicht nur deswegen, sondern wohl ebenso wegen meines spürbaren moralischen Niedergangs, der sich verheerend auf meine schulischen Leistungen ausgewirkt hatte. – Viele Jahre später erfuhr ich, dass Herr S. sich gar nicht so lange danach das Leben genommen hat.

E.T.A. Hoffmann in schauerlicher Zeit

Meines Bleibens sollte es nun bald am Königskinderweg nicht mehr sein. Die Eltern hielten Ausschau nach einem Internat für mich. Wahrscheinlich, weil sie glaubten, ich würde in einem solchen Institut unter besserer Aufsicht sein als bisher.

Hannchen fuhr mit mir auf die ostfriesische Insel Wangerooge, um dort ein Internat in Augenschein zu nehmen. Es war ein trüber Herbsttag und auf der Insel war keine Saison mehr. Entsprechend düster und verlassen sah alles aus, so dass Hannchen entschied: »Hier gehst du nicht hin!« So blieben mir noch einige schulfreie Tage zu Hause. In meinem Abgangszeugnis von der OLO im Juli 1958 standen nur zwei Sätze:

Wenn Jörn es lernt, sich mehr in Zucht zu nehmen, ist zu erwarten, dass er allen Anforderungen nachkommen kann. Die Schule entlässt Jörn mit den besten Wünschen für die Zukunft.

Bei alledem hatte ich mich in mich selbst zurückgezogen. Niemand schaute mehr in mich hinein. Um mich zu retten, begann ich zu lesen und mir darin eine Gegenwelt zu schaffen.

Unter Hannchens vielen Büchern fand ich E.T.A. Hoffmanns »Elixiere des Teufels«. Ich las es auf der Toilette des Behelfsheims in einer Nacht. Ganz wild klopfte mein Herz als der teuflische Doppelgänger dem Mönch Medardus wahnsinnig stammelnd zuruft: »Bräutigam, Bräutigam!... Komm, komm aufs Dach... aufs Dach... Da wollen wir ringen miteinander, und wer den anderen herabstößt ist König und darf Blut trinken!«

Danach las ich – unterstützt von Hannchen – alles von Hoffmann, was ich bekommen konnte. Da kratzte der alte Daniel aus dem »Majorat« im Gemäuer; der Wechselbalg Klein-Zaches, genannt Zinnober, ergriff rotzfrech die Macht; der Sandmann stapfte die Treppe herauf, den Kindern die Augäpfel herauszuklauben. Franz Fühmann – Verfasser des großartigen Essays »Das Schauerliche bei E.T.A. Hoffmann« –, den ich Jahrzehnte später las, mochte nicht daran zweifeln, im Schaudern des Menschen bestes Teil zu sehen:

Das Schaudern steht wie das Staunen am Anfang des Begreifens, und Staunen wie Schaudern fordern den ganzen Menschen und fordern ihn ganz.

Wie Schauder die Augen öffnen kann, habe ich in den Nächten in meiner kleinen Klo-Zelle gemerkt, als die Schwärze der Dunkelheit – ungebremst durch irgendeinen Vorhang – an das Fenster klopfte: Keine Vernebelung war das, sondern Klärung. Wie gut etwa zu wissen, dass die Puppen-Automate Olimpia, die so einzigartig singen kann, nicht die schönste aller Jungfrauen ist und, dass es von nun an aufzupassen gilt, wenn sie dir eine Brille verpassen wollen, damit du das auch wirklich glaubst. – Viele Jahre, meine folgende Internatszeit übergreifend, stand ich im Bann des Schauerlichen bei E.T.A. Hoffmann: Durchwanderte die Antiquariate Hamburgs auf der Jagd nach seinen Büchern und freute mich über meine wachsende Hoffmann-Bibliothek.

Die schließlich geschehende Identifizierung mit E.T.A. Hoffmann mag ihren innersten Grund in der Dualität haben, die dessen Leben bestimmte: Tagsüber der tüchtige und trockene Jurist am Berliner Kammergericht; nachts der bis hin zum Wahnsinn des Kapellmeisters Kreisler ausschweifende, geniale Phantast. Ähnlich empfand ich damals mein Leben und fand mich darin wieder: Hin- und hergerissen zwischen der Banalität und Erbärmlichkeit meines Alltags und den mit schwarzen Augen erlebten nächtlichen Ausflügen in die Gegenwelt.

Henrik Ibsens Wildente

Und nun liegt vor mir das Programmheft »Die Rampe« des Schau-
spielhauses Hamburg, wo am 12. September 1956 die Erstauffüh-
rung von Henrik Ibsens »Die Wildente« gegeben wurde. Mir fällt
ein: Ja, diese Aufführung hast du unter anderen damals auch gesehen – mit billiger Schülerkarte. Die Schauspieler der Gründgens-
Ära stehen noch lebendig vor Augen: Eduard Marks, Werner Hinz
und seine Ehefrau Ehmi Bessel, sowie Richard Münch mit Ehefrau
Ella Büchi. Letztere spielte, mir unvergesslich, die kleine Hedwig,
die mit der auf dem Dachboden weilenden und an den Flügeln
verletzten Wildente zum Opfer der kleinbürgerlichen Lügenwelt
wird. In einem »Gedenkwort für Ibsen« von Alfred Kerr, das im
Programmheft an den Anfang gestellt ist, lese ich in dieser Würdi-
gung Ibsens durch den kongenialen Theaterkritiker:

*In diesen Dramen ruht die großartigste, tiefste und unlös-
barste Vermählung des Phantastischen mit dem Realen. Die
Welt des Schaurigen, Unerforschten grenzt an den Alltag,
und aus den Winkeln der Zimmer und der Seelen lugen die
Rätsel.*

Der Rätsel voll und wie die Wildente an den Flügeln verletzt: So
fühlte ich mich damals auch, bevor es wieder einmal auf die Reise
ging.

KAPITEL III

DAS EXIL IN BUTJADINGEN

»Gesehen haben wir im Norden die Völkerschaften der Chau-
ken... In großartiger Bewegung ergießt sich dort zweimal im
Zeitraum eines Tages und einer jeden Nacht das Meer über
eine unendliche Fläche und offenbart einen ewigen Streit der
Natur in einer Gegend, in der es zweifelhaft ist, ob sie zum
Land oder zum Meer gehört. Dort bewohnt ein beklagenswer-
tes Volk hohe Erdhügel, die mit den Händen nach dem Maß
der höchsten Flut errichtet sind. In ihren erbauten Hütten
gleichen sie Seefahrern, wenn das Wasser das sie umgebende
Land bedeckt, und Schiffbrüchigen, wenn es zurückgewichen
ist und ihre Hütten gleich gestrandeten Schiffen allein dort
liegen. Von ihren Hütten aus machen sie Jagd auf zurück-
gebliebene Fische... Aus Schilfgras und Binsen flechten sie

Stricke, um Netze für die Fischerei daraus zu machen. Und indem sie den mit den Händen ergriffenen Schlamm mehr im Winde als in der Sonne trocknen, erwärmen sie ihre Speise und die vom Nordwind erstarrten Glieder durch Erde*.«

PLINIUS: NATURALIS HISTORIA XVI 1, 2–4

»Knodische Nachrichten«

Der Zug von Bremen hielt in Nordenham. Mit einem klapprigen Bus, der sogar noch einen Anhänger hatte, ging es nun durch eine weite, von Gräben durchzogene Wiesenlandschaft. Wie Fata Morganen flimmerten ferne, von windschiefen Bäumen umsäumte Bauernhöfe von der Höhe der aufgeschütteten Warften. Wir fuhren auf der Halbinsel Butjadingen durch kleinere Dörfer mit wuchtigen Kirchen dem schon zu ahnenden Meer entgegen.

Auch in Tossens, meinem Zielort, gab es eine solche wuchtige alte Backsteinkirche: Die St. Bartholomäuskirche, in der ich nun sonntäglich zu sitzen hatte. Daneben stand das Pastorat, mein vorläufig neues Domizil. Im »Zinzendorf-Internat Tossens« war noch kein Platz frei und bei der Pfarrersfamilie sollte ich vorerst unterkommen und die im Ort gelegene Internatsschule besuchen.

Wieso Zinzendorf-Internat Tossens? Das war zweifellos Hannchens Idee gewesen! Sie hatte als geborene Knothe – als »Schriftstellerin« nannte sie sich Hanna Wilhelm-*Knothe* – die »Knodischen Nachrichten« abonniert, das »Nachrichtenblatt des Sippenverbandes der Geschlechter Knode, Knott, Knoth, Knothe, Knuth und Knaut«. Darin muss sie wohl auf Joachim Knothe gestoßen sein, der als »Bruder Knothe« (Die Herrnhuter firmierten alle als »Bruder« oder »Schwester«) das Zinzendorf-Internat Tossens leitete. Mit ihm wird sie Verbindung aufgenommen haben, um meine Aufnahme zu erwirken.

---

*   Das heißt: Gekocht und geheizt wurde mit Torf.

Familienforschung war nie meine Sache. Insofern kann ich Hannchens Behauptung nicht nachprüfen: Unsere »knothische« Linie sei direkt auf den pietistischen Gründer der Herrnhuter Brüdergemeine Nikolaus Graf von Zinzendorf zurückzuführen – wozu ich noch nachträglich meine erheblichen Zweifel anmelde. Im Rahmen ihrer Familienforschung beschäftigte sie sich im hohen Alter auch mit der interessanten Persönlichkeit von Jakob Knothe aus Danzig, dem Reformator von Ostpreußen, der noch vor Luther 1518 als erster Priester geheiratet hat. Sie schrieb über diesen Rebellen des Glaubens einen Aufsatz, der leider verschollen ist.

Die heilige Familie

Das knappe Vierteljahr, das ich im Pastorat zu Tossens verbrachte, habe ich vor dreißig Jahren im Nachgang ironisch gewürdigt:

Wieder kam ich in eine heilige Familie, in der der HErr Pastor mir gelegentlich sein Angesicht zeigte. Seine adrette Frau, die gerade wieder sich anschickte ein Kind zu kriegen, küsste ihn oft auf seine gutrasierte Wange. Mich Pickeljungen mochte sie nicht. Einmal fing ich einen Brief ab an ihre Eltern, in dem sie mich hässlich diffamierte: In meinen Gedanken sei nur Schmutz. Den Brief las ich voller Erbitterung und vernichtete ihn mit ingrimmiger Freude.

Ob sie aber nicht doch Recht hatte? Ich hatte, wie sie bemerken musste, schlüpfrige Literatur in ihren Bücherregalen gefunden und einiges davon unter mein Kopfkissen gesteckt. Obwohl es ihre Bücher waren, erlaubte sie sich, mich dreckig nennen zu dürfen.

Nebenan stand ein Gasthof, über dessen Besitzer sie ständig missvergnügte Äußerungen machten: Er lebe in offensichtlicher und unverhüllter Bigamie, liebe wie ein chinesischer Mandarin seine erste Frau sehr und habe mit der zweiten Kinder. Beide Frauen mochten sich augenscheinlich gern. Es war schon Hetze, wie solches nicht gutgeheißen wurde und der Alleinvertretungsanspruch protestantischer Moral wie eine schlaffe Fahne hochgehalten wurde. –

Noch einmal habe ich diese heilige Familie gesehen, in meiner Hamburger Streunerzeit. Plötzlich auf dem Hauptbahnhof hörte ich ihre unverkennbaren Stimmen zuerst und erkannte sie auch richtig wieder. Da würgte mich die Erinnerung und ich verkroch mich wie einst Adam, um vom HErrn nicht gesehen zu werden.

Das Zinzendorf-Internat Tossens

Zur Einstimmung auf das Internat der Herrnhuter Brüdergemeine las ich »Gottfried Kämpfer« von Hermann Anders Krüger, ein Entwicklungsroman, der das Schul- und Erziehungssystem der Herrnhuter noch heute, mehr als hundert Jahre nach seinem Erscheinen, fesselnd beschreiben kann.

Er spielt hauptsächlich im sächsischen Niesky (tschechisch *nízký*: niedrig), im Roman als »Girdein« verfremdet (»niedrig« von hinten gelesen) und zeigt das dortige Internat, in »Stubengesellschaften« organisiert, die Schule in »Anstalt« und »Pädagogium« geteilt. Das Zusammenleben in den Stuben gab das Modell auch für das Internat in Tossens. Bruder Knothe war von diesem Erziehungsmodell geprägt, das auf ganzheitlicher Einheit von Leben und Lernen beruhte: Die Erzieher ganz nahe bei den Erzogenen. Nach den zu Tage gekommenen schlimmen Missbrauchsfällen in kirchlichen und anderen Internaten kann man solche Nähe auch mit kritischen Augen sehen. Ich kann aber versichern, dass es in Tossens, in der Zeit als ich dort war, keinerlei mir erkennbare Hinweise auf solchen Missbrauch gegeben hat.

Die im Dorf liegende Schule führte von der Quinta bis zur Untersekunda. Das Internat lag 1,5 km entfernt ganz nahe am Meer. Zur Schule wurde durch eine schöne Ulmenallee gelaufen.

Jeden Morgen wurde dort in der Vorhalle eine Andacht (»Morgensegen«) abgehalten, mit dem Wochenlied oder anderen Liedern des Kirchenjahres und einer Auslegung der Herrnhuter Losungen. Wir ließen sie über uns ergehen. Trotzdem sollte mir das am Anfang meines Pfarrerberufs sehr zugutekommen: Trotz mangelnder kirchlicher Sozialisation konnte ich fast alle Gesangbuchlieder mitsingen.

Im Internat gab es altersmäßig aufsteigend vier Stuben: Die »Seeschwalben«, die »Falken«, die »Bussarde« und die »Grenzwölfe«. Jede Stube hatte einen eigenen Erzieher, der natürlich mit »Bruder« angeredet wurde. Meine Klassenlehrerin war Schwester Ehrhardt, eine äußerst freundliche und gütige Person.

Gewalt

Ich kam zu den »Falken«. Es fiel mir schwer, mich dem stets gleichen Tagesablauf zu unterwerfen: Morgens Schule, nachmittags Lernzeit, nur zwei Stunden Freizeit bis zum Abendessen, um 22 Uhr schon im 4-Bett-Schlafraum, wo an nächtliches Lesen nicht mehr zu denken war. Meine von »Gottfried Kämpfer« genährte Erwartung, hier eine idealistische, jugendbewegte Gemeinschaft zu finden, die fröhlich zusammen spielte, sportlich fair wetteiferte und über Gelesenes diskutierte, erwies sich als gründlich daneben. Als ich meine Bücher von E.T.A. Hoffmann ins Regal stellte, erntete ich seltsame Blicke.

Es herrschte eine Hackordnung, die ganz wesentlich auf physischer Gewalt beruhte. So kam es nicht selten zu Schlägereien, die der Festlegung der Rangfolge geschuldet waren. Einmal erlebte ich, wie Bruder Knothe die beiden Kontrahenten zunächst voneinander trennte, dann ihnen Boxhandschuhe gab und sie damit weiterkämpfen ließ. Damit bekam dieser Kampf eine weitaus größere Aufmerksamkeit seitens der übrigen Stubenbewohner, als er sie sonst bekommen hätte. Parteien bildeten sich und Sprechchöre

wurden skandiert: »Hautse, Hautse – immer auf die Schnauze!« Ob
Gewalt so »gesitteter« angewandt wurde, mag zweifelhaft erscheinen.

Der Geist von Niesky

Weit entfernt war dies vom »Nieskyer Geist«, den Bruder Knothe,
der damals 35 Jahre alt war, wiederum 35 Jahre später in einem Aufsatz (»Nieskyer Traditionen im Ansturm einer neuen Zeit«, UNI-
TAS FRATRUM Heft 35, 1994) noch einmal beschwor: *Er hat
viel mit Idealismus zu tun und mit jener Begeisterungsfähigkeit,
die jungen Menschen eigen ist.* Begeisterung aber: Wofür? In diesem Aufsatz mit dem Untertitel »Das Pädagogium zu Niesky und
der Anspruch des Nationalsozialismus«, der löblich und doch etwas
verschwommen das Versagen der geistlichen Sicherungen auch bei
der Herrnhuter Brüdergemeine in Augenschein nimmt, wird mit
keinem Wort der folgenden Tatsache gedacht, auf die ich in einem
WIKIPEDIA-Artikel über »Niesky« stieß:

*Gegen Ende des Zweiten Weltkrieges wurde im Wiesengrund
von Niesky ein Außenlager des KZ Groß-Rosen errichtet,
in dem 1200 KZ-Häftlinge aus zahlreichen Ländern für die
Firma Christoph&Ummack Zwangsarbeit verrichten mussten. Bei einem Evakuierungsmarsch nach Spohla/Brandhofen
starben mehr als 100 von ihnen. An diese Opfer erinnert
heute ein Gedenkstein am Ort des ehemaligen Außenlagers.*

Die Firma Christoph&Ummack hatte mit der Produktion von
Baracken begonnen, was während des 1. Weltkrieges ein einträgliches Geschäft war. Haben die Zwangsarbeiter an der Fertigung von
Baracken arbeiten müssen, die für KZs gebraucht wurden? Vielleicht sogar für das riesige Barackenlager in Auschwitz-Birkenau?
Wie verhielten sich die Brüder und Schwestern vom Pädagogium
in Niesky zu ihren zwangsarbeitenden Brüdern und Schwestern in
ihrer unmittelbaren Nachbarschaft?

Die Internatsschüler des Tossenser Internats, die z.T. von weit-her kamen, waren nach meiner damaligen Beobachtung hauptsäch-lich aus zwei Gründen hier: Die erste Gruppe bestand aus lern-schwachen Schülern – oft aus nicht unbemitteltem Hause –, die hier zur Mittleren Reife »durchgepaukt« werden sollten; die zweite aus Verhaltensgestörten – oft aus Familien mit beruflich stark ein-gebundenen Eltern –, die durch bessere Aufsicht zur Einsicht und zur Räson zu bringen waren. Ich zählte mich zur zweiten Gruppe.

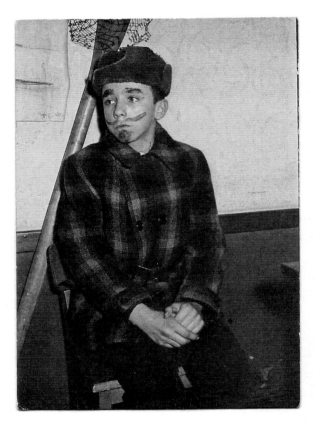

Abbildung 19: Traurige Fastnacht

Unter solchen Umständen konnte »der Geist von Niesky« wohl kaum in seiner ursprünglichen Idee zur Entfaltung kommen. Ob dieser Geist überhaupt so menschlich ertragreich wie behauptet gewirkt hat, mag zweifelhaft erscheinen, wenn man bei Erich Kästner in seinem Buch »Als ich noch ein kleiner Junge war« liest, dass seine Cousine Dora, die von ihrem Vater in das Herrnhuter Internat geschickt worden war, von dort ganz blass und verhärmt zurückgekehrt sei.

Hunger

Ob die Internatsverpflegung wirklich so schlecht war, wie es mir meine Erinnerung sagt, will ich nicht endgültig entscheiden. Zum Frühstück gab es eine Scheibe Graubrot, die so begehrt war, dass sie zum Handelsobjekt werden konnte. Ansonsten gab es »nur« schwarzes Vollkornbrot, das man bei Hunger mit Schweineschmalz und Salz verzehren durfte.

Am gemeinsamen Mittagstisch wurden vor dem Essen die Kartoffeln gepellt. Wer schnell war, durfte auch eher auf das wenige Fleisch, das Gemüse und die Soße zugreifen. Noch heute pelle ich zu Hause alleine die Kartoffeln – Nachwirkung der Übung von damals.

Es gab unter uns eine These, an die wir alle glaubten: Das Essen sei so dürftig, weil das Zinzendorf-Internat Tossens Geld sparen müsse, um das defizitäre Renommierinternat der Herrnhuter in Königsfeld im Schwarzwald finanziell zu unterstützen. Von der Hand zu weisen ist das nicht. Aber solche Meinung entstand wohl auch durch den realen Hunger, den Jungen in diesem Alter nun einmal haben.

Jedenfalls beschäftigten wir uns oft mit üppigen Essensphantasien und das Größte war es, wenn tatsächlich einmal wieder ein »Fresspaket« eintraf. Derjenige, der es erhielt – so lautete das ungeschriebene Gesetz –, teilte alles mit den Stubengenossen. Wer das nicht tat, war »im Verschiss«. Es gab allerdings einige, die so gierig und geizig waren, dass sie sich darüber hinwegsetzten. Sie sind uns heute noch in übler Erinnerung…

Im Winter bekam ich einmal von zu Hause – wohl zum Geburtstag – ein recht opulentes Fresspaket. Es hatte stark geschneit und ich hatte mit einigen Stubengenossen in einiger Entfernung vom Internatsgebäude eine große Schneehöhle gebaut. Darin haben wir voller Genuss und mit dem Gefühl grenzenloser Freiheit die Köstlichkeiten verspeist. Bruder Knothe war das nicht entgangen und er besuchte uns in der Höhle. Er war so beeindruckt, dass er mir und einem anderen Kameraden erlaubte, für eine Nacht in der Höhle zu schlafen. Dann schmolz die Höhle genau wie unsere kurze Freiheit.

Karin

Es gab auch ein Mädcheninternat, das ca. 3 km entfernt war. Wenn ich mich recht erinnere, habe ich es nie betreten. Doch gab es Anlass für mancherlei verwegene Phantasien. In der Schule herrschte Koedukation und ich merkte bald, dass ich sehr auf Mädchen »stand«… Die Mädchen trugen damals Petticoat-Unterröcke. An eine Auswärtsschülerin in meiner Klasse – ihr Name ist mir leider entfallen – denke ich zurück: Sie hatte eine Hakennase, einen Pferdeschwanz, Petticoats, die besonders schön wippten, und eine Wespentaille, die ihresgleichen suchte…

Meine große Liebe aber war Karin. Da ich in Mathematik von der OLO her weit hinter dem Lehrplan zurücklag, bekam ich Nachhilfeunterricht bei einem Volksschullehrer, der einige Kilometer entfernt wohnte. Ich fuhr zur angegebenen Stunde mit dem Fahrrad dorthin. Und dann sah ich sie in dieser flachen Marschlandschaft schon von weitem heranfahren: Karin mit wehendem Rock auf der Rückfahrt vom Nachhilfeunterricht bei eben diesem Lehrer. Ich weiß nur noch: Sie hatte schwarze Haare und war etwas größer als ich. Nicht wirklich eine Schönheit, aber mit so anmutigen Bewegungen, dass es mich ins Herz traf.

Von nun an konnte ich diese Begegnungen im Vorbeifahren nicht mehr abwarten: Malte mir alle möglichen Ansprachen aus, zu denen es nie kam, weil ich zu schüchtern war; trauerte eine ganze Woche lang, wenn sie aus irgendeinem Grunde nicht erschien.

Eines Tages fiel, aus welchen Gründen auch immer, die Küche im Mädcheninternat aus. Zu unserer großen Freude nahmen wir an leider nur einem Tag mit den Mädchen zusammen bei uns das Mittagessen ein. Es geschah das Ersehnte: Ich sprach Karin mit zittriger Stimme an. Sie reagierte so selbstverständlich, als habe sie das schon lange erwartet. Wir lachten wenige Augenblicke miteinander. Dann mischte sich irgendein Volltrottel aus der Stube ein und alles war vorüber. Hinterher verspottete er mich: Ich sei wie ein verliebter Kater aufgetreten... – Ich zehrte noch über Jahre hinweg von diesem Moment und hielt ihr – ohne ihr Wissen – die Treue.

Elvis an der Stirn

Das Folgende hatte ich vergessen. Mein Kamerad Hendrik Vincke, mit dem ich jetzt über die Tossenser Vergangenheit sprach, hat meine Erinnerung aufgeweckt. – Im Herbst 1958 war Bill Haley mit seinen »Comets« auf Deutschland-Tournee. Sein »Rock around the clock« war international zur »Marseillaise der Teenagerrevolution« geworden. Allenthalben wurden die »Halbstarken« thematisiert. In Berlin zertrümmerten die aufgeheizten Anhänger das Mobiliar des Sportpalastes.

Die Botschaft wurde auch von uns Bewohnern der Butjadinger Wüste verstanden. Zur Hilfe kam uns dabei eine Erfindung aus der Steinzeit des Medienzeitalters: Der Germanium-Dioden-Empfänger im Eigenbau, nicht viel größer als eine Zigarettenschachtel. Schloss man ihn an eine Steckdose an bekam man fast rauschfreien Empfang sogar der UKW-Sender und vor allem auch von Radio Luxemburg. Steckte man das Antennenkabel in das falsche Loch der Steckdose bekam man allerdings einen so heftigen Stromschlag, dass an anderes zunächst nicht zu denken war...

So aber hörten wir die internationale (!) Hitparade mit Camillo Felgen: Bill Haleys »Rock around the clock«, Little Richards »Tutti Frutti« und dann auch Elvis Presleys »Hound Dog«. Die deutsche Hitparade versäumte ich darüber nicht: Aus Begeisterung über Rocco Granatas »Marina« besorgte ich mir einen Italienisch-Kurs für den Selbstunterricht – allerdings ohne nachhaltigen Erfolg dabei zu erzielen. »Mandolinen und Mondschein« von Willi Hagara konnte ich auswendig und trug den Hit erfolgreich an einem Stubenabend vor. Auch die »Mary Ann« von Ralf Bendix, die schmalzige Version des sozialkritischen Songs »Sixteen Tons«, besaß ich und konnte sie auswendig singen. – Doch wer Schallplatten von Elvis sein eigen nennen konnte, der steigerte sein Ansehen in der Stube gewaltig. Und darum ging es wohl in der Auseinandersetzung mit Hendrik Vincke:

Welcher Song von Elvis das war und wem die 45er Schallplatte gehörte, wusste so genau auch Hendrik nicht mehr. Klar war: Ich wollte sie haben und er wollte das verhindern. So stand ich auf dem Sportgelände zwischen ihm und einem anderen Kameraden und sie warfen die Platte so hoch über mich hinweg, dass ich sie nicht fassen konnte. Dann geschah es: Hendrik warf mit Macht und die Platte landete mit der Kante auf meiner Stirn. Ich fiel und blutete erbärmlich. Die Wunde musste genäht werden. Hendrik spürte tiefe Reue und wurde veranlasst, einen Entschuldigungsbrief an meine Mutter zu schreiben. Wieso eigentlich an meine Mutter? – so frage ich mich heute. Auch wenn ich die Geschichte gnädig vergessen habe: Sie stimmt! Ein Blick in den Spiegel zeigt mir mit meinen 70 Jahren die Narbe oberhalb der linken Augenbraue, wo die Platte landete. Meine Vorliebe für Elvis allerdings schwand aus anderen Gründen…

Kleine Fluchten

Dann kam Gunnar Breitling. Wir mochten uns auf Anhieb. Was er an mir fand, kann ich noch nicht einmal vermuten. Ich bewunderte an ihm seine lächelnde Unbotmäßigkeit, mit der er sich über die hier geltenden Regeln hinwegsetzte. Er stammte aus einer reichen Familie in Wilhelmshafen. Eine Haushaltshilfe – so erzählte er – hatte ihn verführt und er berichtete ausführlich über die im Verlauf der Beziehung angewandten Sexualpraktiken. Ich hörte ihm als völlig Ahnungsloser atemlos, neidisch und gar nicht so ungläubig zu.

Er glaubte nichts und schon gar nicht, was in diesem Internat so alles abging: Mit seiner brüder-schwesterlichen Fassade, seinen langweiligen Morgensegen, seiner überkommenen Moral und seinen frommen Ritualen. Als ich ihm meine Liebe zu Karin gestand, entwickelte er den Plan, nachts abzuhauen und das Mädcheninternat aufzusuchen. Ich hatte Zweifel: Was würde Karin sagen, wenn ich plötzlich unaufgefordert vor ihrem Bett stünde? Aber voller Zagen machte ich mit.

Die einzige Möglichkeit, während der Nachtruhe aus dem Internatsgebäude herauszukommen, war es, durch die Fenster der unteren Toilettenräume herauszuspringen. Wir bereiteten uns mit einem weiteren Stubenkameraden auf das Unternehmen vor und haben im Vorfeld wohl zu viel darüber gesprochen. Denn als wir auf gemeinsames Kommando sprangen, erschien Bruder Knothe hinter einem Busch und sammelte uns wieder ein.

»Strandhalle« hieß ein Restaurant hinter dem Deich. Es wurde 1962 während der großen Flut, die nicht nur in Hamburg verheerend war, völlig zerstört. Bruder Knothe hat über Verlauf und Folgen der Flut in Tossens einen eindrucksvollen Bericht geschrieben. – In die Strandhalle gingen Gunnar und ich ab und zu, um eine »Sinalco« – mit Blick aufs Meer – zu trinken. Eigentlich konnten wir uns das gar nicht leisten, denn wir bekamen an jedem Freitag nur 1 DM Taschengeld. Für Sonderausgaben musste immer das Postsparbuch herhalten, auf das selten genug eine Zahlungsanweisung von zu Hause eingezahlt wurde. Davon bestritt ich auch die berühmte Mockturtle-Suppe, die man in der Kneipe im Ort (»Dortmunder Actien Brauerei«) ordern konnte, auch mal mit einem Bier dazu.

Das Biertrinken wurde allerdings ziemlich bald an Bruder Knothe verpfiffen, so dass sich mein Sündenkonto ständig erhöhte.

Am Tag von dem ich sprechen will, schauten Gunnar und ich von der Strandhalle aus wieder aufs Meer. Da ging die Tür auf und der Mann, der die Zigarettenautomaten entleerte und auffüllte, betrat das Lokal. Sein Paket mit den Zigaretten stellte er auf einem Barhocker ab, um dann ins Innere zu einem Gespräch mit dem Gastwirt zu verschwinden. Um Gunnar zu imponieren stahl ich eine Packung »Eckstein«, obwohl ich damals noch nicht rauchte. Er schon und er belobigte mich mit seinem charmanten Grinsen. Der Zigarettenmann betrat mit dem Wirt wieder den Gastraum und bemerkte den Diebstahl: »Wart ihr das?« Entrüstet bestritten wir die Tat. Ob in der Zwischenzeit jemand in die Wirtschaft gekommen sei, wollte er noch wissen, obwohl er uns am liebsten einer Leibesvisitation unterzogen hätte. Ja, das könne wohl sein: Da sei jemand gewesen, der aber gleich wieder hinausgegangen sei — behaupteten wir frech. Die Strandhalle besuchten wir — aus gutem Grund — nie wieder.

Wegen unseres Sündenkontos wollten wir nach Finnland fliehen. Holzfäller wollten wir Vierzehnjährigen werden. Zwei Seesäcke waren bald gepackt und wir standen an der Straße, unser erstes Auto verzweifelt heranwinkend. Doch in der Butjadinger Wüste fuhr nicht viel. Als wir nach drei Stunden schließlich aufs klapprige Milchauto aufspringen dürfen, das uns 4 km weiterbringt, da ist der Mut schon sehr gekühlt. Kaum habe ich — der vermeintliche Meisterdieb — vor dem Lebensmittelladen dieses Fleckens aus einem Spankorb eine Zwetschge entwendet, springt der Ladenbesitzer heraus, lässt sie mich dem Korb zurückgeben, nimmt's aber mit Humor. Sagt nur den unvergesslichen Satz: »Na ihr beiden Hübschen, ihr glaubt wohl auch, man kommt mit ›comme ci comme ca‹ durchs ganze Leben?!« Nein, so wird es mit Finnland nichts werden und wir laufen zurück ins Internat, wo unser Fehlen noch niemand aufgefallen ist.

Verbotene Lektüre

Aufgefallen war ich Dietmar Wyrwar und Peter Grosse aus der nächsthöheren »Bussard«-Stube. Sie fühlten sich der Wissensvermittlung dieser frommen Institution weit überlegen. Sie lasen autodidaktisch schon Brecht und Kafka, während im Deutschunterricht der Internatsschule immer noch »Minna von Barnhelm« durchgenommen wurde. Plötzlich sprachen sie mich an: »Stimmt es, dass du E.T.A. Hoffmann liest?« Sie nahmen mich auf in ihren frühen »Club der toten Dichter«. Zum ersten Male hatte jemand das Außerordentliche bemerkt, das sich in meiner Leidenschaft für jenen Dichter zeigte, der die mehr oder weniger Machthabenden seiner Zeit als Gespenster zu zeichnen wusste. Gespenster, die wir hier alltäglich erlebten.

Dietmar Wyrwar ist Professor für Kirchengeschichte (Patristik) geworden – inzwischen »Emeritus«. Von Peter Grosse war nichts mehr zu erfahren. – Einen von den beiden habe ich später im »Bildungsbericht« verewigt, den wir in der Unterprima des Hamburger Albert-Schweitzer-Gymnasiums abliefern mussten. Nachdem ich geschildert hatte, wie er mir Brechts »Kaukasischer Kreidekreis« und den »Dreigroschenroman« geliehen hatte, fuhr ich fort:

So hatte er die Grundlage für unsere Freundschaft gelegt. Fortan unternahmen wir in unserer Freizeit ausgedehnte Wanderungen am Meer entlang, wobei wir oft unsere Lehrer und Erzieher karikierten und ihnen Namen von lächerlichen Personen aus den Werken Brechts verliehen. So erhielt z.B. der Heimleiter den Namen »Kazbeki«, »der fette Fürst« aus dem »Kaukasischen Kreidekreis«.

Hatte ich mich bisher gegen den uns auferlegten Zwang des Internatssystems nur in Gedanken aufgelehnt, so trieb mich nun ein Ereignis in die offene Rebellion: Ich war während der Lernzeit beim Lesen des »Dreigroschenromans« angetroffen worden. Hierauf wurde ich in das Dienstzimmer des Heimleiters zitiert. Ich traf ihn, mit gerunzelter Braue den »Dreigroschenroman« lesend, in »Zimmer 19« an. Nach einer längeren Kunstpause begann er mir erwartungsgemäß Vorwürfe über Verstöße gegen die Hausordnung zu machen.

Das aber – und bei den nun folgenden Worten erhob er die Stimme – sei noch gar nicht das Schlimmste. Es habe ihn tief erschüttert, dass gerade ich mich mit so tendenziösen, atheistischen und unmoralischen Werken abgäbe. Er las mir nun mit vor Abscheu zitternder Stimme einige in seinen Augen fragwürdige Stellen vor und befragte mich nach meinem Urteil. Ich schwieg, da ich wusste, dass jede günstige Einschätzung nur einen neuen Entrüstungssturm auslösen würde. Mein Schweigen wurde als Verstocktheit ausgelegt; nach weiteren Vorhaltungen war ich endlich entlassen.

In den nun folgenden zwei Wochen Hausarrest wuchsen mein Zorn und meine Empörung von Tag zu Tag. Hier wurde der Versuch unternommen, unser Denken, unsere geistige Freiheit den veralteten Vorstellungen unserer Erzieher zu unterwerfen. Je länger ich diesen Gedanken verfolgte, desto unerträglicher erschien mir die Atmosphäre dieses Heimes. Ich beschloss, von nun an allen Versuchen, uns die Freiheit zu beschneiden, mich offen zu widersetzen.

Konfirmiert: Aber nicht befestigt

In den Osterferien 1960 war ich inzwischen in Hamburg-Schnelsen konfirmiert worden. Vor der Internatszeit besuchte ich den »Katechumenenunterricht« bei Diakon Gomolzig, einem fähigen und begeisterungsfähigen Religionspädagogen.

Ich besuchte ihn leider aber nur mehr oder weniger: Denn auf dem Weg zum Gemeindehaus am Kriegerdankweg kamen ich und mein bester Freund Holger Saust am Sportplatz von Germania Schnelsen vorbei, wo zeitgleich Fußballspiele der Jugendklassen stattfanden. Ziemlich oft zogen wir das Zuschauen hier dem frommen Unterricht vor. »Na, Herr Wilhelm«, stellte mich Gomolzig zur Rede, »wo waren wir denn zur letzten Stunde?« Ich sagte ganz einfach die Wahrheit. Dann fasste er Holger Saust ins Auge: »Und wer bist du?« Holger antwortete gar nicht bescheiden: »Ich bin Herr Saust...«

Den Konfirmandenunterricht in Tossens bei Pastor B. absolvierte ich widerwillig aber pflichtgemäß. Konfirmiert wurde ich vom erzkonservativen Schnelsener Pastor Helmut Witt, an dessen Abendmahl bei der Konfirmation ich nur ironisch teilnahm. Bei der religiösen Überfütterung im Zinzendorf-Internat und meiner persönlich begründeten Abneigung gegen den Tossenser Pastor war Begeisterung oder gar Ergriffenheit auch kaum zu erwarten. Eigentlich hatte ich mit der Kirche und auch dem christlichen Glauben abgeschlossen.

Das Fest der Konfirmation führte am Ende des Tages zum ersten Alkoholrausch, nach dem Trinken von vielen Flaschen Porter-Starkbier. Zum Mittagessen gab es Rinderbraten mit Rotkohl. Onkel Peter hatte eine Schallplatte als Geschenk mitgebracht mit einer Sinfonie von Anton Bruckner, die wir uns während des Essens anhören mussten. Noch viele Jahre danach verabscheute ich deshalb sowohl Rotkohl wie Bruckners Sinfonien...

Von den Geldgeschenken zur Konfirmation kaufte ich mir ein Fahrrad (»Victoria«) mit Gangschaltung. Mein Bruder lieh es sich aus, fuhr damit zur Schule und schloss es nicht ab. Es wurde gestohlen und so kam es, dass ich nur 14 Tage Besitzer eines so herrlichen Fahrrades war. Diese Konfirmation hat mich im wahrsten Sinne des Wortes nicht weitergebracht ...

Nur meinen Konfirmationsspruch habe ich behalten und nie vergessen: »Fülle uns frühe mit deiner Gnade, so wollen wir rühmen und fröhlich sein unser Leben lang.« (Psalm 90, Vers 14).

Bruder Knothes Verhör und der Dominoeffekt

Wie rigide die im Herrnhuter Internat herrschende enge Sexualmoral mit Sanktionen durchgesetzt wurde, erfuhren wir nur aus weiter Ferne. Denn darüber durfte noch nicht einmal gesprochen werden: Dass einer der Grenzwölfe ein Küchenmädchen geschwängert haben sollte! Er wurde – so ging das Gerücht – von Bruder Knothe auf dem Dachboden eigenhändig mit dem Rohrstock verprügelt. Dann habe er das »consilium abeundi« bekommen und ward nicht mehr gesehen. Was wohl – wenn das überhaupt stimmt – aus dem Kind aus dieser Verbindung geworden ist?

Bei Bäcker Pape im Dorf gab es für 10 Pfennig das Stück fetttriefendes Plundergebäck. Wir Ausgehungerten verloren deshalb die eine DM wöchentliches Taschengeld schnell an ihn. – Ich gehörte zu denen, die ihre Wäsche zum Waschen nach Hause schickten. Einmal bekam ich von Erich einen Brief mit der Anrede: »Böser Jörn…« – wahrscheinlich weil ihm die Wäsche zu verdreckt erschien.

Einen Karton zum Verschicken der Wäsche konnten wir bei Bäcker Pape immer bekommen. Wir wussten, dass die Verkäuferin ihn aus dem Hinterzimmer holte und uns dabei den Rücken zukehrte. Das war die Chance zum Zugriff an der Ladentheke, um Schokoladentafeln, Marsriegel oder MAOAM »mitgehen« zu lassen. Einige aus unserer »Falken«-Stube waren an solchem Diebstahl beteiligt. Und der flog dann auf. Entweder hatte sich Bäcker Pape bei Bruder Knothe beschwert oder einer der Kameraden hatte »gesungen« – um nun vollends im Gangsterjargon zu verbleiben.

Gründliche Aufklärung war angesagt. Und die betrieb Bruder Knothe mit fast unglaublicher Ausdauer: Er konfrontierte die ganze Stube mit dem Verdacht und forderte jeden einzelnen auf, sein Gewissen zu erleichtern. Es begann am frühen Nachmittag und niemand durfte die Stube verlassen. Stundenlang herrschte bedrückendes Schweigen. Das Abendessen entfiel. Gegen Mitternacht fiel der erste um und gab – um nicht der alleinige Sünder zu sein – den

Namen eines anderen Kameraden preis. Das führte zum klassischen Domino-Effekt: Immer mehr Namen nun auf dem Tableau.

Zum Schluss fiel ich als einer der Letzten um und benannte einen aus den »Seeschwalben« als Mittäter. Der wurde geweckt und in die Stube gebracht. Im Forum »ZEITZEUGEN« (Hans-Werner Runge: »Wäschekarton mit Schokolade«) hat sich dieser Mitschüler erlaubt, mich deshalb unter dem Abkürzel »J.W.« als »Weichei« zu titulieren. Das ausgerechnet von einem »Kleinfurzer« aus den »Seeschwalben«... Richtig schildert er den Ausgang dieser Geschichte: »Zwei Tage später mussten wir bei Bäcker Pape vorsprechen und uns entschuldigen.« Pape war ein großer kräftiger Mann und ich dachte: »Jetzt langt er zu und klebt uns eine.« Nein, das machte er nicht. Er sagte: »Eigentlich gehört ihr alle vor den Kadi« – und entließ uns.

Abbildung 20: Gunnar Breitling (Mitte) und Genossen

Ein Glasschneider und vier blaue Augen

Im Kunstunterricht fertigten wir Glasmosaiken an. Die nötigen Glaselemente mussten wir uns selbst besorgen. Wir suchten ein nahe gelegenes Abbruchhaus auf und schnitten mit einem eigens dafür erworbenen Glasschneider aus zerbrochenen Glasfenstern quadratische Stücke heraus. Der kunstlehrenden Schwester war entgangen, dass ein solcher Glasschneider sehr vielseitig, bis hin zum Einbruchswerkzeug, zu gebrauchen war. Ich benutzte ihn, um in einer unbeobachteten Abendstunde in die Frontscheibe des Internatsgebäudes – nicht sehr künstlerisch – die Umrisse einer nackten Frau zu ritzen, mit der sparsamen Andeutung der wichtigsten Details.

WER WAR DAS? Diese Frage hielt das Internat zwei Tage lang im Bann. Es gab ja eigentlich nur zwei mögliche Antworten: Entweder ich oder Gunnar Breitling kamen als Täter in Frage. Als erster wurde Gunnar zu Bruder Knothe ins berühmt-berüchtigte Zimmer 19 gerufen, wo er hartnäckig leugnete, was er ja auch nicht getan hatte. Als ich danach vor Bruder Knothe im Allerheiligsten saß, war ich verzweifelt dazu entschlossen, keinen Millimeter zurückzuweichen und meine mögliche Täterschaft als beleidigenden Vorwurf anzusehen. So trat ich als Empörter auf, der sich verbittet, mit so einer schändlichen Untat in Verbindung gebracht zu werden. Es folgte ein langes Blicke-Duell zwischen zwei blauen Augenpaaren. Nur jetzt nicht alles doch noch verspielen! Mit ingrimmiger Selbstüberzeugtheit schaute ich zurück, ohne auch nur den geringsten Lidschlag zu riskieren. Da merkte ich, wie er die Sonne in seinem Gesicht anknipste und war mit guten Wünschen entlassen.

Auf Gunnar lag danach die ganze Schwere des Verdachts. In der Stube bedrängten mich die Eingeweihten zu Recht, mich endlich zu offenbaren, denn alles andere sei eine Kameradenschweinerei. Darum meldete ich mich am nächsten Tag in Zimmer 19 an und legte dort meine Beichte ab. Sie hat bei Bruder Knothe zu gelindem Zweifel an der eigenen Wahrnehmung geführt. Seine überraschend moderate und milde Reaktion war wohl auch ein Signal der Hilflosigkeit: Er wusste nicht mehr weiter. »Und da hast du mich«, sagte er vorwurfsvoll und voller Trauer, »aus deinen klaren blauen Augen unschuldig angeblickt und hast mir doch mitten ins Gesicht gelogen.« Der große Bruder war ratlos.

Niedergang eines Fahrradschuppens

Und Gunnar und ich beschlossen daraufhin, bessere Menschen zu werden. Freiwillig meldeten wir uns zu einem Arbeitskommando im Fahrradschuppen der Internatsschule, wo es Holz zu sägen galt. Nach anfänglich beherztem Einsatz hielt die Demut nicht lange an. Vor dreißig Jahren beschrieb ich das Folgende so:

Das Lächerliche und Absurde unseres Bußkampfes wurde uns bewusst und setzte ein nicht enden wollendes albernes Gelächter frei. Diese Gelegenheit ließ sich der Teufel nicht entgehen und flüsterte mir ein: »Hast du schon bemerkt, dass dieser Fahrradschuppen nur von einem einzigen Holzpfeiler gestützt wird? Wozu hast du eigentlich eine Säge in der Hand?«

Ich gehorchte ohne Zögern. Unterbrochen nur vom höllischen Gelächter meines Kumpanen war das Werk bald getan. Das Dach des Schuppens wurde mit dem oberen Teil des Pfeilers nur noch schwebend von uns in der Luft gehalten. Drum fügten wir den abgesägten unteren Teil sorgfältig wieder darunter ein, um dem Schuppen noch eine Gnadenfrist zu geben.

Die war dann am selben Abend abgelaufen, als die schulleitende Schwester P. bei ihrem regelmäßigen Rundgang an den Pfeiler stieß und damit die deckende Dachpappe freisetzte, die sich wie ein Zelt um sie schlang.

Gunnar Breitling musste bereits am nächsten Tag nach Hause fahren. Ich habe ihn nie wiedergesehen. – Mich hielt der große Bruder noch eine Woche lang im Ungewissen. Ein letztes Mal wurde ich ins Zimmer 19 gerufen. Dort sprach der Bruder lange Zeit von Gott und ich dachte schon, der Vertreibungskelch werde noch einmal an mir vorübergehen. Von seiner Predigt vor dem Urteilsspruch erreichte mich in meiner Zerknirschung viel: Nun sei der tiefste Punkt erreicht und Gott der HErr habe mich, den er von ganzem Herzen liebe, hierhin geführt, damit ich in meinem Niedergang seine kräftigende Hand erfasse, um mit seiner Hilfe ein neues Leben zu beginnen. Dann kam das Urteil und das war die von meinen Eltern schon bezahlte Fahrkarte, mit der am nächsten Tag nach Hamburg zurückzukehren war.

Butjadingen im Sonnenlicht

Als in der Frühe des Morgens noch die letzten Sterne zu sehen waren, begleitete er mich durch die Ulmenallee zum Bus und sprach noch einmal von dem an mich ergangenen Ruf Gottes und dem hellen Lichtstrahl des Glaubens. Und da tatsächlich begann es an diesem Tag so unvergesslich hell zu werden, dass mir die herbe Schönheit der Marschlandschaft Butjadingens zum ersten Mal richtig auffiel. Eine Kette tieffliegender Wildenten zog darüber hinweg. Es war ein unvorstellbar klappriger und in allen Federn ächzender Bus, in dessen Anhänger ich ganz alleine saß, von einem rauschhaften Glücksgefühl durchströmt. Wir fuhren direkt der Sonne entgegen und ich weinte vor Freude.

KAPITEL IV

HAMBURGER STREUNERZEIT

Wolfgang

Mein Bruder Wolfgang holte mich am Hamburger Dammtorbahnhof ab. In Bremen hatte ich mir eine BRAVO gekauft,
um sie während der Weiterfahrt zu lesen. Als er sah, was ich in Händen hielt, blieb er stehen, musterte mich von oben bis unten und
sagte: »Du bist vielleicht heruntergekommen! Dafür verachte ich
dich!« Das war viel schmerzlicher als alle Predigten Bruder Knothes
zusammen. Meine Heimkehr war wahrhaftig kein Triumph.

Er hatte es inzwischen gut gehabt: Ein ganzes Sabbatjahr lang
durfte er bei dem bereits erwähnten Kulturphilosophen Max Picard
unter südlicher Sonne im Tessin verbringen und hatte von da reiche
geistige Impulse mitgebracht. Was bei mir E.T.A. Hoffmann war,
war bei ihm Wilhelm Raabe, dessen von Schopenhauer inspirierte
Melancholie und dessen aus Traurigkeit generierter Humor wohl
etwas Wesensverwandtes in ihm ansprach. Auf seinen Spuren fuhr
er in dieser Zeit ins Weserbergland und nach Wolfenbüttel. Mir
war Raabe viel zu weitschweifig, doch fand ich den »Hungerpas-
tor« recht spannend und berührend. Nach dem Aufenthalt in der
Schweiz war Wolfgang an das Albert-Schweitzer-Gymnasium in
Hamburg-Alsterdorf gewechselt, wo ich nun auch Aufnahme fand.

Aufnahme in die Opposition

Es war das Frühjahr 1960 und wieder war ich »der Neue«, nun schon in
der Untersekunda, die zur »Mittleren Reife« führen sollte. Durch meinen Rausschmiss war ich auf wundersame Weise dem Sitzenbleiben
entgangen, trotz erbärmlichster Schulabgangsnoten. Mein schlechter
Ruf aber war mir vorausgeeilt, wie ich schon bald bemerken sollte.

Bereits nach wenigen Tagen sprachen mich in der großen Pause drei Klassenkameraden an: Sie seien hier die »Opposition« und könnten sich vorstellen mich aufzunehmen, nachdem sie gehört hatten, dass ich aus dem Internat geflogen war. Ich weiß noch genau, was ich dachte: »Aha! Also schon wieder die Opposition. Du entgehst deinem Schicksal nicht.«

Dann schloss ich mich ihnen an: Peter Seitz, dem bärbeißigen »Chefideologen«, Knut Janz, genannt »Kümmel«, dem lustigen Gemütsmenschen und Christoph Kasten, dem etwas eckigen »Parteisoldaten«. Meine Stelle hatte davor Harry Rowohlt eingenommen, der kurz vor meinem Kommen an die Walddörfer-Schule in Hamburg-Volksdorf gewechselt war.

In seinem autobiografischen Buch »In Schlucken-zwei-Spechte« kommt auch die »Opposition« vor:

Ich war in Sport eine ausgesprochene Flasche, und dann auch noch in der Albert-Schweitzer-Schule, die nie irgendetwas gewann. Als ich später in der Walddörfer-Schule war, traf ich meine alten Kumpels Kümmel und Seitz und Láczi Kurucz wieder. Die waren in Zivil und ich in Schulsportkleidung, weil ich nämlich Ersatzmann der Schulstaffel war.

Láczi war inzwischen von der Schule abgegangen, gehörte aber immer noch zur Clique und wir soffen später miteinander noch eine ganze Menge. Ich erlaubte mir jetzt, bei der Abfassung meiner Geschichte, Harry Rowohlt anzumailen. Ich schrieb:

Hallo Harry (so sag ich einfach mal: Du wirst sehen warum), habe gestern mit großem Vergnügen in einem Zuge »In Schlucken-zwei-Spechte« durchgelesen.

Um mich vorzustellen: Ich habe 1960 versucht, die Lücke etwas erträglicher zu machen, die Du hinterließt, als Du von der Albert-Schweitzer-Schule abgingst. Ich war gerade wg. Unbotmäßigkeit aus dem frommen Internat an der Nordsee rausgeschmissen worden und durfte in der Klasse bei Frau Siems neu anfangen. Ich habe die Dame auch sehr gemocht.

Gleich am Anfang traten drei Mitschüler auf mich zu und eröffneten mir: Sie seien die »Opposition« der Klasse und sie hätten beschlossen, dass ich aufgenommen sei. Was sollte ich machen?! Die drei Schüler hießen Knut Janz (»Kümmel«), Peter Seitz und Christoph Kasten. Láczi Kurucz lernte ich erst später kennen. Wir hatten eine gute Oppositionszeit...

Dich habe ich nie kennengelernt, aber sie haben ganz viel von Dir erzählt. Leider ist der Kontakt im Laufe der Jahre völlig abgebrochen. Als Kümmel in Papua-Neuguinea war, hat er noch einmal geschrieben, aber das war es dann. Auf meiner Internetsuche fand ich die Tage eine auf Spanisch geschriebene Todesmitteilung von einem Knut Janz. Ich weiß, dass er später in Bilbao tätig war, hoffe aber – wahrscheinlich vergeblich –, dass es ein anderer Knut Janz ist. Von Peter Seitz hörte ich nur, er habe sich schon sehr früh in München das Leben genommen. Christoph Kasten gibt es noch. Von Láczi weiß ich nichts. Weißt Du mehr?

Nach der Albert-Schweitzer-Schule wechselte ich übrigens von den »bad guys« zu den »good guys«: Habe Theologie studiert und bin Pastor geworden – ohne bei der Entscheidung in den Spiegel zu gucken. Aber zur Opposition gehöre ich immer noch und mag Gregor Gysi bei weitem lieber als Opa Gauck!

Wär schön, mal von Dir zu hören!

Jörn

Er hat mir nicht gleich darauf geantwortet. Verständlich vielleicht, wenn man weiß, dass er zuletzt unter Polyneuropathie litt und seine Lesungen nur noch im Rollstuhl machte. Er selbst schrieb dazu: »Das ist eine absolute Kreativenkrankheit. Heinz Reincke, Jan Fedder – alle haben Polyneuropathie mit ›unklarer Genese‹. Das ist ein

Euphemismus für Suff.« Seine Frau Ulla schrieb mir dann nach einigen Monaten: Sie habe Harry meinen Brief vorgelesen, den er »mit Interesse« zur Kenntnis genommen habe. Bald danach starb Harry Rowohlt – im Alter von 70 Jahren.

Inzwischen hat mir seine Witwe Marion Janz bestätigt, dass auch Kümmel nicht mehr unter den Lebenden weilt: Im März 2010 ist er in Bilbao an Herzinsuffizienz gestorben.

Zwei Lehrerinnen

Harry Rowohlt erinnert in seinem genannten Buch auch an die Lehrerin Else Siems, die jetzt meine Klassenlehrerin war. Von ihr schreibt er:

> Die war während der Nazizeit nach Kuba emigriert, was man daran merkte, dass sie mit Recht wegen unserer Blödheit manchmal einen Temperamentsausbruch hatte und tobte: »Ay, caramba!« Neulich hat mich auf dem Isemarkt in Hamburg-Eppendorf eine wildfremde Dame angesprochen: »Sie sind doch Harry Rowohlt?« Ich habe gesagt: »Ja!« Und sie hat gesagt: »Sie waren der Lieblingsschüler meiner Großtante.« Da habe ich gesagt: »Das kann doch nur Else Siems gewesen sein.« »Ja«, sagte sie, »sie hat uns immer wieder mit ihren Heldentaten gelangweilt.« Dabei hab ich nie etwas gemacht, nur hin und wieder eine offenbar brillante Antwort gegeben und war ansonsten der zweitschlechteste Schüler in der Klasse...

Wiederum mit nachgetragener Scham rede ich nun von der Geschichtslehrerin in der 10. Klasse. Ihr Name war Jutta Beza. Sie nahm mit uns die Zeit des Nationalsozialismus durch: Mit antifaschistischem Eifer. Sie war eine liebenswerte kleine Person, Jüdin und den Gaskammern entronnen. Einmal kam sie mit dem Judenstern in die Klasse, den sie hatte tragen müssen. – Kümmel und mir schien das, von unserer eingebildeten Oppositionsrolle her – ich muss es leider aussprechen – zu »einseitig«. Wir suchten und fanden andere, vermeintlich »oppositionelle«, Betrachtungsweisen im Sumpf der überall noch anzutreffenden braunen Literatur.

Verirrung zu den Nazis

Wie schon erwähnt hatte Hannchen auf Auktionen ganze Bibliotheken erworben und die darin befindliche Nazi-Literatur nicht ausgesondert. Ich hatte mich dieser »Literatur« bedient: Ich las Lettow-Vorbecks »Heia Safari«, die selbstgefällige Schilderung der deutschen Kolonisierung Ostafrikas, mit treudoofen, durch dick und dünn gehenden schwarzen »Askari«-Soldaten, und edlen, väterlich aufs Wohl der Schwarzen bedachten deutschen Kolonialherren.

Heldentod gab es in solchen Schwarten in allen Varianten: Meine Helden waren die Flieger Manfred von Richthofen, Boelcke und Immelmann, mit einer Einleitung von Hermann Göring dazu. Solche Lektüre zeitigte Wirkung und das vaterländische Pathos ergriff mich tief. Aus der »mundorgel« sang ich am liebsten »Wildgänse rauschen durch die Nacht« von Walter Flex, den ja schon meine Mutter in der Nazi-Zeit überschwänglich gelobhudelt hatte. Am liebsten sang ich diesen Vers: »Wir sind wie ihr ein graues Heer und fahrn in Kaisers Namen – und fahrn wir ohne Wiederkehr rauscht uns im Herbst ein Amen.« Da ließ der süße Tod für Volk und Vaterland so manche schmähliche Träne frei, ja Rotz und Wasser wurde da heimlich im Gedenken an den eigenen möglichen Heldentod geheult. Ob du auf so merkwürdigen Ausflügen der Reifezeit unsterblich in den Tod verliebt bist? Die letzte imponierende Widerlegung aller Selbstzweifel, Abwälzung aller Schuldgefühle auf die Hinterbliebenen, die ihr verspätetes »Ecce Homo« demütig erkennen müssen. Verliebt in den Tod auch in der ersehnten Wirklichkeit von Kämpfen und Kriegen und der von dir ganz einsam vollbrachten großen Tat…

Zum Glück endete der Ausflug ins Reich der Nazi-Mythen abrupt. Ich hatte aus Nazi-Lesebüchern wüste antisemitische Gedichte herausgesucht und rezitierte sie zusammen mit Knut Janz auf dem Pausenhof. Da hat uns Peter Seitz eindrucksvoll geheilt. Er ergriff unsere Köpfe und ließ sie zusammenkrachen. Weil seine Tat völlig ohne Wut und aus grimmiger politischer Überzeugtheit geschah, der weitere politische Horizont bei ihm auch nicht zu verkennen war, hat er uns unversehens von unserem Faschismus befreit. Bald danach sahen wir im Filmtheater »Streit's« am Jungfernstieg Erwin Leisers Dokumentarfilm »Mein Kampf«, der das Verlassen dieses schlüpfrigen Terrains für alle Zeiten unabweisbar machte. Bald danach im »Streit's« auch Charlie Chaplins »Der große Diktator«: Die frühe und hellsichtige Abrechnung mit diesem menschenverachtenden Wahn.

Suizidale Gefährdung

Der Freitod als Ausweg: Mein Sohn Knut, dessen Vornamen ich in Erinnerung an meinen Freund Knut Janz ausgewählt hatte, ging in tiefster Depression diesen Weg. Ich werde das nie ganz verstehen und nie darüber »hinwegkommen«. Aber begreiflich ist es mir schon, wenn ich an jene Tage in Hamburg zurückdenke. Hannchen hatte mit Sorge meine Handschrift betrachtet und mit ihrer graphologischen Kenntnis das Destruktive darin erkannt. Ein berufsmäßiger Graphologe, der als gerichtlicher Sachverständiger anerkannt war, gab auf ihren Auftrag hin ein Gutachten ab, in dem er eindringlich vor meiner suizidalen Gefährdung warnte. Damals wusste ich wirklich nicht mehr, wohin ich gehörte. Es war tatsächlich so, wie es Maxim Gorki in seiner erschütternden Autobiografie *Meine Kindheit* beschrieben hat, besser als ich es je sagen kann:

Der lebhaft vibrierende Regenbogen jener Gefühle, die man mit dem Namen »Liebe« bezeichnet, verblich allmählich in meiner Seele; immer häufiger flammten die schwelenden

blauen Flämmchen des Zornes auf alles und alle darin auf,
glomm im Herzen das Gefühl einer tiefen Unzufriedenheit,
das Bewusstsein der Vereinsamung inmitten einer grauen,
leblosen und aberwitzigen Umwelt.

Irisches Roadmovie

Ein guter Ausweg war Irland. In den Sommerferien des Jahres 1960 machten wir eine kuriose Reise dorthin. Hannchen, die Irland-Süchtige, hatte ihre Kollegin J. als Mitreisende gewonnen. Vielleicht war es auch umgekehrt: Die herrlich löwenmähnige Lehrerin, von ferne ein wenig an Hannelore Hogers »Bella Block« erinnernd, war überzeugte und selbstbewusste Lesbierin. Wir hatten deshalb ein Zelt dabei, in dem Hannchen mit mir und Wolfgang übernachtete, während Frau J. einsam im Hotelzimmer schlief…

Wieder ging es vom walisischen Fishguard nach Rosslare und wir mieteten in Kilkenny einen klapprigen Vorkriegs-Ford. Bald stellte sich heraus, dass seine letzten Tage gezählt waren, denn ständig leckte das Öl und musste laufend nachgefüllt werden. Frau J. hatte gerade erst den Führerschein gemacht und fuhr wie eine gesengte Sau. Immer wieder musste ich sie anschreien: »Links fahren, verdammt noch mal!« Dann verlor sie den Autoschlüssel und wir brauchten Tage, um einen Ersatzschlüssel zu bekommen.

Im Norden Connemaras übernachtete Frau J. im »Renvyle Hotel«, in der Nähe von Letterfrack, während wir an einem nahe gelegenen Bach zelteten. Es regnete in der Nacht und wir wachten auf, als die Wasser des Bachs bereits ins Zelt schwappten. So kamen wir durchnässt zu unserem ersten Hotelaufenthalt. Abends wurde am Kaminfeuer, wie es sich in Irland gehört, aus dem unerschöpflichen Schatz der Überlieferung gesungen. Man forderte uns auf, ein deutsches Lied zu singen. Ich gestehe es: Ich habe »Wildgänse rauschen durch die Nacht« gesungen und dafür auch noch großen Beifall erhalten…

Wir fuhren weiter nordwärts in Richtung Sligo, als der Unfall geschah. Es war wie im Slapstick-Kino: Von weither sichtbar kam ein PKW von einem kahlen Bergabhang heruntergefahren. Sonst fuhr nichts. Die Wahrscheinlichkeit eines Zusammenstoßes war so gut wie unmöglich. Frau J. schaffte das Unmögliche: Der von rechts kommende Wagen stieß mit unserem Wagen so zusammen wie zwei Eisenbahnloks bei Buster Keaton, wenn auch im Zeitlupentempo. Wir überlebten alle.

Es gab plötzlich irgendwoher irische Zaungäste und »Zeugen«, die dafür sorgten, dass die fremden Eindringlinge von der *Garda*, der irischen Polizei, als Alleinschuldige überführt wurden. Wie Frau J. aus der Sache herausgekommen ist und wie viel es gekostet hat, weiß ich nicht mehr. Sie überreichte jedenfalls danach den Autoschlüssel an mich und ich durfte ohne Führerschein als 15-jähriger den Rest des Urlaubs das ölleckende und von der Karambolage verbeulte Fahrzeug weiterfahren.

Die Stimmung war nicht gut. In dieser Zeit schaffte ich es, mir das Zigarettenrauchen anzugewöhnen: »Player's Navy Cut« und die im irischen Dundalk produzierte »Sweet Afton« waren die Einstiegsdrogen. »Sweet Afton«, deren Produktion 2011 eingestellt wurde, ist wohl die einzige Zigarettenmarke, die das Porträt eines Dichters auf der Packung trug, mit einem Gedicht-Vers von Robert Burns:

Flow gently, sweet Afton, amang thy green braes – Flow gently, I'll sing thee a song in thy praise – My Mary's asleep by the murmuring stream – Flow gently, sweet Afton, disturb not her dream.

Poesie auf der Zigarettenpackung: So etwas gibt es nur in Irland, wo jeder zehnte Bewohner ein Dichter sein soll... – Meine Rauchsucht sollte 42 Jahre Bestand haben.

Statt das ramponierte Auto, wie vereinbart, bei der Firma in Kilkenny wiederabzugeben, stellten wir es einfach am Kai des Fährhafens in Rosslare ab und schrieben eine Postkarte an die Besitzer: Sie möchten es dort abholen. So einfach kann das Leben sein. Frau J. sahen wir nie wieder.

Eine Hexe erzählt

In der Nähe von Kilkenny hatte ich im darauffolgenden Jahr, als ich mit einem Schulfreund eine Trampreise von Jugendherberge zu Jugendherberge unternahm, die Begegnung mit einer Hexe. Sie war die Jugendherbergsmutter von Foulksrath Castle, eine der ältesten Jugendherbergen Irlands, die im Jahre 2009 ihre Tore schloss. In der Burg soll es spuken: Zwei in Vorzeiten ermordete Frauen treiben dort angeblich ihr nächtliches Unwesen, wobei die eine bei Erscheinung Fliederduft verbreiten soll.

Als ich gerade die fünf Stockwerke emporführende Wendeltreppe herunterkam, tauchte plötzlich aus dem Dunklen eine bucklige alte Frau auf, ziemlich zerlumpt, mit tief eingegrabenen Gesichtsfalten. Sie steuerte direkt auf mich zu und überschüttete mich mit einer nicht enden wollenden Wortkavalkade. Sie hatte einen so grauenhaften Dialekt, der wohl auch ihrer Zahnlosigkeit geschuldet war, dass ich kein einziges Wort verstand. Nur ab und zu machte sie eine kurze Pause und ich begriff, dass sie dann eine Frage gestellt hatte. Ich beschloss einfach, jeweils mit »Yes« zu antworten und war damit eine halbe Stunde lang auch auf der sicheren Seite. Dann aber erhob sie wieder fragend ihre Stimme und ich antwortete gewohnheitsmäßig: »Yes«. Da verzerrte sich ihr Gesicht zu einer wütenden Fratze und es sah aus, als ob sie mit ihren langen schwarzen Fingernägeln mir das Gesicht zerfetzen wollte. Dann besann sie sich und verschwand wieder in der Dunkelheit.

Ich fragte die umstehenden irischen Jugendlichen, die amüsiert die Szene beobachtet hatten, was eigentlich geschehen sei. Sie klärten mich auf: Das sei die Jugendherbergsmutter gewesen, die mir ein Klagelied über die Jugend von heute vorgesungen habe. Ihre letzte Frage sei gewesen: »Do you think I am mad?« (Glauben sie, dass ich verrückt bin?)

Ausflug in die Arbeitswelt

In den Herbstferien nahm ich meinen ersten Job an: In einer Druckerei, die hauptsächlich Werbeprospekte druckte. Der Besitzer tat bei mir so, als sei es eine Gnade für ihn arbeiten zu dürfen.

Wir hatten am Fließband das Ankommende zu stapeln und zum ersten Male bemerkte ich, wie langsam sich die Zeiger einer Fabrikuhr bewegen. Dann wurde das Fließband schneller gestellt und mir wurde erklärt, dies sei der »Akkord«. Ich wusste noch gar nicht, was das ist, und war für die eingearbeiteten Kollegen viel zu langsam. Ich bekam auch nur 1,50 DM die Stunde und war ungerechter Weise am Akkordverdienst nicht beteiligt.

Am Ende zahlte mir der Besitzer hämisch grinsend 70 DM aus und meinte: »Hast du das auch verdient?« Ich war sprachlos vor Zorn und sagte innerlich allen Kapitalisten für alle Zeiten den Kampf an. Für das Geld kaufte ich mir bei C & A einen modischen Trenchcoat, den ich stolz viele Jahre trug.

Nackte Waden in den »Vier Jahreszeiten«

Er spielte die Hauptrolle in einem kleinen Stück, das Kümmel und ich aufführten, als sich unsere schulischen Wege schon getrennt hatten. Denn Kümmel hatte nach Erlangung der Mittleren Reife die Lehre eines Reedereikaufmanns begonnen, während ich mit Ach und Krach in die Oberstufe des Albert-Schweitzer-Gymnasiums versetzt wurde. Frau Siems hat mir zum Abschluss da noch einiges ins Stammbuch des Abschlusszeugnisses geschrieben:

Jörn hat sich nicht gleichmäßig in Haltung und Mitarbeit gezeigt. Nach wie vor kann er sehr fördernde Beiträge brin-

gen, andererseits aber auch ganz unbeteiligt sein und über-
haupt keine Leistung zeigen. Wir hoffen, dass er nicht durch
Leichtsinn seine schulische Zukunft nochmals gefährdet.
Wir möchten ihm auch wünschen, dass er Einsicht genug
gewinnt, sich gern den Gesetzen der Schule zu fügen...

Auch Kümmel besaß einen Trenchcoat. An einem Samstagabend
trafen wir uns in dieser Gewandung in der Innenstadt und tranken Bier. Dabei entstand die Idee zur Aufführung des Stückes. Wir
wollten die angebliche Liberalität und Toleranz der Hamburger
Bourgeoisie testen, zogen unsere Hosen aus und liefen mit nackten
behaarten Beinen unter dem Mantelsaum bei winterlicher Kälte
durch die Straßen. Wir ernteten zwar einige absonderliche Blicke,
aber am Samstagabend ist die Hamburger Innenstadt wie ausge-
storben, so dass der Test sich nicht zu lohnen schien.

Drum verfielen wir auf den Gedanken, ihn in renommierten
Hamburger Hotels durchzuführen. In den beiden ersten flogen wir
sofort hochkant raus, mit der Drohung, sonst den »Peterwagen« zu
alarmieren. Dann gingen wir ins Hotel »Vier Jahreszeiten«, das mit
Abstand vornehmste und ambitionierteste Hotel der Hansestadt, wo
ich als kleiner Junge den Kuss von Albert Schweitzer empfangen hatte.

Wir nahmen Platz in der Lounge und schlugen die nackten
Beine übereinander. Bedient wurden wir nicht. Nach einer Weile
kam ein befrackter soignierter Herr, mit grauen Schläfen, an unseren Tisch. »Guten Abend die Herren! Es ist kalt geworden, nicht
wahr? Aus Sorge um ihre Gesundheit möchte ich sie bitten, eine
Hose anzuziehen, denn so hat man sich mir nichts dir nichts eine
Erkältung zugezogen. Beehren sie uns doch bitte wieder, wenn sie
der Jahreszeit entsprechend gekleidet sind.« In seinen Augen war
dabei ein angenehmes Lachen, das unseren Streich durchaus zu
würdigen schien. Wir waren beeindruckt von diesem formvollen-
deten Rausschmiss und ließen uns gerne so vornehm hinauskom-
plementieren.

Kyrie Eleison

Im Kontrast zu solchen Eskapaden gab es auch erstaunlich »brave« Episoden. Vielleicht sogar als zarte Anfänge einer kirchlichen Sozialisation zu bezeichnen: Ich leitete im Gemeindezentrum am Anna Susanna-Stieg den Kindergottesdienst. Wahrscheinlich hat mich der schon erwähnte Diakon Gomolzig dafür gewonnen, bei dem ich ab und zu in der Jugendstunde war, um dort Tischtennis zu spielen.

Die lutherische Liturgie war auch für die Kinder vorgeschrieben: Ich musste »Kyrie Eleison«, »Christe Eleison« und wieder »Kyrie Eleison«, sowie das »Gloria« singen. Es machte mir Freude, die biblischen Geschichten frei zu erzählen und den Kindern die Sammelbildchen und die Kindergottesdienstzeitung zu schenken. Da ich nur alle vier Wochen an der Reihe war, habe ich das sogar eine ganze Weile durchgehalten.

Meine Wiederannäherung an die Kirchengemeinde Hamburg-Schnelsen hatte seinen Grund auch in der herrlich skurrilen Gestalt des Pastors Metzendorf. Er war einer, der an seiner Kirche litt und wurde von den »Frommen im Lande«, sowie von den bürgerlichen Pharisäern der Gemeinde gehasst und verfolgt.

Das lag z.T. an seinen merkwürdigen Auftritten. Ich selber erlebte, dass unter dem Talar deutlich seine gestreifte Pyjamahose zu erkennen war, was auch niemandem sonst verborgen blieb. Er hatte ums Haar den Gottesdienst verschlafen und sich den Talar schnell noch übergeworfen… Bei einer Hochzeit war er als eingeladener Gast von der anschließenden Feier so angewidert, dass er durchs Klofenster der Gaststätte der Gesellschaft entfloh.

Bei manchen Predigten fing er plötzlich an zu schreien. Dann pflegten Wolfgang und ich uns gegenseitig anzustoßen und zu flüstern: »Jetzt schreit er wieder gegen die eigenen Zweifel an.« – Da er immer frei sprach, verheddete er sich oft im Geflecht seiner eigenen Gedanken und kriegte die Kurve nicht mehr.

Es gab aber auch Sternstunden, in denen ihm alles gelang. Dann strahlte sein Gesicht wie die Sonne und man ging wie aus einem guten Film nach Hause. Er war überaus belesen und wusste seine Predigten reich mit literarischen Zitaten zu garnieren, was wohltuend abstach gegen die faden und unanschaulichen Lehrpredigten seiner Pastorenkollegen, die ihn verachteten. Sie wären diesen Nonkonformisten wohl gerne losgeworden. Doch die älteren Menschen der Gemeinde liebten ihn, weil er sie besuchte und sein Leiden in ihnen erkannte.

Erkenntnisse beim Schuleschwänzen

Noch aber war ich ganz und gar nicht von meiner Leistungsverweigerung geheilt, die Frau Siems zu Recht angeprangert hatte. Weder mein Zuhause – in dem ich immer noch, wenn auch seltener nun, geprügelt wurde – noch die Schule, in ihrem langweiligen Einerlei, erschienen mir als Orte, in denen ich wirklich zu Hause sein mochte. So fing ich an, die Schule zu schwänzen und die gewonnene Zeit zum Streunen zu benutzen. Zunächst ziellos durchstreifte ich die Hamburger Innenstadt und den Kiez in St. Pauli, der im Morgenlicht von ernüchternder Hässlichkeit war – wie eine abgeschminkte Hure.

Manchmal – wenn ich Geld hatte – besuchte ich die Morgenvorstellung des Filmkunsttheaters in der Nähe der Staatsoper. Einmal war ich da ganz allein mit einem etwa gleichaltrigen Mädchen, das einige Reihen vor mir saß. Gegeben wurde ein gefühlstriefender japanischer Liebesfilm, der das Mädchen ganz offensichtlich animierte: Immer wieder drehte sie sich nach mir um. Ob sie wohl auch die Schule schwänzte? Das hätte ich sie fragen können. Aber die Schüchternheit obsiegte.

Völlig gratis war der Besuch auf den Zuschauerrängen des Hamburger Amtsgerichts am Sievekingplatz. Seine furchteinflößende Architektur scheint den Kleinen dieser Erde zu drohen: »Lass alle

Hoffnung fahren...«. Und so war es auch in dem Prozess, der als einziger sich meinem Gedächtnis eingeprägt hat.

Angeklagt war ein körperlich kleiner Mann, mit angeklebten schwarzen Haaren, in einer enganliegenden schwarzen Lederjacke – damals noch das typische modische Attribut des wirklichen – nicht des nachgemachten – Proletariers. Vorgeworfen wurde ihm der Diebstahl von Werkzeug an der Baustelle. Staatsanwalt und Richter fielen verbal regelrecht über ihn her und schüchterten ihn so ein, dass er kaum ein Wort hervorbrachte. Sein Pflichtverteidiger stand ihm gelangweilt nur halbherzig bei. Da es sich um eine Wiederholungstat handelte, wurde er mit bombastischen Worten vom Richter zu zwei Jahren Gefängnis verurteilt.

Ich sehe noch vor mir, wie sie den kleinen Mann abführten und sein trauriges Gesicht, das ausdrückte, wie wenig Gnade von hier zu erwarten war. Erst während der Studentenrevolte um 1968 lernte ich, welchen Namen dieses Geschehen hatte: »Klassenjustiz«! Als »Richter Gnadenlos«, Ronald Barnabas Schill mit seiner Partei »Rechtsstaatliche Offensive« 2001 bei den Hamburger Bürgerschaftswahlen 19,4 % holte, dachte ich zurück an den Mann in der Lederjacke und an das Inferno, das entbrennt, wenn ein übler Bodensatz der Gesellschaft – Ödön von Horvath nannte sie »die reichen Plebejer« – keine Gnade mehr walten lassen will.

Fähre VII

In der Schulschwänzer-Zeit fuhr ich gerne mit der legendären Fähre 7. Sie fuhr ein Stück unterhalb von St. Pauli-Landungsbrücken ab und ging querüber in den Freihafen hinein, legte dann an Kuhwerderhöft an und machte die Runde bis zur Howaldts-Werft. Dann ging es wieder zurück. Containerschiffe gab es noch nicht und so legten dort die Frachtschiffe aus aller Welt an. Man konnte Matrosen aus allen Ländern beobachten und dem eigenen Fernweh sehnsüchtigen Stoff verleihen.

Hans Leip – der 1915 schon das Gedicht »Lilli Marleen« schrieb – hat der Fähre VII einen gleichnamigen Roman gewidmet, der 1937 erschien. Aus ihm ein Zitat, das die Atmosphäre in diesem Segment des Hafens treffend beschreibt:

Tief sog sie den frischen Dunst des Wassers ein und den Geruch des Hafens, dieses großartige Gemisch aus Öl, Qualm, glühendem Eisen, Kohlen, geteerten Planken, Sackleinen, Salzfisch, Kaneel, verschwitzten Stauerhemden und unbekannter Ferne, diesen unvergleichlichen Luftsalat, der ihr heute ganz besonders aufreizend deuchte, besonders reich geladen mit dem Abhauch tropischer Gewürze und dem salzig-bitteren, kühlen glashellen Duft der See.

Ja, so roch ich es damals auch und immer wieder wurde ich von dem Gedanken versucht, etwa auf einem Malaien-Dampfer anzufragen, ob sie jemand wie mich brauchen könnten. Die Bedeutung der Fähre 7 als Einfallstor für die Seeleute hat ein ZEIT-Artikel (»Bilder aus dem Hafen«) von 1953 gewürdigt:

Auf ihren unkomfortablen Holzbänken sitzt Jan Maat, einerlei, aus welchem Teil der Welt, ausgehungert in Nerv und Seele, wenn er abends auf Landurlaub geht, nachdem er monatelang seinen Teil an den Lebensfreuden verwinden musste. Fähre 7 ist ihm wie ein Himmelsbogen, auf dem er der Erfüllung seiner Nöte und der tausend Träume entgegengetragen wird, mit denen er in der Koje seine Einbildungskraft darbend hat nähren müssen. Denn wo Fähre 7 landet, baut sich auf der anderen Straße der Berg St. Pauli auf, der für Jan Maat mit Wein und Whisky, mit Musik, mit Mädchen, mit Rummel und Rausch überzogen und dessen Kirmes nur deshalb so grell gemacht ist, damit für alle »Jan Maaten« nach dem vielen Verzicht und der vielen Einsamkeit das Leben wieder brennend und schwungvoll wird.

Längst gibt es die Fähre 7 nicht mehr und auch nicht mehr die Männer, die sie zum Schichtbeginn und auf der Rückfahrt befuhren: Die Schauerleute und Stauer, mit ihren Elbseglern, meist wie ihr Genosse Ernst Thälmann Mitglieder der Kommunistischen Partei, die seit 1957 verboten war.

Sozialexperiment und Nathalie

An den Sonnabenden traf ich mich oft mit Kümmel, um mit ihm Saufen zu gehen. »Saufen« hieß: In verschiedenen Lokalen jeweils ein »Lütt un Lütt«-Gedeck runterzukippen – ein kleines Exportbier mit einem Doppelkorn oder »Kööm« (Kümmelschnaps). Es war das Getränk der Hafenarbeiter nach Schichtschluss.

In völliger Ahnungslosigkeit von der Härte dieses Geschicks entwickelten wir zusammen den Gedanken, Penner zu werden, durch ganz Westeuropa zu trampen und zuletzt in der Gosse zu verrecken. Eines späten Abends testeten wir die Idee: Legten uns in eine Straßenrinne und warteten, was passieren würde. Die Passanten gingen achtlos an uns vorbei. Schließlich muss wohl doch einer den Peterwagen benachrichtigt haben. Zwei Polizisten forderten uns auf uns zu erheben und nahmen dann unsere Personalien auf. Der Ältere von den beiden sagte zum Schluss väterlich: »Na, dann geiht man lewer nach Hus Kinnings!«

Während meiner ganzen Oberstufenzeit wurde dieses kleinere Saufgelage am Wochenende mit meinem Freund Knut zur festen Gewohnheit. 1964 brachte Gilbert Bécaud seinen Welterfolg »Nathalie« heraus, von dem wir völlig fasziniert waren. Beim Wiederlesen des Textes kehrt diese Faszination unmittelbar zurück: Wie die Reiseführerin mit dem schönen Namen Nathalie ihn zum Roten Platz in Moskau, zum Grab Lenins und ins Café Puschkin führt, um alles in »nüchternen Worten« (»phrases sobres«) zu erklären; wie sie dann in ihrer Studentenbude landen, wo eine Gruppe von Studenten auf sie wartet und von ihm alles wissen wollen; wie nach der wilden Diskussion alle zusammen Champagner trinken, singen und tanzen, bis er schließlich mit ihr allein ist...; und wie er dann davon träumt, später Natalies Reiseführer in Paris zu werden.

Das war in diesen Zeiten des Kalten Krieges zum Heulen schön! Wir kannten nur eine Kneipe in der Nähe des U-Bahnhofes Schlump – ich glaube, sie hieß »Carlo« –, die »Nathalie« in ihrer Jukebox hatte. Wir richteten unseren Abend so ein, dass diese Kneipe stets unsere Endstation war. Wir drückten immer und immer wieder »Nathalie«, bis wir unseren Kopf auf den Tisch legten, einschliefen und schließlich vor die Tür gesetzt wurden.

Erich Mende und die Heilung

Dann wurde ich liberal. Ein neuer Lehrer, der Staatsbürgerkunde mit speichelsprühender Begeisterung lehrte, war ursächlich daran beteiligt. Es war eine echte Erweckung, die er in mir auslöste: Ein idealistischer Enthusiasmus für die vom Volke auszugehende Macht, für die Teilung dieser Macht in Montesquieus drei Gewalten und für die freie Entfaltung des Individuums. Letzteres war es, was mich gewesenen Internatszögling besonders anzog und mir in meinem Befreiungskampf von elterlicher Bevormundung zu helfen versprach. Das von den Liberalen propagierte »freie Spiel der Kräfte« entsprach zutiefst meinem Bedürfnis nach Selbstverwirklichung, die durch ganz eigenes Suchen und Finden auf den Weg kommen wollte. Noch nicht ganz 16 Jahre alt schloss ich mich gemeinsam mit Wolfgang den »Jungdemokraten« an, der politischen Nachwuchsorganisation der FDP. Wir beschlossen Politiker zu werden...

Gekeilt hatten uns clevere Jungmanager dieser Organisation, die mit ihrer durch Mitgliederzuwachs zu belegenden Nachwuchsarbeit Punkte für die eigene Parteikarriere sammeln wollten. Tatsächlich sollten einige von ihnen später noch zu Ministerehren kommen. – Wir besuchten Parteiversammlungen und politische Seminare. Mein politischer Eifer stand allerdings noch in groteskem Missverhältnis zum Wissen um politische Zusammenhänge, parteiinterne Richtungskämpfe und ökonomische Abhängigkeiten.

Nicht verborgen blieb uns beiden, dass die Jungdemokraten im Fahrwasser des Sozialliberalen Karl-Herrmann Flach eine Öffnung nach »links« betrieben und dies vor allem in der Ostpolitik deutlich artikulierten. Die studentischen Jungmanager – die meisten Juristen – lasen damals schon die »Frankfurter Rundschau« und die Aufgabe der »Hallstein-Doktrin« (Abbruch der diplomatischen Beziehungen bei Anerkennung der DDR), sowie die Anerkennung der Oder-Neiße-Grenze wurden lange schon vor der sozialliberalen Koalition von 1969 diskutiert.

Das Monatsheft der Jungdemokraten, die Zeitschrift »liberal«, von Flach redigiert und mit aufsehenerregenden Leitartikeln versehen, lag in ihrem anspruchsvollen Horizont noch jenseits meines Verständnisses. Auffallend war das luxuriöse Ambiente der kostenlos angebotenen Seminare: Für nicht viel mehr als 10-12 Teilnehmer wurden keine Kosten gescheut, was die Unterbringung in vornehmen Vorstadtvillen anging und auch die Verpflegung war auf recht anspruchsvollem Niveau.

Bei meinen Schulkameraden galt ich ob meiner politischen Ambitionen als viel belächelter Exot und ich gefiel mir in dieser Rolle sehr. Der noch unverstandene Linksdrall der Jungdemokraten machte mir jedoch mehr zu schaffen, als ich öffentlich zuzugeben bereit war. Ein Seminar, das im vornehmen Reinbek, nicht weit von Bismarcks Sachsenwald stattfand, hatte einige Referenten aus den Entwicklungsländern zu Gast. Ein afrikanischer Referent äußerte zu meinem Entsetzen die folgende Auffassung: Nur in hochentwickelten Industrieländern tauge ein System der parlamentarischen Demokratie; um Hunger und Unterentwicklung zu beseitigen, nütze allein eine straff geführte sozialistische Diktatur. Als dies den Beifall der liberalen Jungmanager fand, verstand ich die liberale Welt nicht mehr.

Umso mehr verstand ich Erich Mende. Sein unaufhaltsamer Aufstieg war im Jahr des Bundestagswahlkampfes 1961 in seinem zwingenden Stadium. Geschickt hatte er eine Grundstimmung im bürgerlichen Lager erfasst: Das Unbehagen an der autoritären Kanzlerdemokratie Adenauers und seinen von jeglicher politischen Überzeugungsarbeit absehenden »einsamen Entscheidungen«.

Der erdrutschartige Stimmenzuwachs der FDP (12,8 %) war Mendes Parole »Für die CDU – ohne Adenauer« zu verdanken. Mit Mende schien die Partei endlich ein Zugpferd zu besitzen, eine Persönlichkeit mit charismatischer Ausstrahlung. Ein Plakat zeigte Mende, mit seinen Tiefe vortäuschenden Bernhardineraugen und seinen sorgfältig frisierten graumelierten Haaren; dahinter weiß auf bläulichem Hintergrund: Theodor Heuss, der allseits beliebte erste Bundespräsident der BRD und der große alte Mann der FDP; »In seinem Geist mit neuer Kraft« lautete die für Mende schmeichelhafte Beschriftung.

Der neue Hoffnungsträger entfachte die »Mende-Begeisterung« jener Jahre, die erst völlig versiegte, als »der schöne Erich« sich selbst als Vertreter der betrügerischen IOS-Zertifikatsgesellschaft Bernie Cornfelds disqualifizierte. Als er im vollbesetzten Auditorium Maximum einer begeistert applaudierenden Zuhörerschaft glaubhaft machen konnte, es sei eine starke »Dritte Kraft« vonnöten, um den reaktionären Adenauerstaat der CDU einerseits und den von Kommunisten unterwanderten Gewerkschaftsstaat der SPD andererseits zu vermeiden, da hatte der Ritterkreuzträger in mir einen glühenden Anhänger gefunden. Sein verbalradikaler Antiklerikalismus, sein forsches Klotzen gegen kirchliche Bevormundung und Gesangbuchpolitik imponierten mir sehr, weil ja gerade erst dem pietistischen Mief meines Internats entronnen. Sein Wettern gegen kleinkarierte Kultur-, Zwergschul- und Familienpolitik sprach allen aus dem Herzen, die den herrschenden rheinisch-katholischen Klüngel in seiner engherzigen Spießigkeit satt hatten.

Auch die nationale Karte spielte er gut, war doch die FDP – ein unverbesserlicher SS-Mann wie Zoglmann ist nur die Spitze dieses Eisbergs gewesen – ein Sammelbecken für viele zum Umdenken kaum fähige oder gewillte Nazis. Der dumpfen Sehnsucht vor allem der älteren Generation nach nationaler Rehabilitierung gab er neue Sprache, zugleich die »Rheinstaatenpolitik« Adenauers der nationalen Unzuverlässigkeit zeihend.

In der Tat: Hatte nicht Adenauer trotz Stalin-Note von 1952 und Malenkows Neutralitätseinladung von 1956 die Wiedervereinigung Deutschlands zugunsten der Westintegration verhindert? Der Moskau-Botschafter Karl-Georg Pfleiderer hatte mit Leidenschaft darauf hingewiesen. Er war Mitglied der FDP. Die später wirklich progressive Ostpolitik der FDP unter Scheel und Genscher hat also letztlich nationalistische Wurzeln.

Der spätere CDU-Überläufer Mende war freilich von solchem Zukunftsentwurf weit entfernt: Sein späteres schmähliches Abstimmen bei den Ostverträgen hat es bewiesen. Sein dürftiges Konzept für die Ökonomie, von der ich ohnehin nichts verstand, bestand nicht in einem Programm, sondern machte sich fest an einer Person: An Ludwig Erhard, dem optimistisch seine Zigarre schmauchenden Wirtschaftsminister, dem damals noch unangefochtenen Repräsentanten des deutschen Wirtschaftswunders. Ihn sah Mende als den verkappten Liberalen in der CDU, der seine Partei vor sozialistischen Experimenten, wie im Ahlener Programm anvisiert, bewahrt hatte, um der Wirtschaft und dem freien Unternehmertum ihren freien Lauf zu lassen. Leider, so Mende, sei Erhard aber zu gutmütig und weich, um dem ausgekochten Fuchs Adenauer Paroli zu bieten: Der »Gummilöwe« brauche als neuer Kanzler darum die Unterstützung durch eine starke FDP.

Die Mende-Begeisterung verleitete meinen Bruder und mich zu der kühnen Zusage, handschriftlich 3000 Adressen für Postwurfsendungen der FDP zu schreiben. Die Jungmanager, die im Büro am Schwanenwik an der Außenalster residierten, waren über solche Hilfsdienste längst erhaben. Wir schrieben und schrieben, oft bis spät in die Nacht, bis die Fingerkuppen schmerzten. Am Sinn dieser Tätigkeit nur allzu oft zweifelnd, trösteten wir uns mit der Einsicht, jede politische Karriere habe eben ganz unten zu beginnen…

Nach der Wahl am 17. September 1961 fiel Mende um. Trotz des Verlustes der absoluten Mehrheit gelang es Adenauer, mit Hilfe der FDP wieder als Kanzler gewählt zu werden, wenn auch mit der Zusicherung des Rücktritts zur Hälfte der Legislaturperiode. Die markigen Sprüche Mendes vor der Wahl richteten sich nun gegen ihn selbst. Seiner Partei bescherte er das Odium des ewigen Umfallens, um an die Regierungspfründe zu gelangen. Sie war doch nur ein Anhängsel, ein Wurmfortsatz der CDU und keineswegs die von Mende ausgerufene »Dritte Kraft«. Tiefe Enttäuschung nistete sich bei uns ein. Zwar fehlte es weiterhin nicht am Glauben an die liberale Idee von der Wichtigkeit des Individuums und der Freiheit, die es zum Atmen braucht, aber eine politische Karriere schien uns nun nicht mehr erstrebenswert. Mende hatte uns geheilt.

Fast eine Bekehrung

Billy Graham kam auf die Hamburger Stadtparkwiese. Spaßeshalber fuhr ich hin, um Grund zum Spötteln zu haben. Es war voll: Ungefähr 25 000 Menschen hatten sich eingefunden, um dem »Maschinengewehr Gottes« zu lauschen.

Zu diesem Zeitpunkt – aber das wusste ich noch nicht – hatte er sich schon als Kommunisten-Jäger und Bewunderer von Senator Joseph McCarthy hervorgetan. Seine Evangelisationskampagnen nannte er »Kreuzzüge« und ebenso benannte er später die amerikanischen Kriege in Vietnam und am Golf.

An diesem Abend sprach er über die Sünde. Er benutzte dafür ein drastisches Beispiel: »*Wirfst du einen Frosch a) in kochendes Wasser, springt er heraus und ist gerettet. Wirfst du ihn aber b) in kaltes und erhitzt es ganz allmählich bis zum Kochen, stirbt er darin. Mit diesem herzhaften Beispiel illustrierte der amerikanische Evangelist Billy Graham eine List des Teufels: Die allmähliche Gewöhnung an die Sünde. Der menschlichen Seele ergeht es, laut Graham, wie dem armen Frosch b) – sie stirbt.*« (Zitiert aus der ZEIT, Ausgabe 39/1960).

Die Welt sei krank, sagte er, und ihre Krankheit sei die Sünde: »In deiner Seele ist ein rotes Licht, das sagt Stopp, Stopp, Stopp. Der Teufel sagt ›sündige‹ – aber du brauchst es nicht zu tun, du hast einen eigenen Willen.« So ratterte das Maschinengewehr in einem fort und ich merkte gar nicht mehr, wie dieses Wortgedröhn mich und meinen freien Willen allmählich entmündigte.

Mit der »Sünde« hatte er bei mir ins Schwarze getroffen: Meine vergangenen Übeltaten waren mir durchaus noch bewusst. Mit dem Versprechen, nun, in diesem Augenblick, ein völlig neuer Mensch werden zu können, rannte er bei mir sperrangelweit offene Türen ein. Zum Schluss forderte Billy Graham die bekehrten Sünder auf, nach vorne zu ihm zu kommen: »You come!« Graham stach mit dem Zeigefinger – wie mir schien – auch in meine Richtung, ja direkt auf mich. »You come!« und immer wieder: »You come!« Ich wollte schon gehen, als eine leise Stimme in meinem Inneren das verhinderte.

Als ich für den Rückweg in die U-Bahn stieg, war ich in missionarischer Verzückung. Als Mitfahrende spöttische Bemerkungen über diese Veranstaltung machten, überwand ich meine Schüchternheit und hielt eine flammende Verteidigungsrede, die einiges Kopfschütteln verursachte. Zu Hause sagte ich noch am selben Abend zu Hannchen: »Ich habe beschlossen, ein neuer Mensch zu werden.« Sie nahm es zur Kenntnis, aber ihr spöttisches Lächeln konnte sie nur schlecht verbergen…

Am nächsten Morgen wachte ich auf und rekapitulierte den vergangenen Abend. Ich erschrak zutiefst über mich selbst und fragte mich: »Hast du dich tatsächlich auf so einfache und primitive Weise manipulieren lassen?« Es war wie ein Kater, nach einer durchzechten Nacht. Und so blieb ich dann doch lieber der alte Streuner…

Staatsbesuche

An drei Staatsbesuche in der Freien Hansestadt Hamburg erinnere ich mich, an denen ich als Zuschauer auf dem Rathausmarkt zugegen war: 1954 kam aus Äthiopien, der »Löwe von Juda«, Kaiser Haile Selassie I. zum vielumjubelten ersten Staatsbesuch überhaupt in die junge Bundesrepublik Deutschland. Bei einem anderen Staatsbesuch 1966 in Jamaika wurde er von der sich dann nach ihm »Rastafari«-Bewegung nennenden Glaubensgemeinschaft als der wiedergekehrte Messias »erkannt«.

1956 kam der indische Ministerpräsident Jawaharlal Nehru, schon mit Indira Gandhi an seiner Seite. Für die nach dem Weltkrieg international immer noch recht isolierte Bundesrepublik waren diese Besuche eine enorm wichtige Aufwertung und es war Balsam für die Seele einer sich gekränkt fühlenden Nation.

Das gilt in noch größerem Maße für den Besuch Charles de Gaulles im September 1962: Als er vom Balkon des Rathauses zu uns sprach, hatte sich davor eine bisher noch nicht gesehene Menschenmenge versammelt. Wie eng es war da unten, habe ich recht elementar erlebt: Es wurde so sehr geschubst und gedrängt, dass ich zu meiner Freude frontal an ein sehr hübsches blondes Mädchen gepresst wurde. Wir genossen das beide und machten keine Anstalten unsere Position zu verändern… Es war fast wie ein Liebesakt.

Währenddessen sprach De Gaulle auf Deutsch von dem »großen deutschen Volk«, das in seiner Geschichte zwar große Fehler gemacht hätte, andererseits aber der Welt eine Fülle von Dichtern, Denkern und Kulturschaffenden geschenkt habe. Diese Rehabilitierung löste einen Sturm der Begeisterung aus und die »Charlie, Charlie«-Rufe wollten gar nicht enden. Ich sah deutlich, dass die Anglisierung seines Vornamens De Gaulle keineswegs gefiel. Als die Versammlung sich auflöste, mussten wir beide uns auch voneinander lösen. Wir verabschiedeten uns lachend, leider ohne uns zu verabreden…

Schicksalsjahr 1962

1962 war für unsere Familie, Hamburg und die Welt ein Schicksalsjahr. Im Februar ergoss sich in Folge des Orkantiefs »Vincinette« »Die große Flut« über die tiefliegenden Ortsteile wie Wilhelmsburg und Waltershöft, nachdem die Deiche gebrochen waren. Das kostete über 300 Menschen das Leben und 250 000 wurden obdachlos. Ich selbst sah, wie die Wellen über den Rathausmarkt schwappten. Es war die Sternstunde des damaligen Innensenators Helmut Schmidt, der seine Kompetenzen überschreitend die Bundeswehr zu Hilfe rief. Die Straßenbahnen fuhren nicht mehr und wir hatten schulfrei, waren aber aufgerufen, uns freiwillig für Aufräumungsarbeiten zur Verfügung zu stellen.

Im Oktober des Jahres stand der Globus nach Jahren des kalten Krieges an der Schwelle zum heißen Krieg: Sowjetische Mittelstreckenraketen auf Kuba, Seeblockade und Ultimatum der USA, mit Androhung des atomaren Erstschlags. Wir alle hielten den Atem an. Wie so viele andere machten auch Hannchen und Erich Hamsterkäufe und die Geschäfte waren leergekauft. Das Damoklesschwert eines die Erde verwüstenden atomaren Infernos hing am Seidenfaden über uns. Als durch besonnene Diplomatie und beiderseitige Zurückweisung der »Falken« vom militärisch-industriellem Komplex endlich Entwarnung gegeben wurde, atmeten wir auf, vergaßen aber die Möglichkeit eines solchen selbstmörderischen Tanzes auf dem Vulkan nie.

Ein Schicksalsjahr war es auch für unsere Familie: Hannchen bekam plötzlich Netzhautablösung und wurde in einer privaten Augenklinik operiert. Der behandelnde Arzt hatte vorher bei ihr einen totalen Erschöpfungszustand festgestellt, der – wie schon beschrieben – von ihrer dauernden Überforderung kam.

Nun war ich für längere Zeit allein mit Erich und Großvater in unserem viel größer gewordenen Haus – Wolfgang war in dieser Zeit auf einem Auslandsaufenthalt in Nordfrankreich. Die Wohnfläche hatte sich durch einen Anbau fast verdoppelt: Ein großer Wohnraum, den Erich auch als Arbeitszimmer und Schlafraum nutzte, sowie ein schönes großes Zimmer für Wolfgang ganz allein. Ich wohnte weiterhin in dem kleinen Hinterzimmer, das wir uns bislang geteilt hatten. Es besaß eine Verandatür, durch die ich ungehindert entschlüpfen konnte, wenn ich wollte. Nun brauchte ich auch nicht mehr bei meiner nächtlichen Lektüre aufs Klo auszuweichen und ich nutzte das weidlich. In dieser Zeit las ich fast alles, was von der klassischen russischen Literatur aufzutreiben war: Puschkin, Lermontow, fast den ganzen Dostojewskij – worunter »Die Brüder Karamasow« und »Der Jüngling« mich am meisten beeindruckten –, den ganzen Tolstoi, Gogol, Turgenjew (»Väter und Söhne«!) und Leskow.

Durch nachoperative Komplikationen musste Hannchen noch lange in einem abgedunkelten Zimmer der Klinik bleiben. Im Gegensatz zu Erich besuchte ich sie oft und las ihr in dieser für sie dunklen Zeit, auf meinen neuen Kenntnissen aufbauend, ausgerechnet Tolstois Novelle »Der Tod des Iwan Iljitsch« vor. In Wikipedia wird der Inhalt treffend so zusammengefasst: »Tolstoi beschreibt das Leben und die darin zum Tragen kommenden Lebensansichten des Gerichtsangestellten Iwan Iljitsch Golowin und dessen vorzeitigen Tod im Alter von 45 Jahren. Dramatisch dicht dargestellt werden die Existenzangst, die Angst vor den Schmerzen im Tod sowie Machtlosigkeit und vor allem die Grausamkeit der Erkenntnis, sein Leben nicht sinnvoll gelebt zu haben.«

Wie viel Ungelebtes gab es in Hannchens Dasein, mit ihren damals 51 Jahren! Wie viel hatte sie sich versagen müssen in ihrer unerfüllten Partnerschaft! Welche Schmerzen litt sie an ihren Augen! Meine Vorlesungen grenzten an Grausamkeit und doch wollte sie die Novelle ganz zu Ende hören – obwohl die Dunkelheit damit noch dunkler wurde. Später hat sie mir das – allerdings mit einem verzeihenden Lächeln – zum Vorwurf gemacht. Parzival hatte wieder einmal nicht das treffende Wort gefunden…

Showdown am Königskinderweg

Erich nutzte diese Zeit auf ganz andere Weise: Immer später kam er von seinen abendlichen Ausflügen zurück. Mir machte das nichts aus: Ich war froh, wenn ich ihn nicht sehen musste. Allerdings fragte ich mich schon, wo er sich eigentlich in dieser Zeit aufhielt. Bei Onkel Peter? Dagegen sprach, dass er – wie Peter ein Nichtraucher – immer den Geruch nach Zigarettenqualm mitbrachte.

Meine späteren Recherchen ergaben, dass er das Schwulenlokal »La Bohème« im Valentinskamp 57, unweit des Gänsemarkts aufgesucht hat. Er war also nicht nur Hannchen, sondern auch Onkel Peter untreu geworden. Dieses Lokal hatte täglich zwischen 17 und 4 Uhr nachts, sonnabends von 17 bis 6 Uhr morgens geöffnet. Sonntags gab es ab 16 Uhr Tanztee, der aber 1961 verboten wurde, da Schwule sich in der Öffentlichkeit nicht berühren sollten. Gerichtlich wurde diese Verfügung bestätigt: Dies verstoße gegen die guten Sitten... Der im November 1961 zum Innensenator gewählte Innensenator Helmut Schmidt hat diese diskriminierende Verfügung nie rückgängig gemacht...

An einem Sonnabend lud ich meine Kumpels Peter Seitz, Christoph Kasten, Kümmel und Laczi Kurucz zu uns nach Hause ein. Ich ging mit einiger Sicherheit davon aus, dass Erich wohl erst wieder in den frühen Morgenstunden auftauchen würde. Wir tranken Bier und eine Flasche Korn, die Erich für die Kohlenschlepper gekauft hatte. Zu meinem Entsetzen tauchte er dann plötzlich schon um 1 Uhr auf und entdeckte uns trinkend in Hannchens Zimmer. Er tat aber ganz freundlich und gab allen die Hand, woraufhin meine Freunde sich schnell verzogen.

Am nächsten Morgen kam es dann zum entscheidenden Showdown: Er stellte mich voller Wut zur Rede und steigerte sich in immer größer werdende Rage hinein, besonders wegen der Flasche Korn. Ich sei ja wohl total verlottert und verwahrlost! Ich blieb ihm nichts schuldig und fragte ihn – noch völlig ahnungslos, was seine

Homosexualität anging – nach seinen nächtlichen Ausflügen und ob nicht er vielmehr der Verlotterte sei.

Da schlug er mir ins Gesicht. In einem Reflex schlug ich kräftig zurück und hinderte ihn am weiteren Schlagen, indem ich einfach seine Arme ergriff und nicht mehr losließ. Zum ersten Male bemerkte ich, dass ich ihm körperlich überlegen war. Plötzlich klingelte es an der Haustür. Es war Dr. K., unser Hausarzt, der dem Großvater einen Hausbesuch abstatten wollte. Sofort ging Erich, den ich nun losgelassen hatte, auf ihn zu und beklagte sich bei ihm, weil ich ihn geschlagen hätte. Dr. K. gab mir eine strenge Zurechtweisung: »Wer seinen Vater schlägt, der ist ein schlimmer Lump!« Erich hatte nun wieder Oberwasser und gab mir eine schallende Ohrfeige. »Richtig so!« sagte Dr. K. .

In diesem Moment übermannte mich ein kalter, aber ganz hellsichtiger Zorn: »Ab jetzt bist du für mich gestorben! Ich werde von nun an mit dir nicht mehr reden. Das gilt auch für sie, Dr. K.!« Dann drehte ich mich um, schlug die Küchentür zu und verschwand in meinem Hinterzimmer. Tatsächlich habe ich ungefähr 6 Jahre lang kaum ein Wort mit meinem Vater mehr gesprochen.

Das Rauhe Haus

Als Hannchen aus der Klinik zurückkehrte, offenbarte ihr Erich, dass er nicht mehr gewillt sei mich im Hause zu dulden. Er habe Angst vor mir. Die musste er nicht haben, denn es gab einen Moment, da er mir richtig leidtat und damit auch das, was ich ihm angetan hatte: Ich stand an der Hoheluft-Chaussee und wartete auf die Straßenbahn. Da kam aus der Gegenrichtung eine der immer seltener werdenden alten Trambahnen (Typ Z 1 2450). In ihr saß Erich in sich versunken und hatte deutlich sichtbar ein blaues Auge. Hatte ich denn so hart zugeschlagen? Da war ich tief erschüttert und begann, etwas von der Tragik seines Lebens zu ahnen.

Auch ich wollte in diesem Hause nun nicht länger sein. Aber: Wohin? Der Schule war ich überdrüssig und ich wollte wie mein Freund Kümmel eine Lehre beginnen. Mir schwebte eine Buchhändlerlehre vor und ich sprach schon vor bei einer Buchhandlung in der Innenstadt.

Bei der Suche nach einem Aufenthaltsort für mich verfielen meine Eltern auf das »Rauhe Haus« in Hamburg-Horn, 1833 von Johannes Heinrich Wichern für »verwahrloste und verwaiste Kinder« gegründet. Es gab dort ein Lehrlingsheim, in dem ein Platz frei war.

Der Tag der Aufnahme war gekommen. Erich ging nur missmutig mit, aber er war es ja schließlich, der mich loswerden wollte. Kaum aus dem Haus heraus entdeckte er an Hannchens Cordhut einen Flecken. »Mit so einer Frau gehe ich nicht mit«, sagte er feige und kehrte ins Haus zurück.

Das Gebäude, in dem wir vorsprachen, hatte etwas Düsteres und wirkte auf uns wie ein Gefängnis. Hannchen sah sich alles an und entschied dann: »Da gehst du auf keinen Fall hin! Ich verdiene ja schließlich auch und dann wohnst du eben bei mir.« Es gelang ihr, mich davon zu überzeugen, weiterhin auf die Schule zu gehen, um mit Ach und Krach vielleicht doch noch das Abitur zu machen. Alles wurde so eingerichtet, dass Erich und ich möglichst nicht miteinander am Tisch saßen und uns auch ansonsten aus dem Weg gehen konnten. Ich blieb in meinem Hinterzimmer und freute mich meiner Freiheit, die ich von hier aus reichlich nutzte.

Thomas Wolfe

Zwar war ich inzwischen, nach einem Besuch in Bamberg, jüngstes Mitglied der E.T.A. Hoffmann-Gesellschaft geworden, doch hatte ich diese literarische Liebe in ihrer Ausschließlichkeit hinter mir gelassen. Ich habe nie so viel gelesen wie in dieser Zeit.

Die Bücher Hannchens boten kaum noch Neues mehr für mich. Jetzt besuchte ich die »Volksbibliothek« in Schnelsen und lieh mir wöchentlich so viele Bücher aus, dass die Bibliothekarin meinte, mich bremsen zu müssen. Die Lektüre erfolgte immer bis in die Nacht hinein, so dass ich mich in der Schule meist wie in einem somnambulen Zustand befand. Hausaufgaben machte ich zu Hause grundsätzlich nicht, sondern nur in den Schulpausen oder im Kunstunterricht. Hannchen sagte noch Jahrzehnte später, ich sei der faulste Schüler gewesen, der ihr jemals begegnet sei.

Dann las ich »Schau heimwärts Engel« von Thomas Wolfe. Es war für mich wie eine Offenbarung, in der ich mich ganz persönlich wiederfinden konnte. Ich war völlig ergriffen von dieser Familiensaga mit ihrem einsamen Helden Eugene Gant, der mit pathetischen Worten seine Einsamkeit herausschreit:

> *Ein Stein, ein Blatt, eine nicht gefundene Tür. Nackt und allein gerieten wir in Verbannung. Im Dunkel ihres Schoßes kannten wir unsrer Mutter Angesicht nicht. Aus dem Gefängnis ihres Fleisches sind wir ins deutungslose Gefängnis dieser Erde geraten. Wer unter uns hat seinen Bruder gekannt? Wer unter uns hat in seines Vaters Herz gesehen? Wer unter uns ist nicht immer unterm Druck des Kerkers geblieben? Wer unter uns ist nicht immer ein Fremdling und allein? O Öde aus Verlust: in heißen Wirrsalen verloren; unter hellen Sternen auf dieser müden, lichtlosen Schlacke verloren. Verloren! Uns wortlos erinnernd, suchen wir die große vergessene Sprache, das verlorene Ende eines Feldwegs in den Himmel, einen Stein, ein Blatt, eine nicht gefundene Tür. Wo? Wann? O verlorenes, vom Wind gekränktes Gespenst, kehre zurück!*

Diese starke hymnische Sprache redete mir aus der Seele. Ich identifizierte mich mit Wolfes radikalem Individualismus und seinem im Frühwerk omnipotenten Anspruch: Dem Hunger, alle Länder der Erde zu sehen, alle Bücher zu lesen, alle Frauen zu lieben. Von Letzterem war ich als Verspäteter allerdings Lichtjahre entfernt… Thomas Wolfe beschrieb das bei seinem Alter Ego Eugene Gant so:

*Er stand mitten in der Nacht auf und kritzelte wahnsinnige
Listen zusammen, in denen alles stand, was er gesehen und
gemacht hatte: Die Anzahl der Bücher, die er gelesen, der
Meilen, die er gereist, der Menschen, die er kennengelernt,
der Frauen mit denen er geschlafen hatte, die Zahl der Mahl-
zeiten, die er gegessen hatte, der Städte, die er besucht, der
Länder, die er bereist hatte.*

Rabelais' Gargantua und Swifts Gulliver ließen grüßen – beide Rie-
sen wie Thomas Wolfe.

So streunte ich nun wieder in den Hamburger Antiquariaten auf
der Suche nach allem, was ich von Thomas Wolfe ergattern konnte.
Fündig wurde ich vor allem bei Glogau jr. am Neuen Wall, wo ich
nacheinander »Von Zeit und Strom«, »Geweb und Fels«, sowie »Es
führt kein Weg zurück« zu günstigen Preisen erwarb. Der Erstling
»Schau heimwärts Engel« ist und bleibt aber wohl sein bedeutends-
tes Werk. Hermann Hesse konnte darüber sagen: *Das Epos der
Familie Gant ist die stärkste Dichtung des heutigen Amerika, die
ich kenne.*

Thomas Wolfe in Nazi-Deutschland

Thomas Wolfe war trotz seiner hellsichtigen und kritischen Schilderung der Widersprüchlichkeit des Menschen ein letztlich unpoli-
tischer Autor, was ihm am Ende seines kurzen Lebens selbstkritisch
bewusst wurde – gerade auch in der Auseinandersetzung mit dem
Faschismus.

In seinem letzten posthum herausgegebenem Buch »Es führt
kein Weg zurück« fährt sein alter Ego George Webber 1936 noch
völlig naiv ins Hitler-Deutschland, in dem gerade die Olympischen
Spiele stattfinden:

*Auf einmal musste er an Deutschland denken, und er begann
sich heftig danach zu sehnen. Nächst Amerika liebte er dieses*

Land am innigsten: er fühlte sich dort am meisten zu Hause,
er empfand für das deutsche Volk eine ganz echte, unmittel-
bare Sympathie und ein instinktives Verhältnis. Außerdem
nahm ihn der geheimnisvolle Zauber Deutschlands mehr als
jedes andere Land gefangen…. Nun, da die jahrelange Arbeit
ihn erschöpft hatte, empfand er schon bei dem Gedanken an
Deutschland wieder innere Ruhe, Befreiung und das Glück des
alten Zaubers. So fuhr er denn im März …wieder nach Europa.

Wolfe wird Zeuge der Olympischen Spiele in Nazi-Deutschland in
Berlin, deren Organisation ihm zunächst ganz einfach imponiert:

Die Organisation war prachtvoll… Das tägliche Schauspiel
war atemberaubend. Im Stadion entfaltete sich ein unbe-
schreibliches Farbenspiel… Für die Zeit der Olympiade war
ganz Berlin in eine Art Anhängsel des Stadions verwandelt
worden. Vom Lustgarten zum Brandenburger Tor, die breite
Promenade Unter den Linden entlang, durch die lange Allee
des märchenhaften Tiergartens, den ganzen Weg durch das
westliche Berlin bis vor die Tore des Stadions war die Stadt
ein erschütternd farbenprächtiges, königliches Fahnenmeer.

Als Gast des ihn in Deutschland verlegenden Rowohlt-Verlages
wird diesem naiven Betrachter zwar einiges aus dem Unrechtsstaat
zugeraunt. Aber:

Keines der hässlichen Dinge, die man sich zuflüsterte, sah
er wirklich. Er sah nicht, dass jemand geschlagen, verhaftet
oder umgebracht wurde. Er sah keine Menschen in Konzen-
trationslagern. Nirgends sah er in der Öffentlichkeit einen
greifbaren Beweis für eine brutale Gewaltherrschaft.

Es ist Heinrich Maria Ledig-Rowohlt zu verdanken, dass Wolfe
schließlich die Augen für die düstere Wirklichkeit geöffnet wurden. Mit den eröffnenden Worten »Ich will dir mal was sagen…«

konfrontiert ihn Ledig-Rowohlt alias Franz Heilig immer wieder mit dem Grauen dieses Systems. Allmählich begreift Wolfe, welches Spiel hier gespielt wird:

> *George begann zu erkennen, dass hier die Seele eines gro-*
> *ßen Volkes angekränkelt war und nun an einer furchtbaren*
> *psychischen Krankheit litt... Der Druck eines ununterbro-*
> *chenen schändlichen Zwanges hatte dieses ganze Volk in*
> *angstvoll-bösartiger Heimlichtuerei verstummen lassen, bis*
> *es durch Selbstvergiftung in eine seelische Fäulnis überge-*
> *gangen war, von der es nicht zu heilen oder zu befreien war.*

Sein Resümee am Ende dieses Deutschland-Besuchs ist voller Ernüchterung:

> *Im Laufe dieser Sommerwochen und Monate bemerkte*
> *George überall ringsum die Merkmale der Zersetzung und*
> *des Schiffbruchs eines großen Geistes. Die giftigen Ausstrah-*
> *lungen von Unterdrückung, Verfolgung und Angst verpes-*
> *teten die Luft wie ansteckende Miasmen und besudelten,*
> *verseuchten und vernichteten das Leben aller Menschen, die*
> *George kannte. Es war eine Seuche des Geistes – unsichtbar,*
> *aber unverkennbar, wie der Tod. Allmählich senkte es sich*
> *auch auf George hernieder durch das goldene Singen dieses*
> *Sommers hindurch, bis er es schließlich spürte einatmete,*
> *erlebte und es als das erkannte, was es tatsächlich war.*

Diese Erkenntnis begleitet ihn noch bei der Ausreise, als er mit dem Zug über Aachen nach Paris fährt. Wie er die Menschen in seinem Abteil zeichnet und beschreibt, ist hohe Kunst des Erzählens. Er selbst wird zum Zeugen, wie ein Abteilgenosse als Jude noch an der Grenze in Aachen festgenommen wird. Erschütternd wie Wolfe die Szene am Aachener Bahnhof schildert:

> *Sie hatten ihn also... Langsam setzte der Zug sich in Bewe-*
> *gung und schlich an dem kleinen Mann vorbei. Nichts zu*

machen: Den hatten sie! Er stand, noch immer protestierend und lebhaft gestikulierend zwischen den Beamten. Die Uniformierten sagten kein Wort – das hatten sie nicht nötig: sie hatten ihn. Sie standen nur beobachtend um ihn herum, und auf ihren Gesichtern lag jenes leichte, widerliche Lächeln... Alle empfanden dasselbe: dies war der Abschied, ein Abschied nicht nur von einem Menschen, sondern von der Menschlichkeit; ein Abschied nicht nur von irgendeinem rührenden Fremden, von einer zufälligen Reisebekanntschaft, sondern ein Abschied von der ganzen Menschheit. Nicht eine namenlose Null blieb dort zurück – jenes entschwindende Bild war das Antlitz des Bruders.

Was hätten wir von Thomas Wolfe danach noch erwarten dürfen, wenn er nicht zwei Jahre später in Baltimore an einer Lungenentzündung gestorben wäre! Seinen Tod hat er vorausgeahnt. An seinen Lektor Maxwell Perkins alias Foxhall Edwards schreibt er am Ende von »Es führt kein Weg zurück«:

Es hat nach mir gerufen in der Nacht, beim letzten Flackern des schwindenden Jahres; es hat nach mir gerufen in der Nacht und hat zu mir gesagt, ich werde sterben – wo weiß ich nicht. Es hat gesagt: »Lass fahren diese Erde, die du kennst, um höherer Erkenntnisse willen! Lass fahren dieses dein eigenes Leben um eines höheren Lebens willen! Lass fahren die geliebten Freunde um einer höheren Liebe willen! Ein Land erwartet dich, das gütiger als die Heimat ist und größer als die Erde!« – »Dort ist der Grund, auf dem die Pfeiler dieser Erde ruhen, der Hort des Weltgewissens – ein Wind erhebt sich, und die Ströme fließen.

Da war er wieder: Dieser hymnische Klang, den ich so liebte an ihm, der meine Jugendzeit begleitet hat. Hans Egon Holthusen hat etwas sehr Treffendes über ihn gesagt:

Wolfe ist immer nur jung gewesen, die Stadien der Reife sind ihm versagt worden, und sein ganzes Werk kann erscheinen als ein Hohes Lied auf die Erlebniskräfte der menschlichen Pubertät.

Genau deshalb ist er meine große literarische Liebe gewesen in jener Zeit.

Deutsch und Geschichte bei Frau Dr. Amann

Klassenlehrerin war während der ganzen Oberstufenzeit Frau Dr. Amann, eine ausgesprochen hübsche und anziehende Person. Sie unterrichtete die Fächer Deutsch und Geschichte, was mir natürlich entgegenkam. Unbegreiflich für uns, dass eine so schöne Frau unverheiratet war. Sie wohnte stattdessen mit ihrer Mutter zusammen und gehörte zu jenen bemitleidenswerten Menschen, die sich aus solcher Bindung nie lösen können. Bismarck war ihr Spezialgebiet, über den sie auch promoviert wurde. Bei ihm verweilten wir dann auch so lange, dass kaum noch Zeit für das 20. Jahrhundert war. In ihrem Geschichtsunterricht war ein liberal-konservativer, aber antifaschistischer Ansatz zu bemerken und die wissenschaftliche Exaktheit, mit der sie der Historie auf den Grund ging, war außerordentlich. Was »historisch-kritische Forschung« ist, habe ich bei ihr zum ersten Mal erlebt.

Ihr Deutschunterricht war merklich schwächer und ich bemerkte sehr wohl, wenn sie »schwamm«. Sie benutzte wie Hannchen Benno von Wieses »Die deutsche Tragödie von Lessing bis Hebbel« als interpretierenden Wegweiser, um Tragödien wie Schillers »Don Carlos« oder Kleists »Käthchen von Heilbronn« dem Verstehen der Schülerinnen und Schüler nahezubringen. – Als ich die Quellen ihres Wissens herausbekommen hatte, las ich immer vor der Deutschstunde Benno von Wieses jeweilige Interpretation und wusste, was sie fragen würde. Ich war der Einzige, dem im Zuge der

Deutungen von Wieses schon vorher klar war, worauf sie hinaus wollte und der damit alle Punkte bekam…

Sie »schwamm« besonders bei Franz Kafka. Im Rahmen der »Künstlernovelle« sprachen wir über seinen »Hungerkünstler«. Auch hier hatte Benno von Wiese ihr vorgearbeitet: Durch seine Interpretation in »Die deutsche Novelle von Goethe bis Kafka« – die dank Hannchen auch mir zugänglich war. Aber mir schien von Wieses Deutung völlig daneben zu sein. Ich äußerte im Unterricht meine Bedenken sehr ausdrücklich, sie dagegen wollte an der Interpretation ihres Idols keinerlei Abstriche machen lassen.

Ziemlich empört kam ich nach Hause und erzählte Hannchen von unserer Auseinandersetzung. Sie sagte nur: »Dann schreib doch einfach alles auf, was du sagen willst und bring es in die nächste Deutschstunde mit.« So machte ich es und schrieb an meinem Pamphlet bis in die späte Nacht. Die nächste Deutschstunde wurde für mich zum Triumph: Frau Dr. Amann strich völlig ihre und von Wieses Segel, als ich meine Fleißarbeit vorgetragen hatte. Von nun an sah sie mich immer hilfesuchend an, wenn sie wieder einmal ins »Schwimmen« geriet…

Ob ich auch wirklich Recht hatte, kann ich heute nicht mehr beurteilen. Deutungen von Kafkas Prosa sind von Eindeutigkeit immer noch weit entfernt. Adorno schrieb dazu: *Jeder Satz spricht: deute mich, und keiner will es dulden.* Benno von Wieses Ruhm ist längst vergangen. Der frühere Cheflektor des Suhrkamp-Verlages Walter Boehlich sagte über ihn: *Er war weder aufgeklärt noch kritisch, weder tapfer noch mutig, sondern allenfalls ein Genie der Anpassung – wenn es dazu des Genies bedürfte.*

Benno von Wiese, der im Dritten Reich NS-Blockwart und Lektor in Alfred Rosenbergs Reichsschrifttumskommission gewesen ist, schrieb unter dem Titel »Ich erzähle mein Leben« schließlich sogar noch seine Erinnerungen. Hannah Arendt schrieb daraufhin an den Doktorvater von Wieses, Karl Jaspers:

Ich las in der ZEIT eine Vergangenheitsbewältigung von Benno von Wiese – m.E. einfach bodenlos; eine dumme Redensart an die andere gereiht. Manchmal denkt man, wenn diese ganze Generation bloß schon tot wäre. Nur damit man sich dieses verlogene Gequatsche nicht mehr anzuhören braucht.

Lüders

In den Fächern Mathematik und Physik war ich weniger erfolgreich: Ich behielt die Note »mangelhaft« bis ins Abiturzeugnis. Mit dem Lehrer in diesen Fächern, einem kleinen kahlköpfigen Springinsfeld, stand ich von vornherein auf Kriegsfuß. Er hatte – ich nenne ihn hier einfach »Lüders« – eine ziemlich schmierige Art, die »Schönen« unserer Klasse an die Tafel zu bitten. Es hätte nur noch gefehlt, dass er ihnen in den Hintern gekniffen hätte… Darauf wird noch zurückzukommen sein.

Mit Lüders als männlicher Aufsichtsperson machten wir eine Klassenfahrt an die Lahn. An einem wunderschönen Tag unternahmen wir eine Wanderung von Limburg nach Weilburg, eine Strecke an der Lahn entlang von ca. 25 km. Es wurde sehr heiß im Laufe dieses Tages und das Feld der Wandernden fiel auseinander. Die begleitenden Lehrer fielen weit zurück. Ich befand mich in der Spitzengruppe, die nicht weit vom Ziel eine Gastwirtschaft fand, in der kühler Apfelwein angeboten wurde. So etwas Gutes gegen den Durst hatte ich noch nie gekostet und ich trank etliche Gläser.

Ich war ziemlich angeheitert, als wir uns wieder auf den Weg machten. Als wir in der Jugendherberge ankamen und uns die Zimmer zugewiesen wurden, ließ ich mich voll Ermattung ins Bett plumpsen. Eine Klassenkameradin, die meinen Zustand bemerkt und auch meine Fahne gerochen hatte, gab mir ein Stück Brot um den Geruch zu neutralisieren. Und schon stand Lüders im Zimmer und herrschte mich an: »Los! Steh auf du Lumpenkerl! Dich werd' ich lehren, sich hier ohne Laken ins Bett zu legen!« Benommen stand ich auf, fast in die Hose pinkelnd. Dann schlug er mir kräftig mit der flachen Hand ins Gesicht, so dass ich umkippte. Die anwesenden Mitschüler waren ob dieser Brutalität fassungslos und ich fühlte mich wieder einmal wie ein Nichts. Die ganze Klasse war empört und Lüders musste sich später bei mir entschuldigen, was er aber nur halbherzig tat.

Er vergaß mir diesen Vorfall nie. Aber er war auch feige. Als er später wieder einmal die vermeintlich Schönste der Klasse lüstern und mit der Zunge schnalzend an die Tafel bat, rutsche es mir laut heraus: »Lustmolch!« Danach herrschte in der Klasse ein entsetztes Schweigen. Man konnte an seinem Gesicht sehen, wie es in ihm arbeitete. Schließlich sagte er nur lahm: »Das wird ein Nachspiel haben.« Dazu kam es zwar nicht, aber hinter meinem Rücken hat er mich bei der Lehrerschaft immer wieder verleumdet und wohl auf meinen Rauswurf hingearbeitet.

Noch einmal davongekommen

Der wäre auch bald danach fast erfolgt. Ich schwänzte die erste Doppelstunde in Mathematik, in welchem Fach ich völlig den Anschluss verloren hatte. Die Zeit bis zur dritten Stunde musste ich irgendwie herumkriegen. Drum kaufte ich mir am Kiosk einen »Spiegel« und eine Zigarre und setzte mich auf eine Bank in der Nähe des Schulgeländes. Gerade als ich genussvoll meine Zigarre schmauchte und große Rauchwolken an die Luft abgab, ging eine meiner Lehrerinnen, die mit Lüders sehr befreundet war, an mir vorbei. Sie tat, als sähe sie mich nicht, hat aber gleich im Lehrerzimmer über mein in ihren Augen skandalöses Verhalten berichtet.

In der Folge kam es zu einer Konferenz aller in dieser Klasse tätigen Lehrer. Meinem Rauswurf entging ich nur um Haaresbreite. Vielleicht hat Frau Dr. Amann mich gerettet. Sie hatte ich kurz davor jämmerlich angelogen, als es wieder einmal um das Schuleschwänzen ging: Ich hätte nicht kommen können, weil mein Großvater einen Schlaganfall erlitten habe. »Wie ist denn jetzt sein Zustand?« fragte sie besorgt. »Ach, dem geht es inzwischen wieder prima«, antwortete ich mit der Dreistigkeit des Unwissenden. Ich möchte ihr, die schon seit geraumer Zeit die Augen für immer geschlossen hat, heute noch den gebührenden Dank nachrufen für die Geduld, die sie mit mir gehabt hat.

Ernst von Waren in Bamberg

Die zeigte sie auch während einer weiteren Klassenfahrt, die uns an die »Romantische Straße«, nach Dinkelsbühl und Rothenburg ob der Tauber, sowie schließlich nach Bamberg führte. Dort gab sie mir auf meinen Wunsch hin einen ganzen Nachmittag frei, damit ich als Mitglied der E.T.A.-Hoffmann-Gesellschaft das »Poetenstübchen mit Sammlung« am Schillerplatz 26 aufsuchen konnte, um dort mit dem Vorsitzenden, dem Bildhauer und Schnitzer Hans Leitherer zusammenzutreffen. Den hatte ich schon einige Jahre zuvor mit Hannchen kennengelernt: Ein idealistischer Freund Hoffmanns, der ganz seinem Andenken lebte, selber ein Künstler, der einige Lithographien mit Szenen aus Hoffmanns Bamberger Zeit angefertigt hatte.

Als ich hinkam, war das engbrüstige alte Haus mit dem Museum noch verschlossen. Um die Zeit bis zur Öffnung zu überbrücken suchte ich eine nahe gelegene Gastwirtschaft auf und beschloss, hier ganz »hoffmannesk« aufzutreten: Zu schreiben und gleichzeitig Wein zu trinken. Hämisch hatte Joseph von Eichendorff über Hoffmann geurteilt: »Er trank, um zu schreiben und er schrieb, um zu trinken.« Was ich da gekritzelt habe, weiß ich nicht mehr. Ich weiß nur, dass der Frankenwein aus dem Römerglas mir vortrefflich mundete und ich in eine immer übermütiger werdende Stimmung geriet. Von merkwürdigen Blicken begleitet, verließ ich das Etablissement und betrat das Haus am Schillerplatz, wo E.T.A. Hoffmann von 1808 – 1813 als Theaterintendant und Musiklehrer gewohnt hat.

Abbildung 21: E.T.A. Hoffmanns Poetenstübchen

In meinem weinseligen Übermut gab ich mich dem guten Hans Leitherer nicht zu erkennen, sondern behauptete »Ernst von Waren« zu heißen – abgeleitet von meinem dritten Vornamen, den ich mit Hoffmann gemeinsam hatte, und meinem Geburtsort. Sofort sprang Leitherer darauf an und gewährte mir mit meinem vermeintlichen Adelsbonus eine besonders intensive Führung durch das Haus. Dort sah ich nun wieder den Durchbruch aus dem Fußboden von Hoffmanns Schreibstube zur darunter gelegenen Küche, der als Durchreiche von seiner Frau genutzt wurde, um Hoffmann mit Essen während des Schreibens zu versorgen.

Über sie ist wenig bekannt, doch soll sie ihm in Berlin, in seiner letzten Stunde zum Diktat zur Verfügung gestanden haben, noch seine letzten röchelnden Worte notierend, ehe er sich von ihr an die Wand drehen ließ, um nach einer halben Stunde zu sterben. So ist auch sie in diesen Räumen gegenwärtig.

Zum Schluss der Führung sollte ich mich ins Gästebuch eintragen und ich unterzeichnete meinen Text mit »Ernst von Waren«. »Eine Frage hätte ich noch ehe Sie gehen«, sagte Hans Leitherer, »wie sieht Ihr Adelswappen aus? Das interessiert mich sehr, weil ich von Ihrem Adelsgeschlecht noch nie gehört habe. Eines meiner Hobbys ist die Heraldik und ich würde Ihr Wappen gerne meiner Sammlung hinzufügen.«

Das hatte ich nun davon! In meiner Verlegenheit fiel mir nichts anderes ein als zu erwidern: »Wir haben kein Adelswappen, wir sind nur Landadel.« Ich sehe noch seinen völlig konsternierten Blick, in den sich verstärkend der Zweifel eintrug. Ehe er ihn verbalisieren konnte, gab ich ihm die Hand und verließ schnell das Haus.

Schon zurück in die Jugendherberge? Nein: Noch ein Weinchen, das wäre jetzt gut! Ich betrat wieder die vorher besuchte Gastwirtschaft und genehmigte mir noch zwei Römer mit Frankenwein. Schwankend kehrte ich am Abend ins Quartier zurück und erzählte Frau Dr. Amann vor Begeisterung sprudelnd das, was sie wissen durfte. Dass mein Überschwang auch vom Alkohol gespeist war, hat sie ganz sicher gerochen. Aber sie sagte kein einziges Wort.

Das war auch mein vorläufiger Abschied von E.T.A. Hoffmann, mit dem ich mich erst viel später wieder beschäftigte, als ich ihn über den Dichter Franz Fühmann wiederentdeckte. Angesichts der von Tucholsky und vielen anderen beklagten deutschen Tradition der »schrecklichen Juristen« tut es gut, sich an den Kammergerichtsrat Hoffmann zu erinnern, der in den »Demagogenprozessen« einen leuchtenden Weg der Zivilcourage gegangen ist.

Nicht nur den Turnvater Jahn hat er versucht vor der Verfolgung zu schützen. Eine Adlige, die auf Menschenrechtsverletzungen beim preußischen Militär aufmerksam machte und darum – o ewige Umkehrung des Rechts! – wegen Verleumdung in den Kerker sollte, bekommt von ihm einen glänzenden Freispruch. In ihren Memoiren schrieb sie:

Hoffmann war ganz vom Ernst und der Würde seiner Mission durchdrungen. Eine unschuldig peinlich angeklagte, unbescholtene Frau musste aus einem höllischen Gewebe herausgezogen werden, um nicht durch Schmach und Gefängnis ihre Bestrebungen für eine gute heilige Sache zu zahlen.

Da ist es ja, bezeugt aus anderem Munde: Das »höllische Gewebe«, in das der Kammergerichtsrat Hoffmann so viele Menschen hineingezogen sah und das er in seiner Dichtung verarbeitete. Er sagt es selbst in den »Serapionsbrüdern«:

Ja, wohl ist das Entsetzliche, was sich in der alltäglichen Welt begibt, eigentlich dasjenige, was die Brust mit unverwindlichen Qualen foltert, zerreißt. Ja, wohl gebärt die Grausamkeit der Menschen, das Elend, was große und kleine Tyrannen schonungslos mit dem teuflischen Hohn der Hölle schaffen, die echten Gespenstergeschichten.

Nagelscheren

Ein solcher kleiner Tyrann des Alltags ist auch Erich gewesen. Immer wieder beschuldigte er die Familienmitglieder – nur der Großvater wurde verschont – ihm Nagelscheren weggenommen und verloren oder weggeschmissen zu haben. Sein Lamento war so laut und unangenehm, dass wir betreten schwiegen. Er kaufte ständig neue Nagelscheren und so wiederholte sich dieses misstönende Lied immer und immer wieder.

Er besaß abschließbare Geheimfächer. Eines Tages gelang es mir, mit Hilfe eines Schraubenziehers eines von ihnen zu öffnen. Es war darin nur eine abgeschlossene Kassette. Der Schlüssel dafür lag in der Schublade seines Schreibtisches. Als ich die Kassette geöffnet hatte, sah ich, dass ihr Inhalt bis oben hin ausschließlich aus Nagelscheren bestand. Voller Erschütterung über diesen Fund, der irgendwie von seiner Abartigkeit zu zeugen schien, zeigte ich Hannchen die Kassette. Sie war außer sich und stellte ihn so wütend zur Rede, wie ich sie noch nie ihm gegenüber erlebt hatte: »Was bist du eigentlich für ein Mensch! Uns überziehst du mit deinem Nagelscherenterror und schaffst für uns eine Familienhölle und hast doch heimlich die Nagelscheren ganz allein für dich gehortet!« Nun war es an ihm betreten zu schweigen.

Was für eine Zwangsneurose sich dahinter verbarg, habe ich bis heute nicht herausfinden können. Teuflisch war sie in jedem Fall und besaß eine sadistische Komponente.

Wolfgang outet Erich

Nun war es nicht mehr weit bis zu dem Tag, an dem Wolfgang ihn als Homosexuellen outete. Leider kann ich meinen Bruder nicht mehr fragen, ob er schon vorher an diese Möglichkeit gedacht und Hinweise darauf bekommen hatte. Wolfgang war jetzt 19 Jahre alt und bereitete sich auf das Abitur vor. Im Gegensatz zu mir hatte er schon etwas Erwachsenes und Gesetztes. Er bekam gute bis sehr gute Schulnoten und war nach dem Abitur Stipendiat der »Studienstiftung des deutschen Volkes«. Über die ganz allein von ihm gestaltete Abiturzeitschrift »Linien des Lebens« wird noch zu reden sein.

Er war der Liebling Erichs – weil er wie dessen geliebte Mutter viele Falten um die Augen herum hatte. Er machte sich aber nichts daraus. Wenn Erich auf dem Klo thronte, pflegte mein Vater oft mit sich selbst zu sprechen. Einmal hörte ich, wie er sagte: »Ich bin der beste Lehrer der Welt.« Immer wieder aber war zu vernehmen, wie er liebevoll »Wölfing! Wölfing!« rief.

Wölfing war es, der sich an ein weiteres Geheimfach machte und darin einschlägige Homo-Illustrierte, sowie eine schwarze Motorradkluft fand. Als er Erich damit konfrontierte, legte der danach eine Generalbeichte vor Hannchen ab, die von Wolfgang informiert worden war. Erich brach zusammen und kapitulierte. Das ganze Lügengespinst wurde auf einen Schlag zerrissen.

Kurz vor der Entdeckung war Onkel Peter zum letzten Mal bei uns zu Gast gewesen. Als gestandener Volksschullehrer beklagte er sich wehleidig über die seiner Meinung nach übergroßen Anstrengungen eines Schullandaufenthaltes, den er mit seiner Klasse begleiten sollte. Als Erich und Hannchen ihn pflichtgemäß bemitleiden wollten, sagte ich frech: »Ach Onkel Peter: Mach Dir doch nicht in die Hose!« Diese Majestätsbeleidigung vergaß er mir nie. Noch in ihrem Sterbejahr 2005 äußerte Hannchen mir gegenüber, wie sehr sie sich damals klammheimlich über meine unbotmäßige Bemerkung gefreut hatte…

Er durfte das Haus nun nicht mehr betreten. Er ist meines Wissens ein Jahrzehnt später einsam gestorben. Auch eine tragische Existenz.

Hannchen, die aus allen Wolken gefallen war, las alles, was direkt oder indirekt mit dem Thema Homosexualität zu tun hatte. Sie besprach das mit Erich, las ihm aus Werken von André Gide und Marcel Proust vor – Literatur war bei uns so etwas wie Selbsttherapie… – und erforschte seine Lebensgeschichte.

Auffällig war schon immer gewesen, dass auf seinem Schreibtisch ein großes gerahmtes Foto seiner geliebten Mutter stand – mit ihren vielen Augenfalten. Die hatte den Hilfsarbeiter Max Wilhelm ohne große Liebe geheiratet. Hannchen fand heraus: Sie hatte den kleinen Erich immer zwischen sich und den Vater gelegt, um Sexualkontakte zu vermeiden. Er war ihr einziges, abgöttisch geliebtes Kind gewesen. Hannchens These: Die Stelle der liebenden Frau war für Erich für immer durch seine Mutter »besetzt« worden und keine andere Frau durfte an diese Stelle treten. So habe er sich in Liebe und Sexualität dem Geschlecht zugewandt, dem er selbst angehörte. Ob das nur Küchenpsychologie ist oder nicht, darüber streiten sich heute noch die Gelehrten. Ob nun genetisch oder erworben: Das Ergebnis war dasselbe.

Nur undeutlich erinnere ich mich an meine eigene Reaktion auf diese Enttarnung. Sicher empfand ich Genugtuung über Erichs offensichtlich tiefen Fall. Noch ziemlich unbewusst musste mir auch klar sein, dass ein Zusammenhang zwischen seiner Prügelei und seinem geheimen anderen Leben bestand.

Noch aber wusste ich überhaupt nicht, welchen üblen Repressalien und Bedrohungen ein Schwuler in jener Zeit immer noch durch die Anwendung von § 175 StGB ausgesetzt war. Noch war ich weit entfernt von Rosa von Praunheims Filmerkenntnis *Nicht der Homosexuelle ist pervers, sondern die Situation, in der er lebt,* geschweige denn, dass ich über die Deformierung des Charakters nachgedacht hätte, die solche Situation erzeugen kann. In mir waren noch die Ressentiments gegen Homosexuelle, wie sie sich aus der Nazizeit und davor in die Nachkriegsepoche gerettet hatten: Das Wort »pervers« reichte aus, um sich jedem weiteren Verstehen zu verweigern.

Das war nicht weit entfernt vom Horizont des Innensenators Helmut Schmidt, der es duldete oder sogar veranlasste, dass ab dem Jahr 1961 bis weit in die Folgejahre die strafrechtlichen Ermittlungen auf der Grundlage des §175 sprunghaft anstiegen und dass die Polizei zunehmend Schwule in öffentlichen Toiletten observierte und auf den von Homosexuellen bevorzugten »Klappen« (öffentliche Bedürfnisanstalten) Einwegspiegel hatte einbauen lassen. Zu welch unwürdigen Szenen es in diesem Zusammenhang kam, ist nachzulesen im ausgezeichnet recherchierten und lesenswerten Buch »Hamburg auf anderen Wegen – Die Geschichte des schwulen Lebens in der Hansestadt« (von Bernhard Rosenkranz und Gottfried Lorenz, Hamburg 2005, Seite 79):

1996 berichtete Gerhard P. über seine Bespitzelungseinsätze auf der öffentlichen Toilette am Gerhart-Hauptmann-Platz.

1966 war er 20 Jahre alt und Oberwachtmeister der Hamburger Polizei. – An einen Fall kann ich mich noch recht deutlich erinnern. Der Mann war jenseits der Sechzig und als wir ihn auf der Wache ablieferten, hörte ich, dass er von außerhalb kam, aus der Lüneburger Heide, und dass er verheiratet war, also Frau und Kinder hatte und in ganz normalen Familienverhältnissen lebte. Der war völlig niedergeschlagen und hat Rotz und Wasser geheult, denn so eine Anzeige wegen § 175 StGB, die Verhandlung vor Gericht, die Verurteilung hat natürlich deutliche Auswirkungen gehabt auf ihn selbst, seine Familie, sein Leben dort an seinem Ort... Wir, zumindest kann ich das für mich sagen, haben das damals ziemlich emotionslos gesehen. Was dort auf den Toiletten geschah, das war strafrechtlich ein Vergehen. Ich habe zu jenem Zeitpunkt auch nicht das Gefühl gehabt, als würde ich etwas Unrechtes tun, sondern das war eine ganz normale Dienstangelegenheit – ein Job eben Strafverfolgung und fertig, das war undramatisch... Woran ich mich unangenehm erinnere, das war die ganze Situation damals, dass ich da auf der Toilette hinter einem Einwegspiegel stehen musste und mir das anzusehen hatte. Das empfand ich doch als unangenehm und sehr abstoßend. Und wenn ich die Umstände von damals heute rückwirkend beurteile, dann hatte die Situation für alle Beteiligten etwas sehr Unwürdiges. Und zwar nicht nur für die Schwulen, die dort festgenommen wurden, sondern auch für uns, die wir dort hinter den Spiegeln standen und unseren dienstlichen Auftrag ausführten.

Noch gab es Peter Fleischmanns Film »Jagdszenen in Niederbayern« nicht. Aber diese Jagd war in Hamburg längst gang und gäbe. In der deutschen Hochburg der Homosexuellen war die Homophobie verstärkt an der Macht. – Erich hat sicher von alledem gewusst und wahrscheinlich auch eine Menge in dieser Richtung erlebt. Leider kam es nie dazu, dass er offen mit uns über das Erlebte und Erlittene sprechen konnte. Er ist bis zuletzt ein heimlicher Schwuler geblieben.

On the road

Nach diesen Ereignissen fuhr ich in den Sommerferien ganz allein auf Trampreise: Wieder einmal nach England und zum ersten Mal nach Schottland. Über diese Fahrt habe ich 50 Jahre später einen Erinnerungsbericht geschrieben:

Trampreise durch England und Schottland im Sommer 1963

Nach mehr als 50 Jahren diese Geschichte einigermaßen wahrheitsgetreu wiederzugeben fällt schwer: Denn viel zu viel hat mein Gehirncomputer längst im »Papierkorb« entsorgt. Auch habe ich das Geschehene immer und immer wieder erzählt, so dass diese mündliche Tradition ihre ganz eigenen Gestaltungen, Glättungen und Ausschmückungen hervorgebracht hat. Dennoch waren es denkwürdige fünf Wochen meines Lebens, die mich viel über die »Welt«, aber auch über mich selbst gelehrt haben. Ich will es also noch einmal versuchen: Auch wenn eine vollständige Rekonstruktion nicht mehr möglich ist.

Voraussetzung für das Unternehmen waren die »Schülertransporte« der Hamburger Schulbehörde von Hamburg über Ostende-Dover nach London und zurück. Ein übrigens sehr verdienstvolles Projekt der damaligen sozialdemokratischen Stadtregierung, das schon über Jahre Massen von Schülern – auch aus einkommensschwachen Familien – den Besuch Englands zu erschwinglichem Preis ermöglicht hatte. Erstaunlich dabei die Freiheit, die wir noch unmündigen Schüler dabei genossen. Zwar fuhren zum Nulltarif Lehrer mit, die uns beaufsichtigen sollten. Von ihnen war aber so gut wie nichts zu bemerken. Ihre Aufsichtspflicht endete am

Victoria-Bahnhof in London und begann erst wieder am Tag der Rückfahrt in London. Natürlich musste eine Gastgeberfamilie uns am Bahnhof in Empfang nehmen. Aber das war auch schon alles: Was in den nachfolgenden fünf Wochen der Sommerferien geschah, blieb uns selbst überlassen. Das Wichtigste dabei war die Fahrkarte, die zu einem genau bestimmten Termin zur Rückfahrt berechtigte.

Ich bewahrte sie sorgfältig in meinem Brustbeutel auf, zusammen mit dem Geld, das mir meine Mutter mitgegeben hatte. So viel Geld hatte ich noch nie besessen. »Wenn es nicht reicht«, hatte meine Mutter gesagt, »dann ruf mich an, damit ich dir eine telegraphische Überweisung schicken kann.« Das wies ich als eine völlige Unmöglichkeit zurück, der ich wusste, wie arm wir in der Nachkriegszeit gewesen waren.

Damals war ich 17 Jahre »alt« und konnte schon auf zwei längere Tramp-Reisen in den beiden voraufgegangenen Jahren zurückblicken, die mich in Begleitung eines Mittrampers hauptsächlich durch Irland geführt hatten. Wir hatten uns beim letzten Trip zerstritten und ich wollte von nun an alleine trampen.

Im Nachblick kommt es mir immer noch wie ein Wunder vor, dass mir meine Mutter – mein Vater war damals ein Totalausfall – in dieser autoritär geprägten Zeit solche Freiheit ließ! So ungewöhnlich war es aber auch nicht für sie: Denn 1953 waren wir auf ihr Betreiben als vierköpfige Familie schon gemeinsam mit Zelt durch Irland getrampt. Diese Reiseweise war ihr also nicht fremd und sie wusste auch, dass das Fortkommen von Jugendherberge zu Jugendherberge eine recht harmlose Sache war, in dieser noch ganz und gar nicht drogenverseuchten Zeit.

Am Bahnhof Hamburg-Altona stieg ich also in den Sonderzug des Hamburger Schülertransports ein und betrat das

Abteil. Es war schon damals keine »Holzklasse« mehr, die ich von einem früheren Transport noch in schmerzhafter Erinnerung hatte. Mit mir fuhr nur mein grüngelber Rucksack, in dem außer Kleidung nur Kochgeschirr und ein zusammenklappbarer »Esbit«-Kocher in der Größe einer Zigarettenschachtel war, mit brennbaren Tabletten – für eine Tasse Nescafé irgendwo am Straßenrand.

Im Abteil waren alle Plätze besetzt: Lauter Hamburger Bürgerkinder, geschniegelt und gekämmt, aber voller Lebenshunger und dem Abenteuer nicht abgeneigt. Ich war damals noch völlig »unschuldig« und konnte keine richtige Liebesbeziehung bislang vorweisen. Entsprechend gehemmt beteiligte ich mich deshalb an der allgemeinen Flirterei, die alsbald zwischen den Geschlechtern begann. Neben mir saß ein korpulentes Mädchen, deren Vater Grieche war. Mir entfuhr, als sie das kundgab, der anmachend gemeinte und ganz und gar nicht ironisch gemeinte Satz: »Dann bist du also eine klassische Schönheit!« Sie war überhaupt nicht amüsiert…

Nach nicht enden wollender Fahrt – dieser Sonderzug hatte nirgends Vorfahrt – waren wir endlich in Ostende auf der Fähre nach Dover. Ein gewaltiger Sturm hatte sich erhoben und das Schiff schaukelte auf den Wellen. Schon bald zeigten sich die Auswirkungen: Die Toiletten waren nicht mehr benutzbar, weil überall Menschen im eigenen Erbrochenen, mit grünen Gesichtern auf dem Boden lagen. Fast alle Passagiere kämpften mit der Seekrankheit. Darüber fühlte ich mich erhaben und liebte es, mich in meinem nagelneuen Anorak mit dem Gesicht in den Wind zu stellen. Plötzlich tauchte neben mir ein weiterer Anorak auf, dessen Besitzerin ein wohl gestaltetes junges Mädchen war. Sind wir beide die einzigen, die Wind und Wetter trotzen? – fragte ich mich hoffnungsvoll. Die Antwort kam prompt: Als das Mädchen mir das Gesicht zuwandte, ergoss sich aus ihrem Mund ein Schwall von Erbro-

chenem, der mit Unterstützung des Windes sich über mein Gesicht und meinen Anorak verbreitete. Den Rest der Schiffsfahrt war ich mit meiner Säuberung beschäftigt.

Nun aber waren wir am Ziel: Vor uns tauchten »The White Cliffs of Dover« auf, die unverwechselbaren Kreideklippen als Visitenkarte des britischen Archipels. Wir stiegen in den Schnellzug nach London. Schöne Züge hatten die Engländer: Rot angestrichen, die Abteile altmodischer, aber auch gemütlicher gestaltet als in den deutschen Zügen. Am Victoria-Bahnhof – den ich später noch sehr viel intensiver erleben sollte – erwarteten mich meine nominellen Gastgeber. Das war das deutsch-englische Ehepaar Elke & Jim Auty, etwa 8 Jahre älter als ich.

Wir fuhren in die Universitätsstadt Cambridge, wo sie in einem kleinen gemütlichen Haus in einem Arbeiterviertel wohnten. Viele Erinnerungen stellen sich nicht mehr ein. Nur, dass es in diesem Haus sehr lebhaft zuging, fast wie in einem Taubenschlag. Es wurde eifernd diskutiert über Gott und die Welt. Es war wie ein Vorschein der Diskussionen von 1968. Sprachlich konnte ich mich an diesen Diskussionen noch nicht beteiligen. Was hätte ich diesen mir radikal erscheinenden Idealisten auch sagen sollen, der ich damals ein tumber Tor war, wie der Jüngling von Dostojewskij. Elke stammte aus Hamburg und auf Vermittlung meines Vaters hin war sie in England gelandet. Sie war eine schöne Frau und ich verehrte sie aus der Ferne.

Ich werde wohl zwei Nächte dort geblieben sein. Es herrschte regnerisches Wetter. Um mich für das Zukünftige zu wappnen kaufte ich mir in einem Anfall von Leichtsinn einen großen schwarzen Regenschirm, so wie sie die Gentlemen in den Edgar Wallace-Filmen trugen. Die Kosten von fünf englischen Pfund rissen ein großes Loch in meine Reisekasse. Aber noch glaubte ich, auf der sicheren Seite zu sein.

Dann stand ich wieder an der Straße und hatte meine ersehnte Freiheit, über die ich innerlich jubelte. Niemand wusste von nun an, wo ich hinging und wo ich blieb. Trampen in England war kinderleicht. Selten wartete ich länger als eine halbe Stunde auf einen Lift. Nachts schlief ich in Jugendherbergen, deren Netz in England ähnlich gut ausgebaut ist wie in Deutschland. In den »Self Cooker Kitchens« kochte ich mir meine »Knorr«-Suppen, Spiegeleier und ähnliche kulinarische Köstlichkeiten. Die nun folgenden 2 ½ Wochen verlebte ich im Freiheitsrausch und die Erinnerungen sind entsprechend diffus. Es ging die Ostküste Englands hoch nach Norden. Städte wie Lincoln, York und Newcastle upon Tyne gehörten zu den Stationen. Es regnete täglich und der Luxusregenschirm erwies sich als sehr nützlich. In den Jugendherbergen viele Begegnungen mit jungen Leuten aus aller Welt. Abends gab es Gitarrenspieler, die unsere Lieder am Kaminfeuer begleiteten: My father kept on wandering (Mein Vater war ein Wandersmann); It's a long way to Tipperary; Rolling home. Dann auch ein obszönes Lied, das ich damals gar nicht so richtig verstand:

Roll me over in the clover, roll me over, roll me over do it again.

Und noch ein Spottlied aus dem 2. Weltkrieg, auf die Melodie des »River Kwai-Marsches« gesungen, das mir besonders gut gefiel:

Hitler: He only had one ball; / Göring: had two but very small; / Himmler: had something similar; / and Joseph Goebbels had no one at all.

Nicht zuletzt durch das Trampen, bei dem die Unterhaltung gewissermaßen die »Gegenleistung« fürs Mitnehmen war, verbesserten sich meine englischen Sprachkenntnisse zunehmend. Einmal wurde ich von einer älteren Dame in einem Morris Minor mitgenommen. Als ich bekannte, ein

Deutscher zu sein, äußerte sie eine denkwürdige Ansicht: Seit Deutschland den Krieg verloren habe, dürfte dort wohl nur noch Englisch gesprochen werden...

Schließlich war ich in Schottland und hielt mich einige Tage in der wunderschönen Stadt Edinburgh auf. An eine unangenehme Begegnung in der dortigen Jugendherberge erinnere ich mich noch: Im Schlafsaal war ein Deutscher, dessen Akzent ihn deutlich als solchen auch erkennen ließ. Ich sprach ihn auf Deutsch an, was er sich augenblicklich aufs Strengste verbat: Auf Englisch erklärte er mir, er sei gekommen, um akzentfreies Englisch zu lernen und werde solange er hier sei kein einziges Wort Deutsch mehr reden. Hoffentlich ist er später nicht Englischlehrer geworden... Ähnlich ein anderes Gespräch: Mit einem Amerikaner, der einen ganz besonders breiten Südstaatendialekt sprach. Ich fragte ihn, ob er aus den USA sei. Er antwortete abweisend: »No, I´m from Texas« (gesprochen: Tääxes)...

Die schönste Zeit war in den Highlands. Hoch oben in Inverness bekamen wir – ich hatte mich unterdessen mit einem Trampkumpel zusammengetan – einen Lift von einem schwulen Clanvorsitzenden, der uns aber mit seiner Schwulität in Ruhe ließ. Er hatte mitten in den Bergen einen schönen Landsitz. Dort beherbergte und bewirtete er uns drei Tage lang. Dann trampten wir weiter in den Westen der Highlands, vorbei an Loch Lomond und Loch Ness nach Fort William. Wir bestiegen bei schönem Wetter den Ben Nevis. Wenn die Sonne strahlt, gibt es kein schöneres Land als Schottland!

Dann kam der Augenblick der Wahrheit: In der Jugendherberge von Fort William überprüfte ich meine Barschaft und stellte fest, dass ich mich in meinem Freiheitsrausch völlig verkalkuliert hatte! Ich besaß sage und schreibe nur noch 10 Schillinge und verfluchte die vielen teuren Stout-

Ales, die ich in Pubs an der Ostküste gesoffen hatte, aber auch den teuren Regenschirm. Und erst in 14 Tagen fuhr mein Zug in London. Was tun? Ich beriet mich mit meinem Kumpel, von dem ich gleichzeitig Abschied nahm. Ich brachte in Erfahrung, dass in der Shakespeare-Stadt Stratford on Avon gerade die Erdbeerernte im Gange wäre und dort Helfer gesucht würden. Ich kaufte noch Tabak und Zigarettenpapier – die Vorräte vom zollfreien Einkauf auf der Fähre waren verraucht – und schon stand ich wieder an der Straße und reckte den Daumen hoch.

Ich hatte Glück in meinem Unglück: Ich schaffte die 750 km nach Stratford on Avon an einem Tag und traf am späten Nachmittag dort ein. Vom restlichen Geld kaufte ich mir die Übernachtung in der Jugendherberge und eine Stehplatzkarte für die abendliche Open Air-Aufführung von Shakespeares »Julius Caesar«. Letzteres bedauerte ich bald, denn trotz meiner verbesserten Englischkenntnisse verstand ich von diesem Altenglisch nicht viel. Nur eine Szene bleibt mir in unvergesslicher Erinnerung: Wie der Geist des toten Caesar dem Meuchelmörder Brutus erscheint und ihm zuruft: »Thou shalt see me again in Philippi« – wobei Philippi hier wie »Philipp e i« ausgesprochen wurde. Was für ein düsteres Omen – so schien es mir – auch für meine Reise!

Am nächsten Morgen machte ich mich – mit nur noch zwei Pennys im Geldbeutel – auf den Weg zu den Erdbeerfeldern. Dort angelangt, wurde ich beschieden: Die Erdbeerernte sei gerade beendet worden. Also keine »Strawberry fields forever«! Meine Verzweiflung erkennend, schickte man mich wenige Kilometer weiter zu den schwarzen Johannisbeeren, wo ich sofort eingestellt wurde. Es gab drei Pennys für jedes gepflückte Pfund. Besonders geschickt im Vergleich zu den anderen Pflückern stellte ich mich wahrlich nicht an: Vom frühen Morgen bis zum Dunkelwerden spät in der

Nacht arbeitend, schaffte ich es nur 11 Schillinge einzunehmen. Mit schwarz verfärbten Fingerspitzen verschlief ich die vorletzte bezahlte Nacht.

Nein: Nicht noch einen weiteren Tag bei den schwarzen Johannisbeeren! Ich war wieder wie mein Vorbild Jack Kerouac »On the road«. Traf bei Bristol einen deutschen Pfadfinder mit herrlicher Ausstattung: Einer geräumigen »Kote« (Zelt) und erstaunlichen Essensvorräten. Er lud mich ein und ich aß mich richtig satt. Am Abend diskutierten wir in seiner Kote über alles Mögliche und stellten bald fest, wie uneinig wir uns in jeder Hinsicht waren. Ich mochte keine Pfadfinder und habe meine Vorbehalte gegenüber allem Uniformierten (inklusive dem protestantischen Talar) nie verloren. So schieden wir unversöhnt am nächsten Morgen und ich trampte mit endlich mal wieder vollem Magen nach Winchester.

Dort konnte ich mir eine Jugendherbergsübernachtung noch einmal leisten. Besichtigte die berühmte Kathedrale, die später nicht geläutet hat, als im Hit der »New Vaudeville Band« »Winchester Cathedral« sein »Baby« von ihm fortgelaufen ist…

Gleich am nächsten Morgen trampte ich nach Oxford. Dort stellte ich fest, dass ich meinen Regenschirm in der JH Winchester stehengelassen hatte. Ich trampte wieder dorthin, holte ihn und trampte nach Oxford zurück. Kaufte mir dort von meinem letzten Geld wieder Tabak und Zigarettenpapier. Das Geld für die JH-Übernachtung war weg. Noch 11 Tage bis zur Zugabfahrt in London. Ich ging in die JH und redete mit den dort Übernachtenden. Kam ins Gespräch mit einer offenherzigen Norwegerin, die gerne mit mir weiter getrampt wäre. Doch, was hatte ich denn, außer wenigen selbstgedrehten Zigaretten, noch zu bieten? Ich verfluchte meine Armut und verließ die Herberge, als die zahlenden Gäste um 22:00 in die Schlafsäle hochmarschierten.

Es war eine mondhelle Nacht. Wohin? Meine Schritte führten mich zum Universitätspark. Dort überstieg ich die Trennmauer und legte mich auf eine Bank auf dem hellbeschienenen Rasen. Der Vollmond und die Angst ließen mich kaum schlafen. Wie sollte ich die verbleibenden Tage noch bestehen? Im Morgengrauen gelang es mir endlich, für zwei Stunden durchgehend zu schlafen. Als ich aufwachte sah ich Bewegung auf der angrenzenden Straße: Die Insassen der Jugendherberge machten sich mit ihrer Rucksacklast wieder auf den Weg. Dabei auch die bildhübsche Norwegerin, die ich nie vergessen habe...

Ich fasste einen kühnen Entschluss: Auf jetzt nach London! Vielleicht gibt es dort eine Lösung meines Problems. Ein LKW hielt. Ein äußerst netter und zum Reden aufgelegter Fahrer fuhr mich an Londons Peripherie. Meine »Gegenleistung« blieb ich weitgehend schuldig: Zu seinem Missvergnügen schlief ich fast sofort ein und schnarchte bis er mich am Straßenrand entsorgte. Wenige Minuten waren vergangen, als ein »Bentley« anhielt. Es war der edelste Lift, den ich je erhielt: Ein Lord, der auf dem Weg zum Oberhaus war. Er erklärte mir unterwegs das politische System Englands. Er war sehr interessiert an meiner Sicht der Verhältnisse im Nachkriegsdeutschland. Einfach großartig an diesem Volk: Dass man selbst einem offensichtlichen Penner wie mir eine Stimme gab, der man sogar Gehör schenkte.

Nun aber war ich mitten in London und wusste nicht mehr weiter. Meine letzte Mahlzeit lag lange zurück. Ich irrte durch die Straßen von London und wusste nicht, wo ich war. Ja klar: Dort war der Big Ben und die Tower Bridge. Aber, was scherte mich das? Ich hatte einfach Hunger. Später las ich Knut Hamsuns nobelkreisgekrönte Novelle »Hunger«, und fand dort die fiebrige Gier wieder, die so wahnsinnig macht. Zum Glück gab es gegen den Durst überall öffentliche Wasserhähne. Doch der Hunger nagte und wurde durch die Düfte der Restaurants, an denen ich vorbeiging, immer heftiger. Ich verdammte meinen Plan, jetzt schon im Moloch dieser Großstadt erschienen zu sein. Um mir die Zeit zu vertreiben, tauchte ich immer wieder an der »Hyde Park's Corner« auf und hörte den Reden der weltrettenden Spinner zu. Was für ein Land: Das die Souveränität hatte, den Stimmen der Unorthodoxen und Dissidenten ein solches Forum zu gewähren!

Doch das rettete mich nicht vor der Notwendigkeit irgendwo mein Haupt zu hinzulegen. Ich ging zur Victoria Station und begab mich gegen Mitternacht in den Wartesaal.

Die Holzbänke dort waren schon alle von den Clochards belegt. Nur mit Mühe gelang es mir wenigstens einen Sitzplatz zu finden. Warm war es, aber es stank entsetzlich nach Knoblauch, Tabaksqualm und Schweißfüssen. Regelmäßig kam eine Polizeipatrouille vorbei und schaute hinein. Davor warnte uns dann der »diensthabende« Penner und weckte die Schlafenden auf. Denn wer sich zum Schlafen ausgestreckt hatte, wurde sofort von der Polizei rausgeschmissen. So kamen wir in den ersten beiden Stunden nach Mitternacht kaum zum Schlafen. Um 2 Uhr wurde es dann ernst: Die Polizei kam herein und schmiss jeden, der keine Fahrkarte vorweisen konnte hinaus. Nun gab es Platz genug und ich gehörte zu den Wenigen, die in dem nun verdunkelten Raum bis 5 Uhr morgens weiterschlafen durften.

So begann der zweite Hungertag schon früh und wieder wanderte ich durch diese riesengroße Stadt. Ich kann wohl sagen, dass ich so ziemlich alle ihre Sehenswürdigkeiten recht intensiv kennengelernt habe. Auch das Vergnügungsviertel Soho besuchte ich, fand es aber gar nicht so lasterhaft wie erwartet. Der Hamburger Kiez mit Reeperbahn, Großer Freiheit und Herbertstraße war da weitaus prickelnder.

Ich durchwanderte auch den riesigen Hyde Park und holte dort unter einem Baum liegend verlorenen Schlaf nach. Ich quälte mich mit Selbstvorwürfen: Warum bist du denn bloß in diese Großstadt mit ihren vielen Essensgerüchen gekommen? Wärest du doch auf dem Lande geblieben, wo du in einem der schönen Gärten Obst und Gemüse hättest klauen können! Tatsächlich erwog ich, aus London heraus in die Grafschaft Kent zu trampen, die für ihre Gärten berühmt ist. Aber vielleicht konnte ich ja auch hier irgendwo illegale Arbeit finden?

So verstrich quälend der zweite und begann nun schon der dritte Hungertag. Meine Essensphantasien wurden immer bedrängender. Mein Tabakvorrat war auf ein Minimum geschrumpft. Auf einen Markt gehen und dort Lebensmittel »mitgehen« lassen? Davor schreckte ich noch zurück. Und dann kam mir eine ganz verwegene und verrückte Idee: Während meiner Wanderungen war ich auch zum Buckingham Palast gekommen und hatte beobachtet, wie Touristen in den davor gelegenen prächtigen Brunnen Geldstücke hineinwarfen. Tatsächlich waren am Boden des Brunnens eine riesige Menge an Münzen zu entdecken, davon sogar einige Silbermünzen. Es konnte doch nicht schwer sein, einige davon herauszufischen, um damit meine Malaise zu beenden! Klar war, dass ich schnell zu sein hatte, wenn ich nicht von einem der hier herumstehenden »Bobbies« an meiner »Arbeit« gehindert werden wollte. Das Ganze erwies sich aber schwieriger als gedacht, weil die Münzen durch optische Täuschung des Wassers viel näher schienen als sie es tatsächlich waren. So fiel ich denn beim ersten Versuch fast in den Brunnen. Beim zweiten Versuch gelang es mir dann, einen lächerlichen Penny herauszuholen, hatte mich dabei aber völlig nass gemacht. Nein, das konnte nichts mehr werden und ich gab kläglich auf.

Trotzdem sollte mir dieses Unternehmen zu meiner ersten Mahlzeit nach drei Tagen verhelfen. Und das kam so: Eine Gruppe von etwa 12 Jahre alten Straßenjungen hatte mich bei meinen Tauchversuchen mit unverhohlener Sympathie beobachtet. Sie kamen auf mich zu und fragten nach meinem Motiv zu so einem verrückten Handeln. Ich erzählte ihnen mein Geschick und sie hörten mir atemlos und fasziniert zu. Zweifellos war ich nun ihr Held geworden, zu dem sie mit Bewunderung aufsahen. Einer von ihnen hatte plötzlich einen Einfall und bedeutete mir, ihnen nachzufolgen. Sie führten mich in ein nahe gelegenes Selbstbedienungsrestaurant und hießen mich Platz zu nehmen. Bald darauf stellten sie mir ein Tablett auf den Tisch. Darauf war ein Teller mit Fleischklößchen, Gemüse und Kartoffeln. Ich aß alles ganz langsam auf und genoss jeden Bissen. Sie schauten mir dabei voller Genugtuung zu. Ich war etwas beschämt und fragte, woher sie denn so viel Geld hätten, um ein solches Essen zu bezahlen. Da beruhigten sie mich sofort, denn einer sagte: »We´ve pinched it!« (»Wir haben es geklaut!«)… Was für rührende kleine Kerle! Aus Dankbarkeit versprach ich ihnen, sie am nächsten Tag nach Soho zu führen, um ihnen gewisse Etablissements zu zeigen. Was hätte ich ihnen sonst auch bieten können?! Erwartungsfroh verabredeten sie sich mit mir für den folgenden Tag.

Aber dazu kam es nicht, weil das Glück zu mir zurückgekehrt war. Danach sah es aber zunächst gar nicht aus. Denn in dieser Nacht kam die Polizei aus unerklärlichen Gründen nicht in den Wartesaal. Deshalb war er völlig überfüllt. Trotzdem hatte ich eine Holzbank für mich ergattert, auf die ich mich hinlegte. Ein übel stinkender Clochard saß an meinem Fußende. In der Nacht kämpften wir um die Hoheit auf der Holzbank, mit dem Ergebnis, dass er lag und ich saß. Sein Stinken kam ihm dabei sehr zugute. Diese Niederlage *sollte trotzdem zur Rückkehr meines Glückes führen: In den Morgenstunden unterhielt ich mich mit ihm – Niederlagen sind schließlich sportlich zu sehen und zu verkraften. Als ich ihm meine Geldnot offenbarte, gab er mir den entscheidenden Tipp: Im nahe gelegenen Restaurant des ZOB (Zentraler Omnibus-Bahnhof) gäbe es im Restaurant einen Job, der ausschließlich für Penner wie uns reserviert sei. Man müsse nur Töpfe schrubben, hätte freies Essen und bekäme 30 Shilling pro Tag. Das schien mir wie ein Märchen. Ich machte mich dennoch sofort auf den Weg.*

Im Büro des ZOB-Restaurants empfing mich eine vertrocknete Sekretärin, deren Tränensäcke auf kein optimistisches Gemüt schließen ließen. Sie hörte sich resigniert mein Anliegen an und ich las es in ihren Zügen: »Wieder so ein Penner, der nicht lange bei der Stange bleiben wird«. Aber alles, was der Clochard verheißen hatte, stimmte: 30 Shilling mit Auszahlung nach jedem Arbeitstag und Essen frei! Nur einen Pferdefuß besaß das Ganze: Ich musste schon morgens um 5:30 auf der Matte stehen. Dafür war um 15:00 Arbeitsende. – Was tun? Das hieß: Weiterhin im Wartesaal schlafen, um rechtzeitig bei der Arbeit sein zu können und weiteres Schlafdefizit. Die nächste Jugendherberge war viel zu weit entfernt und es war unmöglich, von dort aus pünktlich zur Stelle zu sein – auch wenn ich mir den Übernachtungspreis wieder leisten konnte. Ich durfte sofort anfangen.

So lernte ich Ron, den Küchenchef kennen: Ein lieber Mensch, den ich nie vergessen werde. Er wies mich in meine neue Arbeitsstelle ein: Ein großes Abwaschbecken, neben dem eine Unzahl von Töpfen aufgetürmt war. Das Becken war fettverklebt und die Töpfe großenteils schwarzverbrannt. Ekelhaft! Meine Vorgänger hatten einen widerlichen Dreckstall hinterlassen. Es rief alles nach Gesundheitsamt. – Jetzt kam es mir zugute, dass ich während meiner Inter-

natszeit täglich beim Abwasch zu helfen hatte. Ich ließ mir sämtliche vorhandene Reinigungsmittel und Bürsten geben und machte mich ingrimmig ans Werk. Nach ein paar Stunden glänzte die Topfküche und alles, was darinnen war. Ron schüttelte nur den Kopf und sagte: »Fucking Germans!« Das aber war ein großes Lob.

Wenn ich noch lange geblieben wäre, hätte ich wohl zum beliebtesten Mitarbeiter des Betriebs gewählt werden können...

Um die Mittagszeit herum herrschte eine unbeschreibliche Hektik: Die Kellner schrien die Bestellungen und die Köche brüllten zurück. Es war wie Krieg und irgendwie klappte das alles auch nicht. Eine der Küchenhilfen war eine junge Schwarze, die ich sehr gerne mochte. Auf verhaltene Weise sie wohl auch mich. Sie war ungeheuer sanft und in ihren jugendlichen Zügen sah man schon einen Hauch von Melancholie. Was aus ihr wohl geworden ist? Solche Erlebnisse lassen einen gegen Rassismus völlig resistent werden! – Wenn die Küchenschlacht vorüber war, kam der schönste Moment des Tages: Wir aßen, was die Köche gezaubert hatten. Wer immer die englische »Cuisine« beschimpfen mag: Kidney Pie mit Minzsoße ist eine Köstlichkeit – zumindest, wenn man Hunger hat.

Ich war wieder obenauf und hatte mehr Geld, als ich ausgeben konnte oder wollte. Mein einziges Problem bestand darin, dass um 15:00 Arbeitsschluss war. Wenn ich mein Geld ausbezahlt bekommen hatte, wusste ich nicht mehr, wie ich die Zeit vertreiben sollte, bevor ich wieder in den Wartesaal zu gehen hatte. Manchmal schlief ich nachmittags im Hyde Park, weil mein Schlafdefizit mich in einen fast schon somnambulen Zustand versetzt hatte. Manchmal ging ich ins Kino – und schlief regelmäßig dort ein. An keinen der Filme kann ich mich erinnern. Ich konnte es kaum erwarten, wieder an meinem Arbeitsplatz in der Topfküche zu sein. An einem Tag nahm mich Ron zur Seite und fragte mich, ob ich Kummer hätte. »Nein, wieso?« Ich mache einen so abwesenden und niedergeschlagenen Eindruck, meinte er. Ich stritt das ab und verriet mein nächtliches Geheimnis nicht.

Im Nachblicken will mir eines immer noch als Wunder erscheinen: In dieser ganzen Zeit habe ich meinen edlen Regenschirm nie stehengelassen und auch nicht entwendet bekommen. Er war mein ständiger Begleiter und wurde für mich zum Symbol meiner möglichen Resozialisierung, auf die ich nun mit Siebenmeilenschritten zuging.

Aber vorher kam noch die Katastrophe, als es nur noch drei Tage bis zur Zugabfahrt war. Beim nächtlichen Besuch der Polizei im Wartesaal wurde auch ich rausgeschmissen. Vergeblich zeigte ich mein Ticket. Wahrscheinlich war der Polizist ein sturer Bock, der uns Penner insgeheim oder auch offensichtlich hasste. Jedenfalls stand ich nun da in der kalten Nacht und wusste nicht wohin. Dann erinnerte ich mich an den Hyde Park, lief dorthin und legte mich fröstelnd auf eine Bank. Kaum ein wenig eingedöst, kamen Polizisten mit Hunden und scheuchten mich aus dem Park. Auf einem Lüftungsschacht auf Zeitungspapier schlafen, wie ich das schon gesehen hatte? Aber ich hatte kein Zeitungspapier. Da kam mir die Erleuchtung: Es gab doch noch mehr Bahnhöfe in London! So machte ich mich auf den langen Weg zur Euston Station und nahm dort im Wartesaal Platz. Aber auch hier: Kaum war ich eingedöst, kam schon die Polizei. Ich zeigte vergeblich mein Ticket, denn von hier aus fuhren keine Züge nach Dover. So gab es nun einen weiteren langen Marsch zur weit entfernten Waterloo Station. Es war schon 4 Uhr morgens und der Wartesaal war abgeschlossen. Ich sah einige einfach auf dem Boden liegen und erkannte einige Mittramper wieder, die ich in Schottland getroffen hatte. Nicht nur mir war es also dreckig ergangen. Ich schlief dort auch eine halbe Stunde und ging mit schwarzen Punkten vor den Augen zu meiner Topfküche.

Nun waren es nur noch zwei Tage, bis mein Zug von Victoria Station aus abfahren würde. Ich duschte in einer öffentlichen Bedürfnisanstalt, was für wenige Pennies möglich war. Ich rasierte mich und erblickte mich im Spiegel. Ich erschrak: Was für ein fremdes Gesicht sah mich da an! Weiter zurückgehend nahm ich die Gesamtansicht zur Kenntnis: Zweifellos ein speckiger und dreckiger Penner! Ich versuchte mich zu sehen, wie die gebügelten, geschniegelten und gekämmten Bürgerkinder des Schülertransports mich wohl ansehen mochten. Vor allem meine Jeans starrten vor Dreck. Dem konnte Abhilfe geschaffen werden, denn nun war ich ja fast schon ein reicher Mann… Für eine Hose in der Oxford Street langte es allerdings nicht. So ging ich auf einen Billigmarkt und erstand eine Hose, ohne allerdings – unerfahren wie ich in solchen Dingen war – auf die Maße zu achten. Ich probierte sie in einer öffentlichen Toilette an und stellte fest, dass noch ein weiterer Jörn Wilhelm in diese Hose hineingepasst hätte.

Die letzte Nacht schlief ich unbehelligt im Wartesaal der Victoria Station. Ich nahm Abschied von Ron und seiner Crew, was nicht ganz tränenlos abging. Später habe ich ihm noch geschrieben, aber er hat nie geantwortet und reihte sich damit in die Schar derer ein, die man einmal gemocht und dennoch verloren hat.

So saß ich denn schließlich mit meinen dreckig-speckigen Jeans im Zug mit den Bürgerkindern. Obwohl ich nicht mehr allzu sehr stank, rückte man von mir ab. Was ich erzählte stieß nur auf Unglauben. Drum ließ ich es dann auch, schlief und träumte in englischer Sprache. In Hamburg angekommen fuhr ich mit der U-Bahn und stieg an der Station Hoheluftchaussee in die legendäre Straßenbahn Nr. 2

nach Hamburg-Schnelsen. Dort ließ ich meinen Schirm ste-
hen, der mich so gut behütet hatte. Meine Mutter empfing
mich wie bei der Rückkehr des verlorenen Sohnes. Ich schlief
mehr als 24 Stunden am Stück und kehrte dann in die Wirk-
lichkeit des Jahres 1962 zurück, die vom drohenden Inferno
der Kubakrise überschattet war. Irgendwo hatte ich an einer
Schule den lateinischen Sinnspruch gesehen: »Non scholae
sed vitae discimus«. (»Nicht für die Schule, sondern für das
Leben lernen wir«). Dafür hatte ich in den fünf Wochen
wirklich eine Menge gelernt.

Les Misérables

Damit endete die Hamburger Streunerzeit. Ich erkenne in ihr einen
der wichtigsten Abschnitte in meinem Leben. Auf ihren ziellosen
Wegen löste ich mich von elterlicher Bevormundung ab und begann,
ein eigener und selbständiger Mensch zu werden. Die Niederungen,
die ich sah und erlebte, habe ich nie vergessen. Ein Gespräch mit
einem jungen Obdachlosen in der Nähe des Valentinkamps höre
ich noch wie heute: Er erzählte mir ganz ungeschminkt von der
Entwurzelung in seinem Leben durch Verstoßung, Heimerziehung
und Alkohol, aber auch von seiner Hoffnung, den Teufelskreisen
doch noch zu entrinnen. Von diesen Niederungen erzählt Thomas
Wolfe, als er in Nazi-Deutschland aus seinem politischen Schlaf
erwachte, wie er das in »Es führt kein Weg zurück« beschreibt:

Merkwürdigerweise fluteten jetzt alle vergessenen, grauen
Tage in Brooklyn, die in meine Seele eingesickert waren,
wieder in mein Bewusstsein zurück. Auch meine nächtlichen
Streifzüge durch den Dschungel der Großstadt fielen mir
wieder ein: ich sah wieder die ausgemergelten Gesichter der
Heimatlosen, der ewigen Wanderer, der Enterbten Amerikas;
ich sah die alten Arbeiter, die ihr ganzes Leben lang gearbei-

tet hatten und nun nicht mehr arbeiten konnten – auch die halbwüchsigen Jungen, die nie gearbeitet hatten und keine Arbeit finden konnten; ich sah all die Ausgestoßenen einer Gesellschaft, die keine Verwendung für sie hatte und sie auf jede Weise loszuwerden suchte; ich sah sie in Mülltonnen nach Speiseresten suchen, sah sie mit ihresgleichen in die Wärme stinkender Latrinen flüchten oder mit alten Zeitungen zugedeckt auf dem Betonboden der Untergrundbahnhöfe schlafen…. Wieder war das sehende Auge von einem Schleier befreit, und ich wusste: was das Auge hier wahrgenommen und begriffen hatte, das würde es nimmermehr vergessen und überall in jeglicher Gestalt erkennen.

Aber von Thomas Wolfe nahm ich nun allmählich Abschied und wurde frei für viele neue literarische Erlebnisse. Doch zunächst einmal wurde ich krank.

KAPITEL V

KRISIS UND ERWACHEN: DIE LETZTE ZEIT IN HAMBURG

Der todkranke Großvater

Als ich von meiner Reise zurückkehrte, wurde zunächst mein Großvater schwerkrank: Eine Lungenentzündung hatte den 87-jährigen niedergeworfen. Er wurde immer schwächer. Es wurde uns allen bewusst, welch Wunder seit etwa sechs Jahren an ihm geschehen war: Er war – wahrscheinlich durch ein neu verordnetes Vitaminpräparat – wieder voll bewusst ins Leben zurückgekehrt. Aus dem düsteren Mann war ein heiterer und erzählfreudiger Zeitzeuge geworden, der ungemein lebendig von seiner armen Kindheit in der Schönhauser Allee in Berlin, seiner Zeit auf den Ozeanen der Erde, von Deutsch-Südwestafrika, von New York und von seiner Zeit als Lokomotivführer in Mecklenburg zu berichten wusste.

Auch Wolfgang, der ihn bisher hatte links liegen lassen, »entdeckte« ihn nun und hörte gebannt seinen »Döntjes« (seinen Erzählungen) zu. Als Jugendlicher hatte Ernst Knothe Senior sich selbst das Zither-Spielen beigebracht. Nun fragte er uns – nur selten äußerte er einmal einen Wunsch –, ob wir ihm eine gebrauchte Zither besorgen könnten. Das gelang uns schließlich und nun begann für ihn ein neues Leben: Tagaus tagein übte er und lernte, immer neue Lieder zu begleiten. Der rauschende Klang der Zither tönte nun durchs ganze Haus – nicht immer nur wohltönend, aber doch gut anzuhören.

Abbildung 22: Ernst Knothe an der Zither

Viele Berliner Lieder gehörten zu seinem Repertoire. Besonders ist mir dieses in Erinnerung: *Du bist verrückt, mein Kind, du musst nach Berlin, / wo die Verrückten sind, denn da jehörste hin.* Ganz außerordentlich war seine Wiedergabe eines Arbeitsliedes, das er aus Tsingtau mitgebracht hatte. Es hieß »Die Brücke von Tsingtau« und hatte 22 Verse. Er selber hatte beim Brückenbau geholfen. Leider haben wir den Text nie aufgeschrieben. Meine Recherchen haben nichts ergeben, so dass dies Zeitdokument wohl für immer verloren ist. Genauso auch sein leicht blasphemisches »Sozialdemokratisches Vaterunser« aus seiner Berliner Zeit: Ich habe keine Spur mehr davon finden können. Wie viel geht auf diese Weise unwiederbringlich verloren!

Nun aber lag er da in seinem kleinen Zimmer und redete kaum noch. Wir saßen, uns abwechselnd, an seinem Bett und hielten seine Hand. Er hatte hohes Fieber, schwitzte stark und sein Atem ging unregelmäßig. Sein Sohn, unser Onkel Ernst, kam aus Frankfurt, um sich von ihm verabschieden, denn der Todeskampf schien begonnen zu haben. Sein Gesicht war hochrot und das Röcheln hatte eingesetzt.

In der entscheidenden Nacht saß ich an seinem Bett. Das Röcheln wurde immer stärker. Plötzlich setzte er sich auf und sagte mit klarer Stimme: »Ruf alle herbei.« Die ganze Familie versammelte sich um sein Bett. Mühsam, aber verständlich, brachte er hervor: »Ich gehe jetzt von euch. Verzeiht mir alles, womit ich euch verletzt habe.« Dann drückte er uns allen noch einmal die Hand und ließ sich ins Kissen fallen. Das Röcheln setzte wieder ein und ich blieb alleine bei ihm. Eine Stunde nach Mitternacht begann die Schnappatmung und wieder weckte ich die Familie, denn der Zeitpunkt des Todes schien nun gekommen zu sein.

Als alle wieder um das Bett herumstanden, drehte er sich wie in einem plötzlichen Entschluss auf die Seite und sein Atem wurde unversehens ruhiger. Tatsächlich schlief er ein und man hörte nun seine gleichmäßigen Atemzüge. Dr. K., der am nächsten Morgen vorbeikam, hatte für diese Rückkehr ins Leben eine Erklärung: »Das war die Krisis. Das ist der Zeitpunkt, da das Pendel in die eine oder die andere Richtung ausschlägt.« In wenigen Wochen war er wieder der Alte und die Klänge des Zitherspiels durchdrangen erneut das Haus. Er lebte noch drei volle Jahre.

Die Matratzengruft

Bald danach war ich an der Reihe: eine fiebrige Erkältung wollte trotz des Einsatzes von Sulfonamiden und Antibiotika nicht weichen. Dr. K., mit dem ich nun doch, ob ich wollte oder nicht, reden musste, diagnostizierte eine schwere Lungenentzündung. Warum er mich nicht ins Krankenhaus transferierte, ist mir unklar. Fast ein halbes Jahr lag ich im Hinterzimmer in der »Matratzengruft«, wie ich das in anmaßender Anspielung auf Heinrich Heine nannte – der wie ich am 13. Dezember geboren wurde.

Hannchen gab sich ungeheure Mühe: Sie wandte alle ihr bekannten Hausmittel an, wie Fußwickel, Schwitzkur, Brustwickel und Inhalationen. Aber es wollte und wollte nicht besser werden. Die Zeit erscheint mir im Rückblick wie ein einziger Dämmerschlaf. Die Nasennebenhöhlen waren entzündet und verschleimt, was sehr unangenehm und schmerzhaft war. Ich war so schwach, dass ich kaum noch gehen konnte und magerte fast bis zum Gerippe ab. Das Fieber hielt sich ständig bei 40 Grad Celsius.

Nach einem Vierteljahr wurde es allmählich besser. Ich konnte wieder lesen, was ich ausgiebig tat. Nun war die französische Literatur an der Reihe: Balzac, de Nerval, Flaubert, Zola und Maupassant. Nach einiger Zeit war ich sogar wieder in der Lage, an den Lernfortschritten in der Schule teilzunehmen, weil Mitschüler mich darüber telefonisch informierten. Das war auch bitter nötig: Dies war das zweite Halbjahr, in dem ich sonst immer meine Versäumnisse im ersten Halbjahr aufzuholen pflegte. In der Untersekunda des Gymnasiums konnte man zwei Fächer abwählen, deren Notengebung dann ins Abiturzeugnis einging. Bei mir war das klar: Ich wählte Mathematik und Physik ab. Besonders in Mathematik hatte ich nicht einholbar den Anschluss verloren und lief Gefahr bei einer Note 6 nicht mehr zur Oberprima zugelassen zu werden. »Dann kriegst du eben Nachhilfeunterricht, wenn du wieder gesund bist«, tröstete mich Hannchen.

Sogar das Verlangen nach Nikotin stellte sich drängend wieder ein. In einer Nacht meldete sich die Sucht so stark, dass ich ihr nachgab: In offenen Sandalen und im Pyjama verließ ich das Hinterzimmer durch die Verandatür und lief durch hohen Schnee zum ziemlich weit entfernten Zigarettenautomaten. Meine Füße waren halb erfroren. Dann zündete ich mir die erste Zigarette seit langer Zeit an.

Mein Hunger auf Rückkehr ins Leben war damit noch nicht gestillt: In einer anderen Nacht zog ich mich an und fuhr heimlich mit der Straßenbahn der Linie 2 zur Hoheluftchaussee und besuchte die Nachtvorstellung des Filmtheaters »Holi«. Gegeben wurde der Film »Ein Toter spielt Klavier« mit Susan Strasberg, ein wirklich gruseliger Thriller. Mit der letzten Straßenbahn fuhr ich nach Hause und kehrte schaudernd in mein Hinterzimmer zurück.

Abbildung 23: Allmähliche Genesung

Mathematik im Hochbunker

Meine Rückkehr in die Schule wurde von Mitschülern wie Lehrern mit großer Aufmerksamkeit und Mitgefühl bedacht. Ich fühlte mich erstmals seit langer Zeit richtig angenommen. Und damit begann mein Erwachen aus der bisherigen Lethargie meiner Schulzeit. – Zunächst wurde das Problem mit der Mathematik angegangen: Ich fand einen früheren Schüler des Alber Schweitzer-Gymnasiums, der Mathematik im ersten Semester studierte. Er nahm viel

Geld für seinen Nachhilfeunterricht, war aber sehr kompetent und konnte vor allem ausgezeichnet erklären. Darüber hinaus mochten wir uns und klagten uns gegenseitig unser Leid, das wir im familiären Umfeld erlebten. Gerade in dieser Zeit hatte ihn sein Vater wegen einer nicht »standesgemäßen« Liebesaffäre aus dem Haus geworfen und jegliche finanzielle Hilfe eingestellt. Er hatte dagegen Klage erhoben, war aber jetzt voll und ganz auf die Einnahmen des Nachhilfeunterrichts angewiesen.

Er »wohnte« illegal im hässlichsten Gebäude Hamburgs, im riesigen Hochbunker auf dem Heiligengeistfeld, wo der Sommer- und Winterdom, das »Volksfest des Nordens«, stattfand, mit dem Millerntor-Stadion des FC St. Pauli ganz in der Nähe. In diesem ehemaligen Flakbunker fand jetzt der Unterricht statt: Für mich in diesen dunklen und unheimlichen Räumen ein romantisches Abenteuer. Sehr effektiv erklärte er mir das Errechnen von »Gleichungen mit drei Unbekannten (Variablen)«: Ich begriff das tatsächlich! Unsere Wege haben sich danach getrennt und ich weiß nicht, was aus ihm geworden ist. Zweifellos hatte er das Zeug für einen ausgezeichneten Mathematiklehrer, die ja nicht immer gute Pädagogen sind…

So ging ich ins Mathe-Abitur. Es gab vier Aufgaben, davon eine Gleichung mit drei Unbekannten. Auf sie stürzte ich mich sofort und vernachlässigte die drei anderen. Damit war die Note 6 abgewendet und ich erreichte in der Abiturarbeit sogar die Note 4 minus, was allerdings die Gesamtnote 5 nicht mehr verhindern konnte.

Ich brachte diesen Erfolg während des Abiturs noch leichtsinnig in Gefahr: Meine Mitschülerin D. P., die eine Reihe hinter mir saß, signalisierte restlose Verzweiflung ob dieser Aufgaben. Während einer kurzen Unaufmerksamkeit des beaufsichtigenden Lehrers übergab ich ihr einfach das von mir gelöste Gleichnis, wodurch auch sie die Note 5 retten konnte. – So wurde ich doch noch in die Oberprima versetzt, musste aber achtgeben, bei den in Frage kommenden Ausgleichsfächern Deutsch, Englisch und Geschichte weiterhin gute bis sehr gute Noten zu erhalten.

Wolfgangs »Linien des Lebens«

Wolfgang hatte 1962 Abitur gemacht – mit einem glänzenden Zeugnis. Er war mir nur noch zwei Schuljahre voraus gewesen, weil er das segensreiche Sabbatjahr mit Max Picard im Tessin verbracht hatte.

Für die gängige Abiturfestschrift hatte er eine geniale Idee gehabt und sie mit der ihm eigenen Akribie verwirklicht: Berühmte Menschen der Zeitgeschichte anzuschreiben und sie um ein »Wort des Geleits für Abiturienten« zu bitten. Zu seiner eigenen Überraschung haben die meisten geantwortet, so dass ein richtiges Buch, mit den Faksimile-Handschriften, daraus entstand. Er nannte es »Zwischen den Zeiten – Geleit für Abiturienten«.

Von den Politikern antworteten u.a.: Ludwig Erhard, Gustav Heinemann und Carlo Schmid; von den Theologen: Martin Niemöller und Albert Schweitzer; von den Historikern: Carl Jacob Burckhardt und Gerhard Ritter; von den Physikern: Max Born und Werner Heisenberg; von den Schriftstellern: Stefan Andres, Hermann Hesse, Erich Kästner, Rudolf Alexander Schröder und Carl Zuckmayer.

Wer »berühmt« genannt werden kann, ist natürlich eine Frage der Auswahl und des Zeitgeistes. Insofern sind hier auch viele Namen versammelt, die kaum noch einer kennt. Hannchens rechtslastiger Einfluss ist spürbar. Was z.B. der SA-Sturmführer und merkwürdige »Psychologe« Gerhard Pfahler (laut Ernst Klee: Entwickler einer *Typenlehre* als Grundlage einer völkischen Rassenseelenkunde; schon 1922 Mitglied der NSDAP) hier zu suchen hat, ist unerfindlich und eigentlich sogar skandalös. Er war einer der Dozenten an der Rostocker Lehrerakademie gewesen und ein von mir ungeliebter »Freund der Familie«. Reaktionäre Schriftsteller wie Bernt von Heiseler und Zenta Maurina waren schon damals als solche erkennbar. Auffällig, dass kein Schriftsteller der Gruppe 47 dabei ist: Es fehlen z.B. Böll, Bachmann, Enzensberger (den Wolfgang hasste), Frisch, Grass, Koeppen und Walser – alle längst auf der Bühne der Prominenz. Trotzdem war es eine bemerkenswerte Sammlung, die in sich selbst viel über den damaligen Zeitgeist verriet.

Auch hier wieder fiel ein wenig von seinem triumphalen Ruhm, den er sich an der Schule mit dieser Festschrift erwarb, auch auf mich ab. Und das war gut für mein Vorhaben, vielleicht doch noch das Abitur zu machen.

Wolfgang durfte sich nach seinem Abitur erneut ein Sabbatjahr gönnen. Er nutzte es für Auslandsreisen, aber vor allem, um für sein Sammelwerk einen Verleger zu finden und es zwecks Herausgabe zu redigieren. Dafür mussten die Autoren um ihre Zustimmung gebeten werden. Unter dem Titel »Linien des Lebens« erschien es 1963 tatsächlich im Angelos-Verlag (Insel Mainau). Der Titel bezog sich auf ein Wort Friedrich Hölderlins: *Die Linien des Lebens sind verschieden, wie Wege sind und wie der Berge Grenzen.* Das Buch erlebte drei Auflagen und brachte Wolfgang den stolzen Betrag von 10.000,– ein. Er kaufte sich davon bald einen nagelneuen DKW Junior. Nur der Führerschein fehlte noch, um ihn auch fahren zu dürfen.

Ein Fahrlehrer verzweifelt

Ich muss den Ereignissen etwas vorgreifen, um zu erzählen, wie er ihn bekam. Hannchen, die Erichs Fiasko nach Erwerb des Führerscheins nicht vergessen hatte, spendierte uns beiden die Kosten für die Fahrschule: Wenigstens wir sollten das Autofahren schon im jungen Alter lernen. Herr Rademacher, unser Fahrlehrer, war verzweifelt, wie dumm wir uns beim Autofahren anstellten. Er war auch Leiter des theoretischen Fahrunterrichts. Ich fühlte mich darüber so erhaben, dass ich – im Gegensatz zu Wolfgang – nie das aufgetragene Pensum lernte. Deshalb kam es im theoretischen Unterricht zur stetigen Wiederholung folgender Szene:

Rademacher: »Was bedeutet dieses Verkehrsschild?« – Pause – »Herr Willäm Dschörn«. **Ich:** unwissendes Schweigen. **Rademacher:** »Aha, Herr Willäm Dschörn hat wieder nich geläänt…« –

Pause – dann weiter: »Was meinen Sie, Herr Willäm Wolfgang?«
Wolfgang (z.B.): »Das heißt: Durchfahrt verboten.« **Rademacher:**
»Richtig! Herr Willäm Wolfgang hat geläänt.«

Dann kam die theoretische Prüfung. Als Rademacher das Ergeb-
nis verkündete, schien er die Welt nicht mehr zu verstehen: »Bes-
standen hat Herr Willäm Dschörn. Durchgefallen is Herr Willäm
Wolfgang.« Das bedeutete, dass ich schon einen Termin für die prak-
tische Prüfung erhielt, während Wolfgang erst noch die theoretische
Prüfung wiederholen musste. Ich bestand daraufhin die praktische
Prüfung ohne Schwierigkeiten. Dann erst stellte sich heraus, dass
Rademachers Einschätzung doch die richtige war: Man hatte bei der
Auswertung der theoretischen Prüfung unsere Namen vertauscht.

Nun musste ich die theoretische Prüfung nachholen, was mir
mit Leichtigkeit gelang: Denn nun hatte ich ja »geläänt«. Wolfgang
dagegen fiel zwei Mal in der praktischen Prüfung durch und hat den
»Lappen« erst viel später bekommen, nach einem teuren Intensivkurs
in der Lüneburger Heide. Er ist nie ein guter Autofahrer geworden...

Auf Klassenfahrt in Ostberlin

Nicht lange nach dem Mauerbau fuhren wir mit Frau Dr. Amann
auf Klassenfahrt nach Berlin. Es war eine dieser stark bezuschussten
und vom »Komitee freies Deutschland« ideologisch unterfütterten
Reisen, bei denen ein Besuch in Ostberlin obligatorisch war. Ich
schrieb darüber einen Bericht mit dem Titel »Eindrücke aus Ostberlin«. Ein unveränderter Auszug daraus sei hier wiedergegeben:

Inmitten einer dichtgedrängten Schar von Menschen, die auf
die Tagesaufenthaltsgenehmigung warteten, stand ich und
bereitete mich in Gedanken auf diesen Besuch vor. Meh-
rere Schlagwörter fielen mir ein: »Schandmauer«, »Schergen
Ulbrichts«, »Die Mauer durchlöchern«, usw. ich beschloss,
alle jene Phrasen, alles, was meine Unvoreingenommenheit

beeinträchtigen könnte, aus meinem Gedankenkreis zu verbannen. Ich wollte mir ein unabhängiges, von allen Klischeevorstellungen freies Bild machen. Endlich, nach zweistündiger Wartezeit, waren alle Formalitäten erledigt, und ich war in Ostberlin.

Als erstes fiel mir die eigenartige Leere des Straßenbildes auf: Die Großzügigkeit, das Repräsentative der Planung und der Anlage hatten schon in Westberlin meine Aufmerksamkeit erregt; doch dort war dies mit dem Bild eines stetig vorbeifließenden Großstadtverkehrs verbunden gewesen. Hier aber erschienen die Breite der Straßen, der weite Häuserabstand und die Klarheit der Anlage von einer erschreckenden Sinnlosigkeit. Doch lag über dem Ganzen etwas, das sich von der provinziellen Erstarrtheit einer Kleinstadt, woran ich mich im ersten Augenblick erinnert gefühlt hatte, deutlich unterschied. Ich empfand, dass die monumentale Bauweise der Häuser, die schnurgeraden Alleen, die in gleichbleibenden Abständen angepflanzten Bäume, auf etwas hindeuteten, was zu der jetzigen toten Atmosphäre in krassem Widerspruch stand. Was sollte all dieser Aufwand, diese Pracht, wenn keine Menschen da waren, diese Alleen zu bevölkern, die breiten Straßen zu befahren und dem Hauch der Großartigkeit, der über dem Ganzen lag, damit einen Sinn zu geben? Da diese Menschen fehlten, gewann die Vergangenheit – denn sie war es, die sich hier unabänderlich ihr steinernes Gesicht bewahrt hatte – eine kalte Starre, eine Beziehungslosigkeit, wie man sie wohl bei der Ausgrabung einer längst vergessenen, versunkenen Stadt empfinden mag.

Ohne ein festes Ziel zu haben, ging ich weiter. Ich las ein Straßenschild: Unter den Linden. In etwas weiterer Entfernung sah ich das Brandenburger Tor sich schwarz und mächtig gegen den Himmel abzeichnen. Gedankenassoziationen von prächtigen Paraden, großen Menschenmengen *und von klingender Marschmusik stiegen in mir auf. Doch ich drängte sie gewaltsam zurück; denn diese Bilder machten alles nur noch verlassener und trostloser, als es ohnehin schon war.*

Hier muss ich den Jörn Wilhelm von damals energisch unterbrechen: Paraden und klingende Marschmusik unter dem Brandenburger Tor werden hier als fröhliche Zeichen einer lebendigen Stadt eingebracht. Als Kontrast und Korrektur zitiere ich Horst Krüger, der in seinem großartigen autobiographischen Roman »Das zerbrochene Haus« den fragwürdigen Jubel über Hitlers Machtergreifung im Januar 1933 an eben dieser Stelle beschreibt:

Meine früheste Erinnerung an Hitler ist Jubel.... Er kam aus dem Radio. Er kam aus der fernen, fremden Stadt Berlin, er kam von den Linden und vom Brandenburger Tor... Es war eine kalte Januarnacht, es war ein Fackelzug, und der Sprecher im Radio, der in lauten Tönen eigentlich mehr sang und schluchzte als berichtete, musste Ungeheures erleben: es musste da ein unbeschreiblicher Jubel auf der Prachtstraße der Reichshauptstadt sein, und alle gutwilligen, alle echten und jungen Deutschen mussten zusammengeströmt sein, um, wie ich vernahm, dem greisen Marschall und seinem jungen Kanzler zu huldigen. Die standen beide am Fenster. Es muss wohl so etwas wie ein Halleluja der Erlösten gewesen sein: Berlin ein Freudenfest, Berlin ein Frühlingsmärchen der Nation. Ein Singen und Marschieren und Rufen und Brausen und dann wieder die schluchzende Stimme im Radio, die etwas von Deutschlands Erwachen sang und wie in einem Refrain immer hinzufügte, dass sich nun alles, alles wenden werde.

In der Tat: Dieser Ort hatte noch ganz andere Bilder in seinem Vorrat. Nun aber geben wir dem gerade erst 18-jährigen Jörn Wilhelm wieder das Wort:

196

Vorbei an der Staatsoper und der Humboldtuniversität gelangte ich zu einem Platz von riesenhaften Ausmaßen: Es war der Marx-Engels-Platz. Über einer mächtigen Tribüne war ein Spruchband befestigt: »DIE DDR IST DER ERSTE DEUTSCHE FRIEDENSSTAAT«. Kein Mensch befand sich in der Nähe. Ganz allein stand ich auf einer unermesslich großen Fläche und blickte auf das Spruchband und die leere Tribüne. Ich hatte das seltsame Gefühl, dies alles schon einmal erlebt zu haben. Plötzlich wusste ich, was es war, woran ich mich dunkel zu erinnern glaubte: In George Orwells Roman »1984« war eine ganz ähnliche Atmosphäre gezeichnet: Kein Ort, wo nicht das Auge des »Großen Bruders« über den Menschen wacht, ein Auge, das jede Bewegung und Handlung der Menschen kontrolliert und jede individuelle Regung im Keime ersticken lässt. Mir war, als ob tausende von Augen auf mich herabsahen, um mir das Ungehörige meiner Situation klarzumachen, der ich es wagte, mich a l l e i n ihnen entgegenzustellen. Das Absurde meiner Lage war, dass die Weiträumigkeit des Platzes mir nicht etwa ein Gefühl der Freiheit verschaffte, sondern mir nur erdrückend meine eigene Winzigkeit und Bedeutungslosigkeit zeigte. Einige Arbeiter kamen über den Platz. Ihre Stimmen durchbrachen die unheimliche Stille und weckten mich auf aus meinem Alpdruck.

Drüben auf der nördlichen Seite des Platzes erhob sich ein mächtiger Kuppelbau, den ich nach einem Blick auf den Stadtplan als den Berliner Dom erkannte. Doch erinnerte das Äußere kaum an ein kirchliches Gebäude, vielmehr entdeckte ich Übereinstimmungen mit dem Reichstagsgebäude. Wie dieses war der Dom nur noch eine Ruine. Er stand damit in eigentümlichem Kontrast zu der massiven, blockartigen Tribüne und dem Spruchband mit den großen schwarzen Lettern. Das Portal des Domes war nicht verschlossen.

Ich trat ein und befand mich in einer dunklen Vorhalle. Ein schmaler Gang führte in das Innere des Domes. Langsam wurde es heller, dann plötzlich stand ich in der Mitte des Kirchenraumes, durch dessen zerstörte Fenster ein flutendes Licht hereinströmte und dem Ganzen eine durchsichtige Klarheit verlieh. Während die Wandverzierungen, deren Herkunft deutlich auf die Gründerjahre wies, noch fast unversehrt erhalten waren, hatte der Fußboden die Zerstörung nicht überstanden: Große Steinbrocken lagen verstreut umher, eine einzige Trümmerfläche, über der sich die gewaltige Kuppel wölbte. Diese Zerstörung hatte dem Dom aber nichts von seiner feierlichen Aura nehmen können. Es gab etwas Unzerstörbares in diesem Raum, das dem Verfall und der Trostlosigkeit trotzte. Mir schien es so, als habe der Dom erst durch seine Zerstörung seinen tieferen Wert enthüllt – denn als Bauwerk war er nur ein fast protziges Denkmal der wilhelminischen Epoche. Doch jetzt ging etwas von ihm aus, das die Zeiten überdauert und dem keine menschliche Ordnung etwas anhaben kann: Noch in den Trümmern gegenwärtig.

Vorbei am »Roten Rathaus« ging ich zum Alexanderplatz, wo ich das Restaurant »Bukarest« aufsuchte, um endlich wieder Menschen zu Gesicht zu bekommen…

Als Landpfarrer fuhr ich später oft mit Jugendlichen in die geteilte Stadt. Der Höhepunkt für mich war immer der ganztägige Besuch Ostberlins, wo noch widerständig etwas aufbewahrt war, was im Westen, wo die Trümmer schneller beseitigt worden waren, längst verlorengegangen war.

Die Palette

Zwar streunte ich nicht mehr so sehr, aber in der durch Hubert Fichte weltberühmt gewordenen Kneipe »Palette« in der ABC-Straße, in unmittelbarer Nähe des zentralen Gänsemarkts, bin ich oft gewesen. In »Palette revisited – Eine Kneipe und ein Roman«, einem 2005 erschienenen Gemeinschaftswerk von Jan-Frederik Bandel, Lasse Ole Hempel und Theo Janßen – die auch eine Doku mit gleichem Titel produziert haben –, heißt es:

> Die Palette: Das war in den Fünfzigern und frühen Sechzigern Hamburgs engster und heißester Treffpunkt für bohèmeneugierige Oberschüler, Gammler, Ausreißer, Halbkriminelle und Halbkünstler, für Kunststudenten, unständige Hafenarbeiter und Seeleute...

Mit Kümmel ging ich zuerst die berühmten vier Stufen hinunter. Hubert Fichte schreibt:

> Jäcki geht vier Stufen hinunter... In Pissoirs geht man Stufen hinunter, in Bunker, in Krematorien, in die Pathologie, in Weinkeller. Es lassen sich mythologische Beziehungen zum Hinabsteigen herstellen.

Der Kontrast dieser Gammlerkneipe zu seiner Umgebung war schon bemerkenswert: In der Nähe die scheinvornehmen Antiquitätenläden, das von Tauben bekackte Lessingdenkmal, die Stadtbäckerei, die große Reklamewand Axel Springers mit seinem pseudohumanistischen Slogan »Seid nett zueinander«, die Buchhandlung der Agentur des Rauhen Hauses – in der Nazizeit Versammlungsort des Hamburger Widerstands – und der große Ufa-Kinopalast. Kümmel und ich gehörten zu den vom Stammpublikum belächelten »Wochenendgammlern«, die längst nicht so viel zu erzählen hatten, wie die Vielgereisten, die hierhin immer wieder zurückkehrten. So wie im Buch Fichtes Protagonist Cäsar Schwieger zitiert wird:

Wenn man den ganzen Tag in der Kneipe sitzt und trinkt, wird natürlich nur rumgesponnen und irgendwelche Geschichten erzählt. Alles aufgebauscht: Wo geht man in Paris hin? Wo geht man in Tanger hin? Was ist in Griechenland? ... Einen Film erzählen, wird das genannt: Einer leiht sich in Lyon einen Haufen Geld zusammen, kauft ein Moped, zuckelt zur Palette, zuckelt wieder zurück nach Frankreich und verflucht, sein schmerzendes Hinterteil betastend, das Gefährt: Ab in die Seine mit dem Ding. ... Oder: Irgendwann kommt ein Ausreißer mit einem großen Koffer in die Palette, Sohn eines Herrenausstatters, und wünscht sich nichts sehnlicher als einen abgewetzten Parka. Am nächsten Tag hockt die halbe Palette voll mit Gammlern in Kaschmirpullovern.

»Lässig« war das Zauberwort und ich vergesse den zerlumpten Vaganten nicht, der angeblich gerade aus Tanger kommend, aus der hinteren Tasche seiner Jeans sein zerknittertes Abiturzeugnis hervorholte, um es uns ganz lässig zu zeigen.

Um mithalten zu können, entwickelte ich extra für die Palette aus verschiedenen Mixturen eine Populärphilosophie, die ich den »reinen Vitalismus« nannte. Dabei bezog ich mich auf einen schmalen Band, den ich in Hannchens Bibliothek gefunden hatte: Eine Abhandlung über Henri Bergsons »Élan vital«. Der Gedanke, den ich dabei aufnahm: der Raum ist Materie, dem im Inneren des Menschen die *reine Zeit* gegenübersteht, in deren *Dauer* sich der schöpferische *Élan vital* entfaltet.

Meine bewusst hochstaplerische These war nun: Bergson sei nicht radikal genug gewesen! Die schöpferische Kraft des Menschen sei mehr als das laue Lüftchen eines bloßen Elans. Wenn es eine reine Zeit gebe, dann müsse es auch einen *reinen Vitalismus* geben, der den Anspruch erhebe, den ganzen Raum zu füllen.

Und an dieser Stelle nahm ich als Versatzstück Thomas Wolfes jugendliche Utopie auf: Alle Bücher lesen, alle Länder sehen, so viel

Saufen und mit so viel Frauen schlafen wie nur möglich. Kein lauer Elan, sondern ein kräftiger Sturm! Für diese Pseudophilosophie gab es zwei heilige Orte: Einmal Daressalam, das ich – obwohl es mit »Haus des Friedens« zu übersetzen ist – frech einfach hamburgisch vereinnahmte: »Doa issas Heil«; der andere Ort war die Insel Réunion im Indischen Ozean, als Stätte der Versöhnung aller Gegensätze.

Nun war das schon fast eine neue Religion geworden. – Als ich in der Palette zum ersten Mal diese vermeintliche Lebensphilosophie vortrug, war ich überrascht von der begeisterten Resonanz, die diese Gedanken fanden. Es hätte nicht viel gefehlt und ich hätte eine Art philosophische Gemeinde um mich versammeln können, mit der Gefahr, nun selbst an solch blühenden Unsinn zu glauben…

Jean Paul Sartre und Albert Camus

Aber ich versuchte mich auch ernsthaft mit Philosophie zu beschäftigen: Las Jean Paul Sartres *Der Ekel* und den existentialistischen Romanzyklus *Die Wege der Freiheit,* mit *Zeit der Reife, Der Aufschub* und *Der Pfahl im Fleische.* Ich las die Taschenbücher, die bei Rowohlt erschienen waren, so oft, dass sie noch heute zerfleddert in meinem Bücherregal stehen.

Ich bezweifle, dass ich sehr viel von dem verstand, was den Protagonisten Mathieu bewegte. Was wusste ich schon vom Frankreich des Vichy-Regimes, von der Kommunistischen Partei Frankreichs und der Résistance, dem historischen Hintergrund dieser Romane?! Trotzdem versuchte ich meine vermeintlichen Erkenntnisse umgehend in der Palette anzubringen. Meine recht verworrene Wiedergabe fand allerdings wenig Zuspruch. Ich versuchte mich sogar an Sartres *Das Sein und das Nichts,* musste aber bald einsehen, dass ich ohne Anleitung noch nicht einmal »Bahnhof« verstand.

Viel leichter und verständlicher war für mich die Beschäftigung mit Albert Camus: Natürlich die Romane *Der Fremde* und *Die Pest,* sowie der Essay *Der Mythos von Sisyphos,* den ich bei Hannchen entdeckt hatte –sie war als Literaturpädagogin, wie ich sie nennen möchte, bis zum Schluss stets auf der Höhe ihrer Zeit.

Der Schriftsteller Uwe Timm beschreibt in seinem autobiografischen Roman *Der Freund und der Fremde* wie er und Benno Ohnesorg über Camus' *Der Fremde* miteinander diskutierten. Es ist wohlgemerkt jener Benno Ohnesorg, der am 2. Juni 1967 in Westberlin vom Kriminalobermeister Karl-Heinz Kurras in einem Hinterhof in der Nähe der Berliner Oper erschossen wurde, nach einer Studenten-Demonstration gegen den Schah von Persien – festgehalten einzigartig in *Der Polizeistaatsbesuch* des Schweizer Dokumentarfilmers Roman Brodmann.

Zum Zeitpunkt von Ohnesorgs Ermordung studierte ich in Heidelberg. Als ich davon erfuhr, löste die Nachricht auch bei mir das aus, was wir, die wir entsetzt und empört waren, später das »Ohnesorg-Erlebnis« nannten: Die Initialzündung für die folgenden schweren Studentenunruhen, welche die Republik erschütterten.

Wir sprachen über Bücher schreibt Uwe Timm. *Und über eines haben wir ausführlich und immer wieder gesprochen, ein Buch, das uns über lange Zeit bewegt hat – Der Fremde von Camus.* Eine Geschichte unter der brennenden Sonne Algeriens, in der der Antiheld Meursault fünf Mal auf einen Araber schießt, weil ihn diese Sonne geblendet hat. Dazu Timm:

> *Die Sonne, die Hitze, das Aufblitzen des Messers, der Schuss, das ist alles…Ein Zufall. Der Schuss ist so sinnlos wie der Tod, wie es die Welt ist… Die Welt ist ohne Transzendenz. Es gibt keine Schöpfung, darum keine Geschöpfe. Das Leben, zufällig und in seinem Sinn nicht deutbar, das ist alles.*

Für Uwe Timm und Benno Ohnesorg gewinnt Meursaults *indifférence*, sein lässiger Gleichmut gegenüber dieser absurden Welt, existentielle Bedeutung:

Wir lasen uns kleine Abschnitte vor, sprachen über die Stimmung, über die Umgebung der algerischen Stadt, in der Meursault lebt, eine Stimmung, die uns vertraut schien, dieses von der Gesellschaft abgesondert sein. Dieser stereoskopische Blick auf Dinge und Menschen. Die Genauigkeit in der Beschreibung der Gefühle. Keine Heuchelei, keine Selbsttäuschung, keine Kompromisse, keine verschwiemelte Sinngebung, das gefiel uns, ihm, mir und vielen anderen an den Büchern von Camus. Eine Lektüre, die in dem Alter der Selbstfindung ihre Kraft entfaltet.

Ja, im Alter der Selbstfindung war es auch bei mir, dass ich in diesem lässigen Gleichmut Meursaults eine beispielhafte Haltung fand, mit der ich als Fremder vor die Welt treten konnte. Es war Thomas Wolfes *O verloren!*, aber nun seiner hymnischen Larmoyanz entkleidet. Timm sagt:

Was uns in Der Fremde ansprach, war die Abgrenzung von all dem, was Konvention war, die Infragestellung der großen Gefühle und Tugenden: Nation, Familie, Heimat, Pflicht, Glaube, Treue. Das hatten wir herausgelesen, die Kühle, den Zweifel, keine Gewissheit, den Wunsch nach Konsequenz… Die indifférence *war der geheime Treibsatz, um sich selbst das Interesse zu geben, fern und fremd zu sein, ein Interesse, das man dadurch – und das war sicherlich ein wenig pubertär – auch von den anderen für sich erhoffte.*

Es war jedenfalls die Haltung, die auch in der Palette »ankam« und angesagt war.

Weniger Wirkung zeigte damals bei mir *Die Pest*, die ich meiner Erinnerung nach noch nicht einmal zu Ende las. Wahrscheinlich war für mich die deprimierende Schilderung der Auswirkungen der Epidemie in der algerischen Stadt Oran zu langatmig und die Identifizierung mit den Hauptpersonen, wie dem Arzt Rieux, zu schwierig.

Als ich *Die Pest* in diesen Tagen wieder las, schien sie mir bedeutender als *Der Fremde* zu sein und ich kann verstehen, dass der schwedische Schriftsteller Lars Gustafsson in der ZEIT dieses Werk Camus' im Jahre 1999 zu seinem »Jahrhundertbuch« erklärte. Ihm ist zuzustimmen wenn er resümierend sagt: *Man könnte sogar behaupten, dass der Roman jetzt, am Ende des Jahrhunderts, eine düstere neue Aktualität gewonnen hat.*

Das gilt auch noch für den Augenblick, in dem ich schreibe, da das 21. Jahrhundert schon fünfzehn Jahre zählt: Wo der Ebola-Virus grassiert und der Krieg als der Vater aller Dinge sich wieder fast unhinterfragbar etabliert hat. Da bedarf es wohl dringend des Beispiels solidarischer Menschen, wie des Arztes Rieux, des Journalisten Rambert und des Rentners Tarrou, um zu zeigen, dass man das Sinnlose aushalten und konsequent die Herausforderungen annehmen kann, die sich in der »Sisyphos-Situation« stellen. Das ist nicht mehr die »himbeerrote Reise« von 1968, wie sie Franz Josef Degenhardt schon damals selbstkritisch für uns alle benannte. Lars Gustafsson sagt:

> *So gesehen kann Camus' Roman einen düsteren Eindruck erwecken. Aber das Eigentümliche daran ist doch die paradoxe Hoffnung, die er enthält. Doktor Rieux gibt nicht auf. Er nimmt die Herausforderung an. Rambert geht nicht zugrunde, weil er ohne seine Geliebte leben muss. Monsieur Tarrou findet endlich zu sich selbst. »Wir müssen uns Sisyphos als einen glücklichen Menschen vorstellen«, hieß es in dem »Mythos von Sisyphos«.*

Sisyphos reloaded

Der hat mich mein ganzes Leben in wechselnder Gestalt begleitet. Als ich 53 Jahre alt war und mich noch einmal gewaltig verliebte, schrieb ich mit Herzblut selbst einen Essay, den ich »Versuch über das Vergebliche« nannte. In ihm erklärte ich meiner »amour fou«, die ich liebend und leidend noch erleben durfte, meine Sinnesart. Leider hat sie den Aufsatz auch behalten und, da er handschriftlich und ohne Zweitschrift war, ist er für mich verloren. Ich weiß nicht einmal, ob sie noch lebt und will es auch nicht wissen. Eines der vielen Gedichte, die ich ihr zum Abschied schrieb, hieß »sisyphos« und sollte die Trennung besiegeln:

sisyphos

warum
am ende
diese gedichte   *sie ändern*
am küchentisch   *doch nichts*
geschrieben   *bringen entfernung*
     zunehmend
     auf ihren punkt

es weint
in ihnen
vertanes   *aber*
sisyphos   *es lacht*
und sein   *am küchentisch*
herabgefallener   *auch hoffnung*
stein   *nun wieder*
     steine
     zu suchen

Von solcher Amour – ob verrückt oder nicht – konnte ich in dieser Zeit des Erwachens noch überhaupt nichts ahnen, höchstens davon träumen.

Klassenunterschiede

Das tat ich sehr oft und dann sehr intensiv. Einmal stieg ich an der Hoheluftchaussee in eine vollbesetzte Straßenbahn der Linie 2 ein. Vor mir stand eine kleine vollbusige Blondine, die einen Sex ausströmte, der mich förmlich erzittern ließ. Ihre einladenden Blicke verleiteten mich, sie mit vor Schüchternheit belegter Stimme anzusprechen, mit den platten Worten: »Ziemlich voll heute wieder in der Straßenbahn.« Es hätte auch eine Bemerkung über das Wetter sein können…

Sie ging aber gerne und ein wenig spöttisch auf das Spiel ein. Sie wohnte auch in Schnelsen und war vor nicht langer Zeit von der Volksschule am Anna-Susanna-Stieg abgegangen, an der auch Erich unterrichtete. Sie kannte ihn und meinte etwas abfällig, er sei ja wohl ein richtiger »Romantiker«. Sie arbeitete in einer Fabrik irgendwo in Barmbek.

Sie fragte mich nach meinem Hobby. Als ich meine Leidenschaft für Bücher kundgab, fand sie das »toll« und offenbarte, sie lese auch sehr gerne und ihr Lieblingsschriftsteller sei Frank Yerby. Von dem hatte ich nun wirklich noch nichts gehört. Später fand ich heraus, dass seine Bücher, meist historische Romanzen, in Leihbüchereien sehr populär waren. Er war der erste erfolgreiche afroamerikanische Autor der USA, dessen Themen sich aus den schier unüberbrückbaren Standesunterschieden in den Südstaaten speisten, die sich zwischen den Liebenden auftürmten.

Ich traf mich mit ihr danach einmal in der Eisdiele, wo ich einen damals gerade angesagten Milch-Shake spendierte. Für kurze Zeit, muss sie wohl mit dem Gedanken gespielt haben, mir ihre Gunst zu schenken – vielleicht analog zu der Handlung in den Yerby-Romanen. Dann aber geschah gar nichts mehr: Von beiden Seiten gab es keine Initiative für ein Wiedersehen. Sie wird genug Bewerber in der Arbeiterklasse gehabt haben, als dass sie sich mit einem so naiven Lehrersöhnchen abgegeben hätte. So blieb wieder nur der Traum.

Marleen Hirschler

Dann endlich hatte auch ich eine Freundin. Ich nenne sie hier – nur für Eingeweihte erkennbar – »Marleen Hirschler«. Sie war mit mir in der Untersekunda in derselben Klasse gewesen und hatte sie wiederholen müssen. Da hatten wir uns noch keine Beachtung geschenkt.

Nun trafen wir uns wieder im »Institut Francais« in der Heimhuder-Straße, nahe der Außenalster, wo wir beide zu preiswerten Bedingungen unsere französischen Sprachkenntnisse verbessern wollten. Sie hatte einen ähnlichen Sexappeal wie die Blondine aus der Straßenbahn und war eine unbändige »Kicher-Liese«. Durch unsere Lachanfälle, die sich immer aus irgendwelchen Absonderlichkeiten unserer Mitschüler oder des Lehrpersonals ergaben, fielen wir sehr unangenehm auf. Aber das machte uns nichts aus und wir schoben uns ständig wieder Zettel zu, die neue Lachanfälle provozierten.

Bald schon konnte ich es kaum abwarten, dass wir uns zum Sprachkurs wiedertrafen. – Dann lud ich sie für einen Samstagabend in ein Restaurant ein, das an einem Bootssteg an der Außenalster lag. Es war ein herrlich lauer Sommerabend. Wir tranken Wein und wurden immer lustiger. Dann gestanden wir uns unsere Liebe.

Als Peter Seitz von der »Opposition« von unserer Verbindung erfuhr, war er sehr amüsiert und sagte: »Das ist ja fast so wie bei Arthur Miller und Marilyn Monroe: Du bist nicht so schlau wie Arthur Miller und Marleen nicht so sexy wie Marilyn Monroe. Aber in etwa stimmt die Relation…«.

Wir luden uns sogar gegenseitig in unsere Elternhäuser ein, damit man uns in Augenschein nehmen konnte. Zuerst war ich bei Hirschlers zu Gast, in einem langweiligen Siedlungshaus, in dem es keine Bücher gab. Vater Hirschler sagte danach zu Marleen mein fester Händedruck hätte ihm imponiert: Auf so jemand sei Verlass…

Der Besuch Marleens am Königskinderweg wäre beinahe ausgefallen: Ich hatte mich so lange gewaschen und geföhnt dass ich um mehr als eine halbe Stunde zu spät zum U-Bahnhof kam, wo ich sie abholen wollte. Mit verheultem Gesicht war sie gerade im Begriff gewesen wieder nach Hause zu fahren, als ich nun doch noch kam. Ich brauchte lange, um sie wieder versöhnlich zu stimmen: So etwas hätte ihr noch niemand angetan...

Meine Mutter begrüßte sie nicht gerade überschwänglich und der Besuch stand unter keinem guten Stern. Wir zogen uns nach Absolvierung des Smalltalks und nachdem wir Hannchen endlich ausgetrickst hatten, in mein Hinterzimmer zurück. Als es schön zu werden begann, platzte mein neidischer Bruder Wolfgang ins leider nicht abschließbare Zimmer, sah uns dort in unserer Umarmung auf dem Bett liegen und sagte, als wäre das jetzt wichtig: »St. Pauli hat 5:0 gewonnen.«

Damit war der Zauber erster körperlicher Annäherung verflogen. Marleen entdeckte zum Schluss unter meinem Bett eine dicke Staubschicht und einen abgebissenen Apfel. Mangelnde Reinlichkeit stellte sie tadelnd auch im übrigen Hause fest. Wir blieben noch eine ganze Weile eng befreundet, aber unsere Liebe hatte doch einen erheblichen Dämpfer bekommen.

Als sie mir endgültig den Laufpass gab – ich studierte schon in Erlangen – schrieb ich vor Trauer mein erstes Gedicht:

Du bist jetzt fern
und um uns ist die Nacht,
die unser aller Herzen
so töricht und so sehnend macht.

Du bist jetzt fern
und Träume nur verbinden
uns, zu narren und zu trösten,
die wir uns nur in Träumen finden.

Du bist nicht fern,
denn auch in deinen Träumen liegt
das Einst, das auch ein Traum nur war,
in dem die dunkle Nacht sich wiegt.

Schwester Anna

Hannchen war wieder im Krankenhaus: Die Netzhautoperation war missglückt. Da lag sie wieder mit ihrer Schutzbrille, die in der Mitte ein Sehloch hatte, mit der Bedrohung voller Erblindung. Es würde wieder eine längere Sache werden.

Erich besorgte für uns vier Männer eine »braune Schwester«, die unseren Haushalt versorgte und den Großvater pflegte. Sie wohnte in Lübeck und war mit der Alibi-Freundin Onkel Peters verbandelt und war ohne Zweifel eine Undercover-Agentin der schwulen Connection. Sie meldete alles, was am Königskinderweg geschah, unmittelbar an Onkel Peter weiter, der damit wieder Einfluss gewann. Vom Christentum hielt sie nichts. Dass sie bei den Euthanasie-Programmen der Nazis mitgewirkt hatte, stand außer Zweifel. Sie bestritt das auch keineswegs: Es gebe ja auch so viel unwertes Leben...

Beim Mittagessen dozierte sie über das Zeitgeschehen und seine Akteure. Sie hatte ein krötenhaftes Aussehen und eine fistelige Stimme. Ich höre sie noch, wie sie hochtönend von Gerstenmaier,

Mende und Carlo Schmid schwärmte. Widerspruch ward nicht geduldet. Nur Wolfgang wurde angehimmelt. Mich hasste sie.

Eines Tages wurde es mir zu bunt als sie wieder ihre unsäglichen politischen Mittagsreden von sich gab. Ich sagte: »Halten sie doch endlich ihren Mund, sie fette Wachtel!« Sie schrie auf, wie von der Tarantel gestochen, und verkündete, dafür werde ich mich noch zu verantworten haben. Wolfgang, den sie um Hilfe bat, verweigerte das ruhig, aber voller Überzeugung.

Als Hannchen wiederkam, wollte sie die schlechte Behandlung durch mich anprangern. Ich schnitt ihr das Wort ab und sagte: »Falls sie so weitermachen, sage ich gleich wieder zu welcher Vogelart sie gehören! Wollen sie das?« Sie verließ unser Haus und gottlob sahen wir sie nie wieder.

Max Tau am Königskinderweg

1961 hatte der Verlagslektor und Verleger Max Tau sein Buch »Das Land, das ich verlassen musste« herausgebracht. Er war der erste Träger des Friedenspreises des deutschen Buchhandels, den er 1950 in Frankfurt entgegennahm. 1935 war der Cheflektor des Bruno-Cassirer-Verlages als letzter bis dahin noch verbliebener Jude aus der Reichsschrifttumskammer ausgeschlossen worden. Nach der Reichspogromnacht 1938 floh er nach Oslo. Wegen der Besetzung Norwegens durch die deutsche Wehrmacht floh er dann weiter nach Schweden, wo er seine spätere norwegische Frau kennenlernte. 1945 kehrte er nach Oslo zurück, wo er bis zu seinem Tod 1976 als Lektor und Verleger tätig war. Er setzte sich sofort nach dem Krieg für Verständigung mit dem besiegten Deutschland ein und gründete eine »Friedensbücherei«.

Und nun war er am Königskinderweg. Den Weg dahin hatte er durch Hannchen gefunden: Wohl wegen ihrer Beziehung zu seinem Freund Albert Schweitzer, der 1957 nicht ohne Grund seine Radioansprache gegen das atomare Wettrüsten in Oslo gehalten hatte; und vor allem wegen ihrer Freundschaft zu Hans Franck, der auch während der Nazizeit zu Max Tau gehalten hatte, was der ihm nie vergaß. Tau machte wahrscheinlich Station bei uns während einer Lesereise, um sein Buch »Das Land, das ich verlassen musste« vorzustellen. Ich durfte meine Klasse zu uns nach Hause zu einer Lesung und einem Gespräch einladen.

Abbildung 24: Max Tau in unserem Wohnzimmer

Er war dabei von einer schon fast überbordenden Liebenswürdigkeit, was bei meinen Klassenkameraden tiefen Eindruck hinterließ. Wolfgang Koeppen, der von ihm entdeckt und gefördert worden war, schrieb in der ZEIT vom 1. Januar 1962 eine wunderbar sensible Rezension dieses Buches. Darin heißt es:

Max Tau war, wie er erzählt, ein jüdisches, ein empfindsames, ein oberschlesisches Kind, gleich nahe der Rübezahlsage wie den chassidischen Legenden. Lange in der Hand des

Todes, begeisterte er sich für das Leben. Er sah es arglos, eine liebenswürdige Welt. Großväter und kleine Buben lächelten freundlich. Tau schwärmte. Er schwärmte für Menschen und Geschichten, er betete Gott und die Heroen an... Tau ist ein reines Geschöpf des deutschen Buchhandels, des Bücher schreibenden, druckenden, vertreibenden, lesenden deutschen Idealismus, und wahrhaft ein Mann des Friedens. Dass er dies so ist, wie einer atmet, macht seine Autobiographie einmalig und bedeutend; das ist die Stärke, aber auch die Schwäche dieser Neuerscheinung.

Dann aber wird Koeppen unnachsichtig gegenüber Taus Irenik, koste die, was sie wolle:

Der Kritiker ist allerdings von Berufs wegen böse und geneigt, des Freundes Werk für ein deutsches Märchen zu halten. Märchenhafte Verklärung der Vergangenheit, märchenhafter Glaube an den guten Menschen, ein rechtes Märchen von Hans im Glück, doch ein Märchen ohne den Wolf, ohne den Menschenfresser, ohne die Hexenmeister. Nur Tau konnte dies Märchen schreiben, nur Tau ist es zu danken, und nur Tau kann man es vergeben.

Mein Großvater war wenig angetan von Taus Erscheinen. Vielleicht witterte er eifersüchtig großväterliche Konkurrenz durch den allerdings um 20 Jahre Jüngeren. Eher steht zu vermuten, dass es plumper Antisemitismus war; denn Tau war in seinem Äußeren als Jude deutlich zu erkennen. Wir hatten am Königskinderweg nur eine Toilette. Jeden Morgen während Taus Besuch dasselbe Theater: Tau kam ihm dort zuvor und mein Großvater stand wütend vor der verschlossenen Tür und sagte ständig, wie eine stehengebliebene Schallplatte: »Mach!« und immer wieder: »Mach!« Als wir nachfragten, sagte er nur: »Der Jud scheißt ewig auf dem Klo!« Daniel Goldhagens These vom Antisemitismus, der den Deutschen immanent sei, findet hier eine Bestätigung...

Abbildung 25: Letztes (fast) vollständiges Familienbild
(Von links: Onkel Ernst, Erich, unbekannt, Wolfgang,
Jörn, Hannchen, Onkel Körling)

Theologie studieren?

So ganz allmählich musste ich mich mit der Frage auseinanderset-
zen: Wie sollte es weitergehen, wenn doch noch das Abitur gemeis-
tert wurde? Zunächst gab es ja die Wehrpflicht zu absolvieren, denn
ich war mit Tauglichkeitsgrad I gemustert worden. Schon beim
Gedanken daran wurde mir mulmig: Eine Kaserne unterschied sich
ja nicht allzu sehr von einem Internat und davon hatte ich für alle
Zeiten genug.

In Latein hatten wir den Lehrer Meyer. Wegen seiner feinen iro-
nischen Art mochte ich ihn sehr. Da ich ja nie zu Hause »Haus«-
Aufgaben machte, lernte ich auch die Vokabeln nicht, die er uns
aufgegeben hatte. Jeweils in den ersten zehn Minuten hörte er die
Vokabeln ab und nannte das »Reinlegungsversuche«. Mit Vorliebe

nahm er mich dran, weil dann die Reinlegung immer erfolgreich war. Jede nicht gewusste Vokabel veranlasste ihn zu satirischen Seitenhieben auf Politik und Gesellschaft und das machte ihm und uns sichtlich Freude. Er war wohl ein »Linker« und gehörte im Lehrerkollegium zur »Opposition«. Er war auch Beistand für Kriegsdienstverweigerer und machte aus seinem Pazifismus überhaupt keinen Hehl.

Darum sprach ich in nach einer Stunde an: Ich würde gerne um den Wehrdienst herumkommen, ob er mir dabei helfen könnte. Er reagierte ausgesprochen und unerwartet sauer Ob ich schon einmal etwas von dem Wort »Gewissen« gehört hätte? Dann erläuterte er mir den Artikel 4, Absatz 3 des Grundgesetzes: Dass niemand gegen sein G e w i s s e n zum Kriegsdienst gezwungen werden dürfe. Wenn ich aber nur um den Wehrdienst »herumkommen« wolle, sei ich bei ihm an der völlig falschen Stelle. – Das saß und machte mich sehr nachdenklich. Später bin ich als Pfarrer dann selbst 40 Jahre lang Beistand für Kriegsdienstverweigerer gewesen.

Wolfgang studierte nun Theologie in Erlangen. Sein Entschluss, diesen Weg zu gehen, ist sicher nicht unwesentlich von Hannchen beeinflusst worden. Dass ihr »Erwartungssohn« Pastor werden könnte, kam ihren Wunschvorstellungen gewiss recht nahe. Nicht wie ich von einer heftigen Pubertät gequält und ohne so radikale Abgrenzungen der »negativen Identität«, schipperte er gerne auf dem ruhigen geistigen Fahrwasser, das Hannchen für ihn kanalisiert hatte.

Heute frage ich mich: Warum ausgerechnet Erlangen? Die Theologische Fakultät hatte im 19. Jahrhundert schon bessere Tage gesehen: Als die von der Erweckungsbewegung geprägte »Reich Gottes-Theologie« hier ihre führenden Vertreter hatte. Daher das doppeldeutige geflügelte Wort: »Suche das Reich Gottes zu Erlangen«. In der Nazizeit aber war die dort vertretene Theologie nicht nur in der Nachschau »verheerend«: Die Professoren der systematischen Theologie Werner Elert und Paul Althaus – der zu meiner Zeit dort noch Gottesdienst hielt – erstellten das »Gutachten der

Erlanger Theologischen Fakultät« zur Einführung des »Arierpara-
graphen« in die »Reichskirche«. Der Professor für Kirchengeschichte
Hans Preuß schrieb zum Luther-Jubiläum 1933 einen Aufsatz unter
dem Titel »Luther und Hitler«. Beide seien deutsche Führer, beide
zur Errettung des Volkes berufen und fühlten sich vor ihrem Volke
tief mit Gott verbunden.

Erlangens theologische Fakultät war, schon damals eigentlich
erkennbar, ein Hort der Reaktion und tief mit seiner braunen Vergangenheit belastet. Deutlich ausgesprochen wurde das aber noch nicht.
Es war ein Schwelbrand, der die Luft vergiftete und die Aufarbeitung
hatte noch lange zu warten – bis zum Kirchentag 1979 in Nürnberg.

Nach dem ersten Semester kam Wolfgang in den Ferien nach
Hause und erzählte mir von den Inhalten des Theologiestudiums.
Die große Barriere, die vor dem eigentlichen Studium zu überspringen war, waren die alten Sprachen, mit denen Wolfgang sich schwer
tat: Altgriechisch und Hebräisch galt es neu zu lernen, nur das Lati-
num war mit dem Abitur abgehakt. Von Natur aus sprachbegabt,
sollte das für mich kein Hindernis sein. Was dann folgte, kam mir
auch entgegen: Kirchengeschichte und die exegetischen Fächer für
das Alte und Neue Testament; weniger die Dogmatik, umso mehr
dafür die Praktische Theologie mit Homiletik (Predigtlehre) und
Katechetik (Gestaltung des Religionsunterrichts). Das alles erschien
mir überaus interessant.

Nur mit dem Berufsziel »Pastor« konnte ich mich nicht ganz
befreunden: Zu nahe noch waren mir meine Butjadinger Erfahrungen. Andererseits: So ein Pastor wie Pfarrer Metzendorf – auch
wenn er gelegentlich gegen seine Zweifel anschreien musste – war
für mich ein gewisses Vorbild. Er selbst sagte: »Die Kirche – wenn
sie weiterleben soll – benötigt dringend Pastoren wie Wolfgang und
dich.« Ein Mitschüler aus evangelikalen und religiös leicht überhitz-
ten Kreisen der Schnelsener Kirchengemeinde allerdings sagte, als
ich ihm in der Straßenbahn von meinen Erwägungen erzählte: »Du
und dein Bruder: Ihr werdet die Totengräber unserer Kirche…«

Ein Schauspiel von Jean Anouilh war es – so seltsam das klingen mag –, das schließlich den Ausschlag gab: »Becket oder die Ehre Gottes«. 1963 besuchte ich die Aufführung am Hamburger Thalia-Theater und war tief beeindruckt: Wie da einer in seinem existentialistischen Selbstentwurf von der weltlichen auf die geistliche Seite wechselte und sogar zum Märtyrer der Kirche werden konnte. Sollte mir das vielleicht auch gelingen? Ich beschloss Theologe zu werden. Dass damit – dank Kardinal Frings – der Wehrdienst entfiel, war eine angenehme Nebenwirkung…

Ins Gelingen verliebt

In der Oberprima legte ich nun eine für meine Verhältnisse bis dato noch nicht gesehene Erfolgsserie hin. Fast in allen Fächern verbesserte ich mich. In Deutsch legte ich das Fundament für eine sehr gute Abiturnote durch fast immer mit »sehr gut« bewertete Aufsätze. Ich bewarb mich außerdem bei Frau Dr. Amann um Vorträge. Z.B. sprach ich vor der Klasse eine Doppelstunde lang über Leben und Werk Thomas Wolfes. Es gelang mir aber nicht richtig, die Fülle des Stoffs zu bewältigen, so dass ich noch eine weitere Doppelstunde benötigte, um den Vortrag zu beenden.

Besser gelang mir das mit einem weiteren Vortrag über Georg Büchner. Zu Grunde gelegt hatte ich dafür das fundamentale Werk des Leipziger Literaturwissenschaftlers Hans Mayer: »Georg Büchner und seine Zeit«, das im Exil geschrieben, 1946 herausgegeben und 1960 in der BRD neu ediert wurde. Ich hatte es von meinem spärlichen Taschengeld gekauft und ich hege noch heute das Buch wie einen Schatz.

Mein größter Vortragserfolg war eine Rede zum Thema »Barock«. Den Schluss weiß ich noch wie heute: »Barock ist Wind. Er weht wo er will. Er ist göttlicher Herkunft«. Als ich später mehr über die Gegenreformation erfuhr, revidierte ich allerdings diese enthusiastische Beurteilung… – Das alles war für mich eine wichtige Selbsterfahrung: Ich merkte, dass ich über eine rhetorische Naturbegabung verfügte, die bei meiner Berufsfindung durchaus ins Kalkül zu ziehen war.

Als Sportler war ich bislang überhaupt noch nicht erfolgreich in Erscheinung getreten. Recht betrachtet gehörte ich eigentlich immer zu den »Flaschen« in der Klasse. Das stimmte vor allem für das Geräteturnen, wo mir so gut wie nichts gelingen wollte und meine Hüftsteifheit dazu führte, dass ich immer im Abstiegskeller der Klasse, bei den anderen Flaschen, verharrte. In Leichtathletik ging es etwas besser: Hier schaffte ich im Sommer immer ein »befriedigend«.

Im Handball war ich lange Zeit Torwart der B-Mannschaft. Mein Schrecken war ein Spieler namens Pöhl von der A-Mannschaft der Klasse, gegen die wir öfters spielen mussten. Er war Stürmer und hatte einen brutalen Torwurf: Wie oft brannten Gesicht und Glieder, wenn ich zwar den Ball abgewehrt hatte, er mich aber wieder voll erwischt hatte...

Dann kam das Sportfest des Albert-Schweitzer-Gymnasiums im Sommer 1963. Was da geschah, hat mein Mitschüler Claus Winter in unserer Abiturfestschrift »DIE AMANNSCHAFT« festgehalten, die wir – auf meinen Vorschlag hin – in Duktus und Jargon dem Nachrichtenmagazin DER SPIEGEL nachgestaltet hatten:

SPORT
Energie und Ausdauer

Kurzatmig, kurzbeinig, getrieben von seinen Gegnern, aber unangefochten, passierte der 1000m-Läufer als Sieger das Ziel. Mit diesem Erfolg auf dem schulischen Sportfest in Fuhlsbüttel erregte der Sportsmensch Jörn Wilhelm größtes Aufsehen bei Fach- und Nicht-Fachleuten, so bei Kampfrichter Zeit-Raff, so bei Kapellmeister Fecker: »...wer hätte das gedacht!«

In der Tat widerlegte Schnellsteiler Wilhelm viele Theo-
rien der Fachleute: Entsprach schon sein gedrungenes Boxer-
Aussehen nicht der gängigen Läufer-Idealfigur, so widersprach
Kettenraucher Wilhelms Sieg auch den Rauchverboten, die
Trainer und Pädagogen von Rang über ihre Schützlinge zu
verhängen pflegen: Geradezu angeregt durch großen Nikotin-
genuss eilte der gelernte Lungenzieher zum Sieg.

Im trauten Freundeskreise widerlegte Wilhelm auch die
landläufige Meinung, dass die Schulen nicht genügend für
die körperliche Ertüchtigung täten. Zuspätkommer Wilhelm
über seine Kondition: »Aus Angst vor Unpünktlichkeitsstra-
fen lege ich jeden Morgen meinen Weg zur Straßenbahn lau-
fend oder sprintend zurück.«

Das »gedrungene Boxer-Aussehen« bedarf einer kleinen Korrektur: Damals war ich so dünn und mager, dass ich für ein Hunger-Poster von »Brot für die Welt« hätte posieren können. Trotzdem hatte Claus Winter nicht ganz unrecht: Im Sommer wie im Winter trug ich täglich einen dicken dunkelblauen Pullover, den ich »das Fell« nannte. In ihm wirkte ich tatsächlich »gedrungen« und Hannchen meinte einmal, ich hätte darunter sorgfältig meine Empfindlichkeit versteckt.

Unser Kunsterziehungslehrer hieß Hoche. Er war ein fast missionarischer Anhänger der »modernen Kunst«, was in weiten Kreisen damals noch umstritten war. Er hasste die »Nazarener« und ließ von den Romantikern nur mit Abstrichen Caspar David Friedrich gelten. »Kitsch« war zu jener Zeit das schlimmste Schimpfwort, das es für Kunstwerke geben konnte. Er gebrauchte es oft. Von zu Hause aus war ich eher auf Romantik getrimmt und versuchte in der Diskussion öfters dagegenzuhalten. Zu Recht nahm er mich aber überhaupt nicht ernst, weil ich gar keine Ahnung hatte und über Franz Marc noch nicht hinausgekommen war. Sein Favorit war Georges Braque und besonders seine Stillleben.

Da ich – wie schon erwähnt – die Zeit des Kunstunterrichts meist verwendete, um auf dem Schülerklo meine Hausaufgaben zu machen, lieferte ich nur selten Kostproben eigener schöpferischer Tätigkeit ab und lief Gefahr, durch schlechte Benotung hier doch noch mein Abitur zu vermasseln. Es musste also etwas geschehen.

Und das geschah so: Herr Hoche stellte eine Vase, einen Teller und eine Zitrone auf einen Tisch und nun sollten wir malen. Ich nahm die Herausforderung an und malte, wie es mir gerade so einfiel. Auf seinem Rundgang bemerkte Hoche als er bei mir stehenblieb: »Das wird sehr gut!« Solch Lob hatte ich noch nie gehört und strengte mich an wie selten zuvor. Bei weiteren Rundgängen wurde Hoche immer enthusiastischer: »Du hast ja schon wieder alles richtig gemacht! Weiter so!« Mein Bild wurde, als es fertig war, sogar unter den besten Werken im Flur der Schule ausgehängt. Der ironische Widerhall in »Die Amannschaft« konnte nicht ausbleiben:

Selbstkritik

Der große »peintre obscure« Jörn Wilhelm vollendet sein Lebenswerk. Mit einem die Fachwelt in Erstaunen versetzenden Meisterwerk hat er den Zenit seines Schaffens erreicht. Urteilt Kunstkritikerin S. (Anmerkung: Die Mitschülerin Marianne S., die vermeintlich Hübscheste der Klasse, bekannt für ihre nicht immer von Sachkenntnis getrübten Kommentare...):

»Eine Symphonie von Farben, die ein echtes Künstlerherz höher schlagen lässt, erklingt in seinem Gemälde. Dur- und Molltöne vereinigen sich zu einem harmonischen Ganzen.«

Der Künstler selbst ist ebenfalls von seinem Werk zutiefst beeindruckt. In der Tat ließ er seinen Kunstmanager Hoche lange auf einen Beweis seines Talentes warten. Selbstkritisch vernichtete er seine Werke meist vor der Vollendung. – Doch mit diesem Werk – ein Stillleben bestehend aus weißem Tellerfragment, schlanker gelber Vase und grüner Zitrone, gelang es ihm endlich, »seinen innersten Gefühlen Ausdruck zu verleihen, unsere nüchterne Welt durch ein strahlendes Licht zu erhellen.« (Marianne S.).

Künstlerisch spätentwickelter Wilhelm hat beschlossen, mit diesem Höhepunkt seines künstlerischen Schaffens von der internationalen Bühne der Kunst abzutreten. »Ich glaube nicht an die Möglichkeit einer weiteren Steigerung.«

Der künstlerische Kunsterzieher Hoche, mit seinem schwarzen, inzwischen weiß gewordenen, Schnurrbart, war jedenfalls ein glaubwürdiger Vertreter der von Erna Stahl propagierten musischen Ausrichtung dieser Schule.

Ein Sommernachtstraum

Die zeigte sich auch in wunderschönen und unvergesslichen Theateraufführungen. Die ganze Schule war z.B. beteiligt an der Wiedergabe von Shakespeares »Sommernachtstraum«, anlässlich eines Sommerfeste (1963) vor den großen Ferien. In meiner Erinnerung war es eine traumhaft schön gestaltete Aufführung, die alle kreativen Kräfte bei Schülern und Lehrern weckte, so wie es der großartigen Schulleiterin Erna Stahl wohl auch vorgeschwebt haben mag. Ich war dabei nur Charge als Hellebardenträger, erlebte aber trotzdem das Ganze wie in einem positiven Rausch. – Es war auch üblich, dass die Lehrer allein Theater spielten. So denke ich gerne zurück an die umwerfend komische Aufführung einer Komödie von Egon Friedell, in der die meisten unserer Lehrer erstaunlich fähig agierten.

Ort der Aufführungen war die große Aula des Gymnasiums, die später noch vielfach als Filmlocation zu Ehren kommen sollte. Als ich mit meiner Frau im Februar 2012 abends im Fernsehen den Bella Block-Film »Der Fahrgast und das Mädchen« ansah und in der Schlussszene die Aula einer Schule als Ort des Showdowns gezeigt wurde, sprang ich wie elektrisiert auf: »Du, das ist ja die Aula meiner Schule!«

Wie sinnreich allerdings diesen Ort auszuwählen: Wo im Film Schüler auf Grundlage von Franz Kafkas Kurzgeschichte »Der Fahrgast« kleine Puzzlestücke des eigenen Lebens für die Bühne erarbeiten. Das Wort »Genius loci« trifft die Sache hier ziemlich genau.

Erna Stahl

Im Rückblick scheint mir die Schulleiterin Erna Stahl ziemlich weit von uns Schülern entfernt gewesen zu sein und ich habe damals von der historischen Bedeutung dieser begnadeten Pädagogin keine Ahnung gehabt. Warum eigentlich nicht? Ob es daran gelegen hat, dass es damals nach Möglichkeit vermieden wurde, nach der Vergangenheit in der Nazi-Zeit zu fragen oder überhaupt darüber zu sprechen? Dass Hannchen, die von Erna Stahls Rolle im Dritten Reich sicher Kenntnis besaß, mir nichts davon erzählte, ist mir heute teilweise verständlich: Wäre das doch der Beweis dafür gewesen, dass Widerstand – gerade auch im Zeichen der guten deutschen Literaturtradition, deren Anwältin sie doch sein wollte – ein Gesicht haben konnte und gerade auch vom geistigen Anspruch her damals geboten und durchaus im Bereich der Möglichkeiten war. Es hat bei mir mehr als 50 Jahre gebraucht, bis ich Erna Stahls wirklich aufrüttelnde Geschichte entdeckt habe, die ich im Folgenden skizzieren will. Ich nenne sie:

Erna Stahl und die Weiße Rose

Erna Stahl wurde am 15. Februar 1900 in Hamburg geboren – sie ging in ihrem Lebensalter also immer mit dem Jahrhundert. Schon als Kind interessierte sie sich sehr für Literatur und das Theater. Wichtig für ihr Leben wurde u.a. der Kontakt zu dem nonkonformistischen Pastor Wilhelm Heydorn, dem späteren Begründer des pazifistisch orientierten »Menschheitsbundes«. Sie nahm in ihrer Jugendzeit an seinen künstlerisch gestalteten Gottesdiensten teil und war Mitglied in seinem Jugendkreis, der sich sozialen Aufgaben widmete.

1928 legte sie, nach Studium in Wien, das erste Examen für das Lehramt an höheren Schulen ab. Ihre erste Stelle als Lehrerin trat sie 1930 an der reformpädagogisch orientierten Lichtwarkschule in Hamburg-Winterhude an. Dort war sie auch Deutschlehrerin von Loki und Helmut Schmidt. Ihre erste Klasse war die Sexta, die sie später ihre »Schicksalsklasse« nennen sollte, der sie bis zu ihrem Tod 1980 verbunden blieb.

Im Kreise des Kollegiums – in der Hauptsache männlich und beträchtlich älter als sie – erwarb sie sich sogleich Achtung durch ihre hervorragende und engagierte pädagogische Arbeit. Für interessierte Schüler gründete sie über den Unterricht hinaus einen Lesekreis, der in ihrer Wohnung stattfand und über viele Jahre Bestand hatte. Daran nahmen – in fernerem Abstand – zeitweise auch Helmut und Loki Schmidt teil. In seinem Aufsatz »Politischer Rückblick auf eine unpolitische Jugend« schreibt Schmidt:

> *Ab Ostern 1934 wurde Erna Stahl unsere Deutschlehrerin… jedenfalls verstand ich bald, dass sie gegen den Nationalsozialismus war. Das zeigte sich allerdings nicht in ihrem Unterricht – es sei denn indirekt, in ihrer Auswahl von unpolitischem Lesestoff –, sondern an den Leseabenden, zu denen sie eine Gruppe von Schülern – darunter auch Loki und mich – des Öfteren in ihre Wohnung einlud. Sie hat ein großes Verdienst daran, dass die gleichzeitige Beeinflussung durch HJ und BDM unsere Aufnahmebereitschaft und unser Empfinden nicht auf jenen geistlosen, grobschlächtig-primitiven Blut- und Boden-Mythos einengen konnte, der damals im Schwange war. Ich erinnere mich, dass sie mit uns Goethe gelesen hat, Hans Carossa, Albrecht Schäffer und Thomas Mann – auch Lyrik. Sie hat dafür gesorgt, dass ich im Umriss*

verstand, was Humanismus bedeutet, und auch, dass Literatur und Lesen Bildung sind.

Den 1933 an die Macht gekommenen Nazis war die Lichtwarkschule, »das rote Mistbeet am Stadtpark«, ein Dorn im Auge. Noch in diesem Jahr wurde der Schulleiter Heinrich Landahl abgesetzt. Wie auch andere Lehrer vermied Erna Stahl den Hitlergruß und sagte stattdessen: »Guten Morgen, meine Herrschaften!« Trotz der Bücherverbrennung vom 10. Mai 1933 hielt sie an der Vermittlung auch verfemter Dichter wie Thomas Mann fest.

Entsetzt war sie über die schnelle Gleichschaltung der Schule und die damit einhergehende Anpassung auf allen Ebenen. Alles Folgende entnehme ich einer ausgezeichneten Publikation über Erna Stahl: »ERNA STAHL Zeugnisse ihres Wirkens im Hamburger Schulwesen… mit einem Beitrag: Erna Stahls Haltung in der Zeit des Nationalsozialismus«, herausgegeben von Ursula Meier, Hamburg 2010. Darin heißt es zu dieser Anpassung:

Den zeitbedingten Deformationen an der Lichtwarkschule – angefangen mit der Einsetzung eines »Parteigenossen« zur Überwachung des Kollegiums…, Entfernung jüdischer Lehrer aus dem Kollegium, Änderungen in der Unterrichtsgestaltung (z.B. Abschaffung des Kulturkundeunterrichts) bis hin zur Aufhebung der Koedukation 1937 und dem darauffolgende Ende der Lichtwarkschule… – versuchte Erna Stahl, auf unterschiedliche Weise standzuhalten.

Das »rote Mistbeet« war nun ausgehoben. Schon vorher 1935 war Erna Stahl an die Oberrealschule für Mädchen im Alstertal strafversetzt worden. Hauptgrund war ihre Teilnahme an einem Referat des wegen seiner Mitgliedschaft in der KPD entlassenen Lehrers Gustav Heine. Der Schulleiter Erwin Zindler hatte durch eine Befragung feststellen lassen, wer an diesem und anderen Treffen teilgenommen hatte. *Ein glücklicher Umstand, der sich aus dieser Verset-*

zung ergab, war für Erna Stahl... *die Begegnung mit ihrer Kollegin Hilde Ahlgrimm, mit der sie in der Klasse, der sie jetzt zugeteilt war, fachlich und persönlich in idealer Ergänzung zusammenarbeitete. Damit wurde der Beginn einer lebenslangen Freundschaft und Partnerschaft gelegt, die vielfach bezeugt ist.* Viel später lernten wir am Albert-Schweitzer-Gymnasium Hilde Ahlgrimm als eine energiesprühende »Macherin« kennen.

Erna Stahl ließ die Verbindung zu ihrer »Schicksalsklasse« nicht abreißen: Es ging ihr darum, die Schüler weiterhin zu fördern, – dies auch im Hinblick darauf, dass ausgerechnet jener Parteigenosse, der die Aufgabe hatte, das Kollegium zu kontrollieren, Erwin Witter, ihr Nachfolger als Klassenlehrer geworden war. Daher behielt sie die privaten Zusammenkünfte bei. Diese Treffen erhielten nun einen festeren Umriss: einmal wöchentlich traf sich ein Jahr lang abends fast die ganze Klasse freiwillig zu Leseabenden, Kunstbetrachtungen und zum Geschichtsunterricht in Erna Stahls Wohnung.

Nach Abschluss des Schuljahres 1935/36 unternahm sie mit diesen Schülern, nach Abschluss deren Mittlerer Reife, in den Osterferien eine einwöchige Studienfahrt nach Berlin.

Noch im Abstand von 40 bzw. 50 Jahren erinnerten sich beteiligte Schüler/innen begeistert an diese mit geringen Geldmitteln durchgeführte Klassenfahrt, auf der Erna Stahl ihnen u.a. die Gelegenheit gab, mehrere Theateraufführungen (»Faust« und »Romeo und Julia«) zu erleben und, neben einem Besuch des Ägyptischen Museums, im Kronprinzenpalais Originalwerke moderner Malerei zu betrachten, was damals noch möglich war – bevor diese aus den Kunsthallen gänzlich verschwanden und später allenfalls in der als Abschreckung beabsichtigten Wanderausstellung »Entartete Kunst« zur Schau gestellt wurden.

Erna Stahl hat in diesem Jahr 1936 einen Band mit Bildbetrachtungen verfasst: »Durchbruch der Kunst«. Darin wurden von ihr folgende Gemälde interpretiert: Picasso *Die Absinthtrinkerin*; Becker-Modersohn: *Alte Bäuerin*; Hodler: *Holzfäller*; Nolde: *Grab-*

legung; Marc: *Mandrill*; Hodler: *Thuner See*; Munch: *Bäume am See*. Nach 1945 hat sie zur Bedeutung solcher Bildinterpretationen in einer Selbstauskunft gesagt:

> *Hinzu kommt, dass ich zutiefst überzeugt war von der verheerenden, nie wieder zu reparierenden, dämonischen Vernichtung aller eigentlich menschlichen und besonders der deutschen Seelenkräfte. Ich machte es mir zur Pflicht, in den Kreis, in den ich gestellt war, zu jeder Minute und mit allen mir zu Gebote stehenden Mitteln so zu wirken, dass innere Gegengewichte in den Schülern gegen jene verheerenden Wirkungen erzielt wurden.*

Abbildung 26: Erna Stahl 1936

Zu den Schüler/innen der »Schicksalsklasse« bei denen Erna Stahl gegen »jene verheerenden Wirkungen« antrat, gehörten auch Traute Lafrenz, Margarethe Rothe und Heinz Kucharski, die 1943 mit Erna Stahl als »Hamburger Zweig der Weißen Rose« in Gestapo-Haft kommen sollten. Über Traute Lafrenz schrieb der Norweger Peter Normann Waage ein bewegendes Buch: »Es lebe die Freiheit! Traute Lafrenz und die Weiße Rose«. Darin kommt immer wieder Traute Lafrenz selbst zu Wort.

Zum Unterricht und zum Lesekreis Erna Stahls sagt sie im Zusammenhang der Machtergreifung der Nazis:

Wahrscheinlich wäre ich ohne meine Lehrerin nicht so wach gewesen, dass ich hätte sehen können, wohin das führte. Sie war 33 Jahre alt, als die Nationalsozialisten an die Macht kamen, und begriff, was das bedeutete. Das vermittelte sie uns, durch eine Pädagogik, die uns aufrütteln und uns zu unabhängigem Denken ermutigen sollte. Sie hat auf jeden Fall mich aufgerüttelt. Davor war ich eine Träumerin gewesen. Ihr Unterricht war ein Geschenk für das ganze Leben.

Wie wichtig dieses Geschenk nicht nur für sie war, wird aus einer anderen Bemerkung deutlich:

Wenn ich einen einzelnen Impuls herausgreifen sollte für den Widerstand gegen die Nationalsozialisten, der bei vielen von uns nun aufkeimte, war es sicher die Begegnung mit der Weltliteratur und der Kunst durch Erna Stahl. Als ich später nach München kam und Hans Scholl traf, führte ich bei ihnen die Leseabende ein, die ich von Erna Stahl her kannte. Über die Literatur und die Kunst fanden wir zueinander, beides war den Geschwistern Scholl ebenso vertraut wie mir.

Mit ihrer »aufrüttelnden« Pädagogik gehörte Erna Stahl also zweifellos zu den Geburtshelfern der Weißen Rose.

Im Sommer 1939 nahm Traute Lafrenz ein Medizinstudium an der Universität Hamburg auf. In einem Ernteeinsatz in Ostpommern im Rahmen des Reichsarbeitsdienstes lernte sie Alexander Schmorell, der auch Medizin in Hamburg studierte. Als sie im Mai 1941 an die Universität München wechselte, war er es, der sie mit Hans Scholl bekannt machte, dessen nahe Freundin sie ein halbes Jahr lang war. Mit ihm lernte sie Christoph Probst, Prof. Kurt Huber und bald die wichtigsten Protagonisten jener Gemeinschaft kennen, die auf ihre Initiative hin zum Lesekreis wurde, der die geistige Basis für die »Weiße Rose« schuf.

Dabei wusste Traute Lafrenz zunächst gar nichts über deren Flugblätter und wozu sie den Anstoß gegeben hatte. Interessant, dass es ein Bibelwort war, dass ihr die Augen dafür öffnete, wer die Verfasser dieser Flugblätter waren. Sie erzählt Peter Normann Waage:

Das, was mich wirklich erschütterte, war ein Zitat im vierten Flugblatt, aus dem Buch Prediger, Kapitel 4, Verse 1 bis 2. Die hatten wir in Hamburg zusammen mit Erna Stahl rezitiert. Ich habe sie aufgeschrieben und Hans gegeben:

»Wiederum sah ich alles Unrecht an, das unter der Sonne geschieht, und siehe, da waren Tränen derer, die Unrecht litten und keinen Tröster hatten. Und die ihnen Gewalt antaten, waren zu mächtig, sodass sie keinen Tröster hatten. Da pries ich die Toten, die schon gestorben waren, mehr als die Lebendigen, die noch das Leben haben.«

Ich fragte Hans, wer der Urheber der Flugblätter sei. Er antwortete mir, so etwas solle man nicht fragen… Ich verstand den Wink und fuhr fort, an unseren Treffen teilzunehmen. Nach und nach ergab es sich, dass ich, ebenso wie andere, Papier, Briefmarken und anderes besorgte, was für die weiteren Aktionen gebraucht wurde.

Es ist hier nicht der Ort, die tragische Geschichte der Weißen Rose noch einmal nachzuerzählen. Ich beschränke mich auf die Fakten, die in der Folge der Hinrichtungen von Hans und Sophie Scholl, von Alexander Schmorell, von Christoph Probst, von Kurt Huber und Willi Graf schließlich zur Inhaftierung von Erna Stahl am 4. Dezember 1943 führte.

Sie hatte 1937 in ihrem Lesekreis den Schülern Thomas Manns offenen Brief an den Dekan der philosophischen Fakultät der Universität Bonn nahegebracht, nachdem ihm – nach der Aberkennung seiner deutschen Staatsangehörigkeit – nun auch die ihm 1919 verliehene Ehrendoktorwürde aberkannt worden war. Darin bestätigt Thomas Mann den Erhalt der »trübseligen Mitteilung« und klagt in bester Tradition von »J´accuse« an:

> Die schwere Mitschuld an allem gegenwärtigen Unglück, welche die deutschen Universitäten auf sich geladen haben, indem sie aus schrecklichem Missverstehen der historischen Stunde sich zum Nährboden der verworfenen Mächte machten, die Deutschland moralisch, kulturell und wirtschaftlich verwüsten – diese Mitschuld hatte mir die Freude an der mir einst verliehenen Würde längst verleidet und mich gehindert, noch irgendwelchen Gebrauch davon zu machen.

Ahnungsvoll und hellsichtig das Folgende:

> Sinn und Zweck des nationalsozialistischen Staatssystems ist einzig der und kann nur dieser sein: das deutsche Volk unter unerbittlicher Ausschaltung, Niederhaltung, Austilgung jeder störenden Gegenregung für den »kommenden Krieg« in Form zu bringen, ein grenzenlos willfähriges, von keinem kritischen Gedanken angekränkeltes, in blinde und fanatische Unwissenheit gebanntes Kriegsinstrument aus ihm zu machen.

Das musste Erna Stahl aus dem Herzen gesprochen sein! In der Anklageschrift gegen sie wird behauptet, dass Erna Stahl die Schrift, die in einer Tarnausgabe in »Briefe deutscher Klassiker. Wege zum Wissen« versteckt war, Heinz Kucharski während dessen Studium geliehen habe. Eher steht zu vermuten, dass der Erna Stahl sehr nahestehende Schüler Herbert Meinke recht hat, der sich erinnert, dass der Brief gemeinsam gelesen wurde.

Traute Lafrenz hatte in Hamburg im Spätherbst des Jahres 1942 zwei Flugblätter der Weißen Rose an Heinz Kucharski weitergegeben und ihm ein weiteres per Post zugesandt. Er vervielfältigte und verbreitete sie und sorgte darüber hinaus dafür, dass sie von den Engländern über den deutschen Städten abgeworfen wurden.

Am 9. November wurde Kucharski verhaftet. Schon im März des Jahres war Traute Lafrenz wegen »Mitwisserschaft« von »Volksrichter« Roland Freisler zu einem Jahr Haft verurteilt worden. Im Zusammenhang der Gestapo-Vernehmungen Kucharskis wurde sie im Mai 1944 erneut verhaftet und ins Gestapo-Gefängnis Hamburg-Fuhlsbüttel verbracht. Darüber erzählt sie Peter Normann Waage:

Wir waren die ganze Nacht hindurch gefahren, das war im Mai 1944, und als wir in Hamburg ankamen, wurde ich direkt zum Verhör gebracht... Dort saß der Gestapo-Mann Hans Reinhard. Er überreichte mir ein Vernehmungsprotokoll von rund fünfzig Seiten: die Aussage von Heinz Kucharski. Er war ein halbes Jahr zuvor verhaftet worden. Ich habe keine Ahnung, was sie mit ihm gemacht haben, ob er gefoltert wurde oder was, aber in der Aussage stand alles, ja mehr als das! Es war, als bekäme man mit der Faust einen Schlag ins Gesicht. Denn ich meine wirklich alles: Heinz hatte ein fabelhaftes Gedächtnis, und ich kannte ihn, seit wir dreizehn waren. Er hatte alle unsere Gespräche wiedergegeben, was ich z.B. am 16. Dezember 1936 gesagt hatte, wann und wo wir die Kurzwellenprogramme der BBC gehört hatten, alles über die Leseabende, über die Schule, über jüdische Freunde,

die ich gehabt habe, über das Flugblatt, das ich für ihn aus
München mitgebracht hatte. Aber das Schlimmste war, was
er über Erna Stahl erzählt hatte. Kucharski hatte detailliert
beschrieben, wie Erna Stahl uns in die Welt der Geschichte,
der Literatur und der Philosophie eingeführt hatte, aber in
seinem Mund wurde alles zu Politik verwandelt. Sie stand
da als Verführerin der Jugend, als eine aalglatte und berech-
nende Frau, die ihre Schüler manipulierte, damit sie zu Geg-
nern des Naziregimes wurden. Wie hatte er so etwas sagen
können? Wie hatte er ihr das antun können?

Erna Stahl blieb bis zum 26. Oktober 1944 im Fuhlsbütteler
Gefängnis in Einzelhaft. Angeklagt wurde sie wegen »Vorbereitung
zum Hochverrat, Feindbegünstigung, Wehrkraftzersetzung, Rund-
funkverbrechen«, sowie »planmäßiger Verseuchung der Jugend«. In
der Anklageschrift heißt es u.a.:

Den Nationalsozialismus bezeichnete sie als »Verkörperung
des bösen Prinzips«. Er enthalte die übelsten Auswüchse
des Amerikanismus, der Überbetonung des Kollektiven, die
Uniformierung des Lebens und die übertriebene Motorisie-
rung, und sei daher allen feinen und tiefen Lebenswerten
und damit dem deutschen Wesen feindlich. Er sei nur an
die Macht gelangt, weil das deutsche Bürgertum und die
Intelligenz völlig versagt hätten, insbesondere echtes Werte-
bewusstsein und Zivilcourage hätten vermissen lassen. Dass
die Mehrzahl des deutschen Volkes dem Nationalsozialismus
zustimme, sei die Folge eines völligen Verfalls der gesun-
den geistigen und moralischen Urteilskraft. Das Maß von
Lüge und Gift, die uns ständig umgäben, sei ungeheuerlich,
aber es sei, »als ob alle ein Brett vor dem Kopf hätten«. Die
SS sei eine Art von organisiertem Untermenschentum; der
Anarchist Erich Mühsam sei von ihr auf grausamste Weise
in einem Konzentrationslager getötet worden. In der HJ,

die die Jugend völlig traditionslos aufwachsen und verwildern lasse, werde ein furchtbarer, äußerst zynischer Menschenschlag herangezüchtet, ein lauter, geistloser und meist auch sittlich haltloser Typ, der völlig undeutsch sei und eine furchtbare Gefahr darstelle. Den Reichsminister SS Himmler bezeichnete sie als »Henker«, den Reichsminister Rosenberg als »Abenteurer« und den Reichsminister Dr. Goebbels als »infernalischen Meister der Lüge«…

Dies ist natürlich die Wiedergabe der Gestapo und genau so, wie hier zitiert, wird sich Erna Stahl nicht geäußert haben. Möglich aber, dass sie Ähnliches im Gespräch mit Kucharski gesagt hat, der dies der Gestapo brühwarm weitergab. Erna Stahl hat der Anklageschrift in späteren Jahren einen großen »Wahrheitsgehalt« zugemessen.

Damit wird erneut die sehr wahrscheinlich äußerst zwielichtige Rolle angesprochen, die Heinz Kucharski im Fuhlsbütteler Gestapo-Gefängnis gespielt hat. Unter der Schutzbehauptung, die Verurteilung vor dem Volksgerichtshof durch immer neue Einzelheiten bei den Verhören aufschieben zu wollen, verriet er nicht nur Erna Stahl und Traute Lafrenz, sondern viele andere – angeblich sogar die eigene Mutter… Traute Lafrenz berichtet:

Um sein Leben zu retten, war er bereit, andere zu opfern. Alles in allem denunzierte Kucharski wohl um die 50 Personen…Etwa 30 wurden verhaftet. Mehrere von denen, die er der Gestapo auslieferte, hatten absolut nichts mit Flugblättern oder anderer zersetzenden Aktivität zu tun. Viele kamen ins Gefängnis, einige starben.

Peter Normann Waage resümiert:

Während der Vernehmungen in Hamburg führte die Kenntnis von Kucharskis umfassender Aussage dazu, dass Traute sich darauf konzentrierte, ihre frühere Lehrerin, Erna Stahl, zu verteidigen und zu rehabilitieren. Und sie wies konstant

Kucharskis unmoralischen Plan ab, so viele wie möglich zu denunzieren, um die eigene Haut zu retten.

Und wie erlebte Erna Stahl ihre Gefängniszeit? Sie selbst hat nicht gerne darüber geredet auch nach 1945 nicht. Ursula Meier schreibt dazu:

> *...wie aus einigen Quellen hervorgeht, ertrug Erna Stahl ihre Inhaftierung – eine fast elfmonatige Einzelhaft, auch Dunkelhaft und ein zeitweilig entwürdigendes Zellenleben – beherrscht und klaglos, empfand aber in der Untersuchungshaft die Gegenüberstellung mit Heinz Kucharski im Verhör als peinigend. Noch in späteren Jahren blickt sie darauf zurück als an den »schrecklichsten Augenblick (ihres) Lebens«.*

Ursula Meier betont, wie wichtig ihre Freundin Hilde Ahlgrimm in dieser Zeit für Erna Stahl gewesen ist:

> *Eine wesentliche Unterstützung in dieser Zeit gab ihr das Bewusstsein einer innigen und solidarischen Verbindung mit ihrer Kollegin und Freundin Hilde Ahlgrimm, von der sie Briefe und Paketsendungen erhalten konnte und die versuchte, sie im Frauenzuchthaus Cottbus zu besuchen.*

Dorthin war sie inzwischen verbracht worden, bis zum 10. Februar 1945, bis sie über andere Stationen schließlich im Zuchthaus St Georgen bei Bayreuth landete, wo sie und auch Traute Lafrenz von den Amerikanern befreit wurden. Erna Stahl entging so ihrer schon klar konfigurierten Verurteilung und Hinrichtung.

Hilde Ahlgrimm war es – so berichtet Ursula Meier –, die während der Haftzeit versuchte, Erna Stahl von dem Verdacht einer »staatsfeindlichen« Beeinflussung ihrer Schüler zu befreien. Mit Hilfe der Stahl-Schülerin Ilse Peters motivierte sie frühere Schülerinnen und Schüler zur Abfassung von Entlastungsschreiben. So schrieb der ehemalige Schüler Heinz Grosse an die Gefängnisleitung:

Fräulein Stahl war es, die uns die Liebe zu unserem Vaterland einbrannte, die uns die Geschichte zum Erlebnis werden ließ, die uns die Augen für die tiefsten Geheimnisse der deutschen Kunst öffnete. ... Unvergesslich bleiben für mich die Klassenreisen, auf denen sie uns zur Kameradschaft erzog und uns zum selbständigen Arbeiten anleitete. Sie führte uns nach Wismar, Doberan, Rostock, Lauenburg, Lüneburg, Lübeck, Quedlinburg, Goslar, Berlin und Potsdam. Wie konnte uns jungen Menschen an den gewaltigen Zeugen deutscher Kultur in diesen Städten der tiefste Sinn des Wortes »deutsch« besser gedeutet werden? – (Heinz Grosse, Schüler Erna Stahls bis 1935, aus einem Entlastungsschreiben für Erna Stahl als Soldat vom 10.5. 1944)

Auch Helmut Schmidt wurde von Hilde Ahlgrimm darum gebeten, ein solches Entlastungsschreiben der Gefängnisleitung zuzuleiten. Traute Lafrenz-Page – so hieß sie nach ihrer Heirat 1946 in den USA, wo sie heute noch lebt – irrt sich, wenn sie erzählt: *Helmut Schmidt, der spätere Bundeskanzler... schrieb einen Brief an die Gefängnisleitung und verbürgte sich für Erna Stahl und ihre Unschuld.*

Helmut Schmidt selbst, der es wissen muss, erzählt das anders. Bis Ende 1944 war er Oberleutnant beim Reichsluftfahrtministerium in Berlin und Bernau. Er beichtet in seinem Aufsatz »Politischer Rückblick auf eine unpolitische Jugend«:

...ich (erhielt) per Post...einen handgeschriebenen Brief von einer Loki und mir unbekannten Frau Hilde Ahlgrimm... Sie schrieb mir, Erna Stahl, unsere frühere Deutschlehrerin, sei verhaftet worden, und bat mich, für ihre Freilassung einzutreten. Loki und ich waren über Erna Stahls Verhaftung bestürzt; der Brief aber schien uns entweder eine Naivität oder eine getarnte Provokation zu sein. Die Versendung per Post sprach für Naivität, ebenso die Erwartung, dass ein unbedeutender Kriegsoffizier der

Luftwaffe einem aus politischen Gründen verhafteten Men-
schen sollte helfen können, und dies auch noch auf Auffor-
derung eines ihm unbekannten Dritten hin. Aber konnte
das Ganze nicht auch eine raffinierte Methode der Gestapo
sein, mich auf die Probe zu stellen? Hatte man auch an
andere Bekannte von Erna Stahl solche Briefe geschrieben,
um möglicherweise ein Netz von Verbindungen aufzu-
decken? War ich vielleicht selbst verdächtig? Nach langer
Überlegung habe ich der Absenderin einen höflich absagen-
den Brief geschrieben; sonst habe ich weiter nichts unter-
nommen. Nach dem Kriege habe ich dann erfahren, dass
Frau Stahl und Frau Ahlgrimm tatsächlich miteinander
befreundet waren, und als ich 1945 Erna Stahl in Hamburg
wiedertraf, wo sie sehr resolut eine Schule im Sinne der
alten Lichtwarkschule leitete, meinte sie, ich hätte »auf der
Gegenseite« gestanden. Dies sei nicht richtig gewesen, aber
ein Rest von Scham ist doch zurückgeblieben.

Ein ehrliches aber irgendwie auch trauriges Selbstzeugnis.

Das Abitur am Albert-Schweitzer-Gymnasium

Diese »resolut geleitete Schule« war das Albert-Schweitzer-Gymnasium in Hamburg-Klein-Borstel, an dem ich 1964 mein Zeugnis
der Reife erhielt. Übrigens irrt sich Schmidt, wenn er meint, dies
sei die Fortsetzung der Lichtwarkschule gewesen. Erna Stahl hatte
nicht vergessen, wie die Sicherungen auch in dieser reformpädagogisch geprägten Schule durchgebrannt waren und wollte einen
völligen Neuanfang. – Meine Erinnerung an Erna Stahl macht sich
besonders fest am mündlichen Abitur. Über seine Gestaltung hat
Erna Stahl 1964, bald nach meinem Abgang, eine denkwürdige
Rede vor dem Kollegium gehalten:

Das Abitur an unserer Schule

Zunächst fragt sie:

Gibt es das denn wirklich noch? Den fachengen, Stoff abfragenden Prüflehrer und das gequälte Nervenbündel des Prüflings? Gibt es das noch – das Warten auf die Prüfung von morgens bis abends und dann am Ende daran anschließend die Mitteilung des Nicht-bestanden? Gibt es das noch: Das Herumstottern an dem Text, das Fragen nach Daten und Formeln, das Auspressen von Äußerungen über die Idee der Humanität bei Goethe oder nach dem, was Romantik ist?

Dagegen hält sie fest:

Es ist eine andere Schulluft, die Schüler wie Lehrer in diesem Haus atmen – da hinein ist die innere Unfreiheit der qualvollen Prüfung des angehäuften Wissens in Kleinstportionen nicht mehr zu denken.

Seit 1953, so schildert es Erna Stahl, wird an dieser Schule das Abitur als Fest gefeiert und sie hält es für geboten, dies eindrücklich wieder ins Gedächtnis zu rufen. Und das sieht so aus:

Nach dem Klassengesamtgespräch folgen Gruppenprüfungen, deren Zusammensetzung der Oberschulrat nach dem Gesamtgespräch bekannt gibt. Die Gruppe ist 3–5 Schüler stark (je nach Klassenstärke)... Es kommt am Prüfungstag also jeder Schüler einmal in ein Gruppengespräch, das bedeutet in 4–5 Fächer gewinnen die Zuhörer Einblick. Obwohl also quantitativ nicht nur nicht weniger, sondern mehr als in früheren Zeiten unter dem Gesetz der Prüfung steht, erweckt sie den Eindruck von Leichtigkeit und Festlichkeit...bei aller Erhöhung des Augenblicks doch keine Alptraumsituation, denn die Klasse als Ganzes macht diesen Abschluss ihres Schuldaseins so gemeinsam, wie sie Leid und Freud' des Schullebens auch sonst gemeinsam erlebt.

Ja, genau so habe ich mein mündliches Abitur erlebt. Mit zwei oder drei Mitschülern sprach ich mit Oberschulrat Dr. Wagner im Fach Geschichte über US-Präsident Woodrow Wilsons »Selbstbestimmungsrecht der Völker«, das Grundlage wurde für die territoriale Neuordnung nach dem 1. Weltkrieg. Ich wies im Gespräch darauf hin, dass Wilson – gemäß Geheimabkommen der Alliierten – Südtirol Italien zuschlug und er dabei gar nicht wusste, wo diese Region geographisch zu verorten war und wer überhaupt dort wohnte. Auch, dass Hitler, der sich in anderer Hinsicht gerne auf das Selbstbestimmungsrecht der »Volksdeutschen« (»Heim ins Reich«) berief, mit Rücksicht auf Mussolini die Südtiroler deutsche Bevölkerungsmehrheit zugunsten Italiens verriet. Die Neonazis könnten sich also auf überhaupt kein historisches Recht berufen, um Bomben zu schmeißen, wie es damals in Südtirol an der Tagesordnung war. Dr. Wagner war beeindruckt. – Es war im Sinne Erna Stahls wirklich ein lockerer und festlicher Tag: Mit Tanzvorführungen, Gesang und Schülerausstellungen und schönen freien Gesprächen.

Epilog: Abschied von Hamburg

Ich feierte mein nun doch noch bestandenes Abitur viel zu exzessiv: Mit Kümmel, Lasczi und all den anderen. In der Palette holte ich mein Abiturzeugnis lässig aus der Arschtasche meiner Jeans. Ich trank so viel Bier, dass ich mitten im Zechgelage mich im Klo erbrach, um weitertrinken zu können. Manchmal hatte ich Filmriss und fragte die Mittrinker hinterher Löcher in den Bauch, um die verlorene Zeit wiederzugewinnen.

Ich liebte den Alkoholkater danach, mit seiner reinigenden Wirkung, und machte weite Spaziergänge ins Moor, ins Niendorfer Gehege und in den Hallohwald. Nach solcher Regeneration konnte ich wieder nach vorne blicken und freute mich ungeheuer auf mein Theologiestudium in Erlangen.

Wolfgang hatte inzwischen zwei Semester dort studiert. Leider hatte er das Graecum (die Griechisch-Prüfung) nicht bestanden. Das sollte mir eine Warnung sein! Ich besorgte mir das Griechisch-Lehrbuch und versuchte, mir die alte Sprache selbst beizubringen – was nicht so recht gelingen wollte. Dann hörte ich, dass einer meiner früheren Lehrer an der OLO (Oberschule Lokstedt) Griechisch-Unterricht gab. Herr Dr. Storck – inzwischen im Ruhestand – war ein Lehrer der Alten Schule, ganz den Traditionen des humanistischen Gymnasiums verpflichtet. Er bereitete seinen Sprachunterricht gründlich vor, verlangte aber auch eine Menge Geld dafür. Hannchen machte mir das möglich und sie sollte es nicht bereuen: Unter der Anleitung von Dr. Storck gelang es, dass ich binnen 8 Wochen so weit war, dass ich den für das 1. Semester vorgesehenen Sprachkurs »Griechisch I« überspringen und gleich mit »Griechisch II« beginnen konnte.

Auf einen Spaziergang ins Ohemoor nahm ich Hannchen mit. Es war ein schöner Frühlingstag und es wurde eines der wesentlichsten Gespräche, die ich mit ihr in diesem Leben geführt habe. Sie war eine ausgezeichnete Zuhörerin. Ich erzählte ihr von meinem

Hunger: Den ich in Tossens, im Zinzendorf-Internat gehabt hatte; aber auch vom Hunger nach Wahrheit und Erkenntnis ob der Rätsel dieser Welt, der noch lange nicht gestillt war. Gerade hatte ich Knut Hamsuns nobelpreisgekrönten Roman »Hunger« gelesen, dessen fiebrige Beschreibung eines jungen, tödlich einsamen Literaten in jener Stadt Oslo, die damals noch Kristiania hieß, mich sehr beeindruckt hatte. Den Schluss konnte ich fast auswendig:

> *Im Fjord draußen richtete ich mich einmal auf, feucht von Fieber und Mattigkeit, sah zum Lande hinüber und sagte für dieses Mal der Stadt Lebwohl, der Stadt Kristiania, wo die Fenster so hell in allen Häusern leuchteten.*

So war ich auch gestimmt:

Adieu du große Stadt Hamburg an der Elbe, die sich von dort breit in die Nordsee ergießt; adieu du altes Dorf Schnelsen, dessen Dorfteich es damals noch gab; adieu du Straßenbahnlinie 2, in der der Schaffner die Station »Doppeleiche« – kurz vor der Endstation – so ankündigte, als seien dort zwei Leichen verscharrt; adieu mein Gänsemarkt, wo es um die Ecke einst die Palette, unseren schmuddeligen Wohnraum, gegeben hat und wo noch immer die Tauben aufs Lessingdenkmal kacken.

Durch die Knicklandschaft laufend, mit ihren buschbestandenen Wallwegen, erreichten wir einen kleinen Moorsee. Gerade in diesem Augenblick zog eine Krickente ihre V-förmige Kiellinie ins schwarzblaue Wasser. Für mich war das ein Zeichen der Hoffnung, ein Glücksbild für die nun bald erfolgende Reise nach Erlangen, vielleicht eines Tages sogar nach Daressalam oder Réunion.

Abbildungsverzeichnis

Personenregister